论语讲习录

姜广辉 邓 林／主编

中国社会科学出版社

图书在版编目（CIP）数据

论语讲习录／姜广辉，邓林主编．—北京：中国社会科学出版社，
2018.5（2019.8 重印）

ISBN 978 - 7 - 5203 - 1716 - 0

Ⅰ.①论… Ⅱ.①姜…②邓… Ⅲ.①儒家②《论语》—
研究 Ⅳ.①B222.25

中国版本图书馆 CIP 数据核字（2017）第 314137 号

出 版 人	赵剑英	
选题策划	刘 艳	
责任编辑	刘 艳	
责任校对	陈 晨	
责任印制	戴 宽	

出 版	中国社会科学出版社	
社 址	北京鼓楼西大街甲 158 号	
邮 编	100720	
网 址	http://www.csspw.cn	
发 行 部	010 - 84083685	
门 市 部	010 - 84029450	
经 销	新华书店及其他书店	

印 刷	北京明恒达印务有限公司	
装 订	廊坊市广阳区广增装订厂	
版 次	2018 年 5 月第 1 版	
印 次	2019 年 8 月第 2 次印刷	

开 本	710×1000 1/16	
印 张	19.5	
插 页	2	
字 数	295 千字	
定 价	88.00 元	

凡购买中国社会科学出版社图书，如有质量问题请与本社营销中心联系调换
电话：010 - 84083683

目　录

《论语讲习录》序
——兼谈"新经学"的研究方法

我们学习中国古代经典，有一个很深的体会：很多经典，篇幅不长，少则两千字，多不过几万字。而其格言警句俯拾即是，脍炙人口，以至传承至今达几千年。而今日之论文动辄万言，著作几十万字、几百万字者比比皆是，洋洋大观。然而你去读它，大多卑之无甚高论，可传世者极少。以致有学者自嘲说："江山代有才人出，各领风骚三五年。"古今著作何以有这样大的差距？这是因为古人志在"求道"，其著述是对"天道""人道"的体认，而今天很多学人把著述当作获取学位、职称的"敲门砖"，门敲开了，砖也就没用了。所以，我觉得我们要对古人的经典深入研究，汲取其智慧，琢磨其方法。

近年我在岳麓书院给硕、博士生讲授儒家经典，先是于 2012 年讲《易经》，讲稿《易经讲演录》于次年在中华书局出版。其后于 2014 年讲《诗经》，讲稿《诗经讲演录》于 2016 年在中国社会科学出版社出版。这两次讲演都由我一人主讲。

2015 年讲《论语》，换了讲授方式。我先做一个示范，用两堂课的时间讲"人能弘道，非道弘人"，并讲我是采用什么方法来研读的。我随即要求同学们按照我的方法，从《论语》中选出一句名言，考察历代学者对它作过何种解释，探讨它所蕴含的哲学道理，思考它对现代社会有何种意义，要学生写出 8000—12000 字的讲稿，在课堂上宣讲，然后由老师和同学加以评论，提出修改意见。令我特别感到欣慰的是，参加学习的二十几位硕、博士生都做得非常好。其中有三篇论文在全国性的高校征文比赛中获得大奖。其后，我们将讲稿加以汇集编辑，就是这部《论语讲习录》。

这部讲习录共有 20 讲。这 20 讲所援引的《论语》注本及相关古籍种类将近三百部之多。当然，《论语》的思想并不是这 20 讲所能涵盖的。但就《论语》中一句名言所作的讨论而言，我们有理由相信这种做法是很有广度和深度的，也是很有意义的。也因此，我们所做的这个新的尝试可以说是非常成功的。同时我也有理由相信，如果今后经学研究沿着这个路子发展下去，无疑将会开显出一个现代"新经学"的壮观局面。

下面是我在《论语》开课时讲演的主要内容，其中大致介绍了《论语》其书及其注本情况，提出了"新经学"的概念和研究方法。

一　《论语》其书及其历代注本

我们研读《论语》，首先要对《论语》其书及其历代注本有个大致的了解。《论语》这部书之所以重要，在于它是记录中国的大圣人——孔子言行的最直接而可信的资料。1978 年，我读研究生时，曾问邱汉生先生："《论语》之外，还有许多文献，如《中庸》《表记》《缁衣》《孔子集语》等文献大量引用孔子的话，可否当作研究孔子的资料？"邱先生对我说："研究孔子，主要还是靠《论语》的资料。"

《论语》这部书由孔子弟子及再传弟子结集而成，成书年代大约在战国初期。《孟子》中引用孔子的话，大多出自《论语》，说明此书在战国中期已经流行。

秦始皇焚书，《论语》当然也在焚禁之列。西汉时，《论语》有三个原始传本，在齐地流行的叫《齐论语》，在鲁地流行的叫《鲁论语》，汉景帝末年又在孔子旧宅屋壁中发现一部《古论语》。这几个传本大同小异。汉元帝时，安昌侯张禹做太子（即后来的汉成帝）的老师，教他《论语》。张禹以《鲁论语》为基础，用《齐论语》加以校正，而成一个新传本。这个新传本很快在社会上流行开来，被称为"张侯《论》"。到了东汉时，大经学家郑玄又将《鲁论语》《齐论语》和《古论语》加以合校和统一，并在此基础上作《论语注》。郑玄遍注群经，《论语注》是其中之一。

魏晋时代的学者有一个特点，就是不迷信权威。他们对郑玄经学的"一统天下"很不服气，纷纷重注经典，向郑学发起挑战。王肃撰《三礼注》，以挑战郑玄的《三礼注》；王弼撰《周易注》，以挑战郑玄的《周易注》；何晏撰《论语集解》，以挑战郑玄的《论语注》。其后，晋代杜预撰《春秋左氏经传集解》，以挑战服虔的《春秋左氏解谊》。其实服虔之学也是郑学。郑学与非郑学的竞争，一直持续到宋初，互有胜负。胜负的一个重要标志就是看哪一家注本最后被选为官学定本。入选者继续传承下去，而落选者后来大都失传了。20世纪初，人们在敦煌藏经洞和吐鲁番古代遗址发现了唐写本的6件《论语郑氏注》残卷，王素先生编著《唐写本论语郑氏注及其研究》，于1991年在文物出版社出版，这部书有很高的学术研究价值，可以帮助我们做何晏《论语集解》与郑玄《论语注》的比较研究。我的学生禹菲正是以此作为博士论文的选题，初步研究发现，何晏的《论语集解》明显要比郑玄的《论语注》好。

这里，不拟就这个问题展开讨论。我只是要说明，为什么大经学家郑玄撰有《论语注》之后，何晏执意要做一部《论语集解》。

传世的《论语》注本，当以何晏的《论语集解》为最早。这部书选择汉魏时期八家注释，这八家是：孔安国、马融、包咸、周氏、郑玄、王肃、陈群、周生烈，加上何晏自己，共有九家之说。何晏单注本的《论语集解》早已失传，流传后世的都是注、疏合编的《论语集解》本。第一个为何晏《论语集解》作疏的是南朝梁代的皇侃，其书名叫《论语集解义疏》。这部书在中国曾失传千余年，到了清代乾隆时期才又从日本传回来，经过鉴定是真本，现在看也很有价值。到了北宋，邢昺又为《论语集解》作疏，其书名叫《论语注疏》（或《论语正义》）。这部书被收在后人编的《十三经注疏》中。《论语》何晏集解、邢昺疏，代表了汉唐经学的观点。邢昺虽然是北宋初期人，但他所代表的是汉唐经学，不是宋代经学。

宋代以后，由于印刷术的发明，儒家经书很快在社会上普及开来，读经解经的人都很多。当时关于《论语》的解释，大家公认讲得最好的是朱熹的《四书章句集注》中的《论语集注》。此书所集各家之注，主要是二程及其弟子的见解，再加上朱熹自己的解释。关于儒学各部经典，宋人都有其代表性注本。与汉唐儒者重视训诂制度不同，宋人更重视经典中蕴含的哲学义理。

到了清代，学者回归汉唐经学。相比于汉唐经学的十三经注疏而言，清学也有其注疏十三经的代表性著作。其中关于《论语》的代表性注本，就是刘宝楠的《论语正义》。

汉唐学者的经典注疏，经历了上千年的传承，宋代学者的经典注疏也经历了数百年的传承。在经学传承的过程中，学者已经对之有较充分的了解。清代的各经注疏，有的刚刚做完，有的还没来得及做完，国内政治文化已发生了天翻地覆的变化。其后学术界对于清人注疏十三经的成果，未能经历一个充分了解和消化的过程。后人也没有相应的学识去认知和评价它。这就需要我们加强学习和研究。

关于《论语》的注疏，我在这里仅仅举出了何晏、皇侃、邢昺、朱熹、刘宝楠等人的注解本。这些注解本分别代表汉学、宋学和清学的最高水平。其中，何晏、邢昺、朱熹的注本都是官定注本。以前流行的看法认为，官定注本反映的是统治阶级的意志，由此便认为它不好。事实正好相反，正因为它代表了当时学术的最高水平，它才被作为官定注本。从经学研究的角度而言，我们应该首先关注的就是反映其时代最高水平的代表作。

与此同时，我们也要承认，历史上关于《论语》的注本还有许许多多，各有优点，各具特色。它们的优点和特色不应被埋没。朱彝尊的《经义考》所提到的《论语》注本不下 350 种。然而这个数目只是历史上众多注本的"冰山之一角"。近来，我读王学泰先生一篇很有趣的文章：《一百人心中有一百种读法——说说〈论语〉的几个注本》（《中华读书报》2007 年 5 月 16 日第 9 版）。他说，1916 年日本学者林泰辅刊行的《〈论语〉年谱》，著录了《论语》注本 3000 余种。他又说，历来的《论语》注本可分两大类：一是阐释经义，辅导阅读；一是借注释《论语》以发挥自己的思想，这就是常说的"六经注我"。他举出 6 种注解《论语》的著作：康有为的《论语注》；杨树达的《论语疏证》；台湾林觥顺的《论语我读》；台湾程石泉的《论语读训》；姚式川的《论语体认》；赵纪彬的《论语新探》。而各书所举之例，多为"别解"。其意不是说，这 6 本书堪作读者学习《论语》的"辅导阅读"书，而似乎只是要证明"一百人心中有一百种读法"。

王学泰先生的看法有一定道理。我们做经典诠释，有一种带有悖论式的追求，即追求作者的原意。但中国的墨子、韩非，以及西哲伽达默尔都认为"作者的原意不可知"。如果"作者的原意不可知"，那你凭什么"阐释经义"呢？伽达默尔的回答是各种不同解释的"视域的融合"。这也就是说，在你关注经义所谓的"正解"的同时，也要参考和比较各种不同的"别解"。

以上大致介绍了《论语》其书以及历史上的注本。现当代关于《论语》的注解本也有很多，其中有不少很好的注本，如钱穆的《论语新解》、杨伯峻的《论语译注》、李泽厚的《论语今读》等。但是限于注释的体例，《论语》中很多名言警句，未能充分地研究和讨论。我们今天不再作这样的注本，而要开创一个古来从未有过的体例，从《论语》中选出若干名言警句，每一名言警句写出 8000—12000 字的讲稿。这种文章怎么做呢？我们下面就来讨论这个问题。

二　"新经学"概念的提出

关于经典的注释，无论《论语》也好，其他经典也好，都受到注疏体例的限制。注解一句经文，不能像我们这样，要作 8000—12000 字的长篇大论。如果这样，那整部书就没法读了。

传统的"笺注体"要求"简当而无浮义"，即注文要简洁恰当，而无浮诞之语。可是，笺注中的话，当时人还能理解，到后来人们就不理解了。这就需要对"笺注"再加解释，因此，南北朝以后经学家创造了一种"义疏体"，"义"即"经义"，"疏"即"疏通"，对经注作进一步串讲和疏解。"义疏体"要求"详正而无剩义",即对经注文义的解说周详明正,而能通贯其大义。

但经典注疏不过是理解经典文本的一种手段,对那些蕴含深刻哲理的名言警句而言,这种简单注疏的方式是远远不够的。中国古代经典,文字简严,有所谓"微言大义"之说,这就留下了巨大的诠释空间,引起后世广泛而深入的讨论。

表面上看来,经学总是围绕经典文本翻来覆去地做出解释。但是,不要因此而误解经学是一门保守复古的学问。其实,经学也是与时俱进的,每一个时代经学家都会对经典作出新的解释。但经学有一个特点,就是它守护底线,比如"仁义礼智信"等基本价值,一代一代接着讲,不能放弃。在这个基础上才可以与时俱进。

既然经典诠释是一门与时俱进的学问,这就需要我们对历代的经典解释加以汇集和整理:一方面对前人的研究做一个总结;另一方面对今人的思想有所启迪。所以,现在有志于发展和研究经学的人要有一个新理路、新方法。这个新理路、新方法,我们可以用"新经学"来概括。

"新经学"与传统经学是相对的概念。谈经学,首先要以传统经学为基础,不能脱离传统经学的学术规范来标榜"新经学"。但"经以载道",经学的目的在于传承中华民族的核心价值观,并服务于其时代。今日中国随着世界大潮已进入了全新的时代,在这样的时代中,经学当然也要有新的发展,新的面貌。因而建设"新经学",便是今后经学界同仁共同努力的方向。

"新经学"的想法,也许要追溯到梁启超。梁启超在《中国近三百年学术史》一书中谈到"清代学者整理旧学之总成绩",对乾嘉学风颇有微词,因而提出一种模糊的"新经学"的想法,他说:"平心论之,清代风尚所趋,人人争言经学,诚不免汉人'碎义逃难''说三字至二十余万言'之弊,……依我看,这种成绩只好存起来,算做一代学术的掌故。至于整理经学,还要重新辟一条路"(梁启超《中国近三百年学术史》,江苏广陵古籍刻印社影印,1990年11月版,第203页)。至于怎样"重新辟一条路",当时梁启超并未提出具体方法。后来梁启超又提出做学问要小题大做，做"窄而深"的研究。

从 20 世纪末开始，我心里一直就存有建设"新经学"的构想，这个构想写在《经学思想研究的新方向及其相关问题》一文中，此文后来成了《中国经学思想史》一书的《序言》。我所理解的"新经学"，是把经学作为价值观传承的载体来看待的。《序言》开篇即说：

> 经学是中国文化的根干，这是因为由它反映了中国文化的价值体系。生活于某一社会共同体的民族都有一定的价值体系，这一价值体系通过文字形式表现出来，便被视为该民族最具代表性的经典。……以往的经学研究，着眼于记叙经学发生、传承、演变的过程……但是，更重要的问题是，经学所赖以产生的历史条件和社会需要是什么？推动经学发展的持续的历史动力是什么？它所反映的仅仅是统治阶级的权力意志，抑或也是社会共同体价值规范的反映？我们的目标不是把经学当作一种古董知识来了解，而是通过经典诠释来透视其时代的精神和灵魂；不只是对经学演变的历史轨迹作跟踪式的记叙，而是对经学演变的历史原因作出解释；不只是流连那汗牛充栋的经注的书面意义，而是把它当作中国古代价值理想的思想脉动来理解。

我后来所承担的经学研究课题，都是秉持这样一种理念来进行研究的。我对经学的研究，与传统经学有很大不同。这个不同主要在于：我在做经学研究课题时，特别注意发掘其中所蕴含的价值和意义。

三　"新经学"的研究方法

从前禅宗大师曾说："鸳鸯绣了从教看，莫把金针度与人。"这里的"金针"指的是方法和秘诀。禅师是不轻易将禅宗秘诀教给别人的。我们做什么事情都要讲究方法，方法对了，事半功倍，方法不对，事倍功半。从某种意义上说：一切都是方法。做学问也不例外，要善于发现方法，总结方法，掌握方法。过去一些当师傅的不愿把"金针"传给别人，是因为过去流行一种观念，叫"教会了徒弟，饿死了师傅"。其实，这不是儒家的理念。孔子曾说："二三子以我为隐乎？吾无隐乎尔。"孔子毫无保留地将学问和治学方法传授给学生。我教学生也从来不保守，常常是在第一时间先教给学生治学方法，目的是让大家少走弯路。下面先来讲一下我所总结的"新经学"研究方法。

（一）独具只眼，以微见著。研究方法服务于我们的学术追求。前面讲到，我们是把经学作为价值观传承的载体来看待的。价值观不是简单的口号，它是需要人们的社会历史生活来印证的。因此，我们在处理经学史的一个个问题时就要独具只眼，以微见著。反映在学术课题的研究上，就常常表现为"小题大做"，以小见大。

这里我讲一个小故事：20世纪末，我在台湾大学文学系演讲《"文王演周易"新说》，历史系的阮芝生教授也来听讲。其后阮教授通过我的朋友夏长朴教授约我一起吃饭，我们聊得很投入。阮教授表示，很佩服我能就"文王演周易"这样一个题目讲得这样深入。阮芝生教授大概很喜欢这样的研究方式。他在台湾讲演"司马迁之心"，提出问题说："司马昭之心，路人皆知也"，那司马迁之心，有谁知道呢？他认为司马迁《报任少卿书》是千古第一书信，因而通过此书信来层层剖析"司马迁之心"。这一讲演在台湾学术界传为美谈。这次相聚，阮教授对我讲："你们大陆学者做学问不规范啊！"这话挺重，我听后心里一惊，这不是给大陆学者"扣帽子"吗！于是便问："您觉得哪里不规范呢？"他讲：论文字数太少了，一篇文章只写一万字，怎么能说深说透呢？他认为一篇文章至少三万字才能说深说透，写到三万字的论文才算规范。我向他解释：大陆学人很多，但学刊的容量却很小，一个人发了三万字，别人就发不了了。不像台湾，很多刊物一期就几篇文章。引证材料很多，论证也很充分。

后来我经常会想到阮芝生教授的话，认为写文章在字数上要过关。这不是说一篇文章一定要写到三万字。而是论证要充分，关键是要言之有物，不能泛泛而谈。若言之无物，五千字也会冗沓。

这里我以拙作《"文王演周易"新说》一文作例子，又以阮芝生《司马迁之心》一文作例子，是强调做学问要独具只眼，见微知著。

（二）善于使用电子数据库搜索资料。"新经学"的研究方法，要有可操作性。我们今天提出"新经学"的研究方法，首先得益于研究手段的"新"。李存山教授曾对我说："新中国成立之初，北京大学哲学系冯友兰教授有一部《四部备要》，张岱年教授有一部《四部丛刊》，被青年教师羡慕得不得了。"可是在今天电子数据信息时代，我们普通学生的电脑中，差不多都装有四库全书等大数据软件。大家可以快捷而方便地查找古籍资料。

当年，顾炎武、阎若璩、戴震、王念孙、王引之等考据学家的成绩是令人艳羡的。那些考据学家有一个共同的特点，就是博闻强识，过目成诵。他们的大脑有点像今天的"电脑"。他们除了有这种过人的天赋外，还异常勤奋，他们的每一份考证成绩都付出了艰辛的努力。阎若璩曾说，为了寻找"使功不如使过"典故的出处，曾费了二十年的时间。

类似的问题，当代人利用数据库信息技术很容易解决。利用数据库信息技术进行历史考证，被称作"E考证"。我对这种研究方法的尝试是从1992年开始的，那年刚刚开放大陆学者到台湾学术参访，我到台湾中研院作学术访问，参观史语所"二十五史"数据库，利用该数据库搜索有关"实学"的史料，从正史中搜出44条与"实学"直接相关的材料，后来我阅读"集"部文献，又搜集到100余条与"实学"直接相关的材料。我利用这两部分资料写出了《实学考辨》一文。在学术界，这可能是用"E考证"方法取得的最早的学术研究成果。"E考证"可以将我们带入较快、较深、较准确的研究，从那时我就尝到了甜头。

用电子数据库去搜集资料，其最大的特点是快而全。比如我讲的"人能弘道，非道弘人"，传统学人很难从浩如烟海的文献中去穷尽研究资料。而今天我们在电脑上搜索四库全书数据库，以及其他电子数据库，会在非常短的时间内，穷尽研究资料。用方以智的话说，这叫"坐集千古之智"。这也就意味着，只有借助今天这种强大工具，即数据库信息技术，我们大家才能做到在较短的时间内，就经典中的一句名言警句作长篇大论。

但使用电子数据库也有几点值得注意之处：第一，用四库全书电子版搜索资料，要养成耐心的习惯，比如说一下搜索出几千条材料，不要被吓住，要一条一条耐心地看。第二，搜出来材料后，我建议先看后面的材料，从后往前看，"学如积薪，后来居上"，后世的人一般说得更明白。

资料搜集好后，就是对资料的进一步阅读、取舍、标点、分类（我戏称之为"合并同类项"）。分类的方法视情况而定，比如"人能弘道，非道弘人"，首先把解释"人"的材料分作一类，"人"是专指贤哲学者，还是泛指所有人？再把解释"弘"的材料分作一类，"弘"是扩充、发展之意，还是含弘、包容之意？再把解释"道"的材料分作一类，"道"是指"普遍真理"，还是指"理论学说"？第一步就是弄清关于"人""弘""道"的字义解释。解经要逐字逐句解释，不要以为这很简单，学问要做在哪里呢？就是大家以为很平常的地方，你能发现不平常。要训练自己的思维，超凡脱俗，避免同别人重复。

以上所讲的是要善于利用"E考证"的优势，来解决资料搜集与训诂考证的问题。

（三）高屋建瓴的理论视角。对思想史研究而言，最重要的还是哲学义理的解释。这要考验你的哲学思维的素养，包括对中国哲学的素养、对西方哲学的素养、对马克思主义哲学的素养，以及对现实社会政治生活的关照等。在理论的参照系方面，与传统的经学家相比，我们有更高的理论视野。但要注意的是，更高的理论视野，只有在你对传统学术充分了解的情况下才有用，否则容易犯"放空炮"的错误。

平时缺乏哲学思维的训练，缺乏对现实社会政治生活的关照，要深入进行"新经学"的学术研究是有困难的。如果你在这个方面有欠缺，就要在今后的学习研究中补课。

研究思想史，要善于给自己提出具有理论挑战性的问题。比如

"人能弘道，非道弘人"这句话，你可以提出"人何以能'弘道'"？然后你去回答这个问题。你还可以用质疑的方式提出问题，孔子为什么提出"非道弘人"，难道一种伟大的理论学说不能帮助个人成长、使之成就大器吗？提出问题是对自己的理论挑战，你要能应对这个理论挑战。

（四）关于"现代意义"问题。有人可能会问，是否我们选定的每一个研究课题都要讲"现代意义"。那倒不一定。但是我们在筛选题目时，已经把有现代意义的题目优先考虑了。像我讲的"人能弘道，非道弘人"这句格言，它就应该有其现代意义。有现代意义而不讲，岂不遗憾？

上面讲了我提出的"新经学"的研究方法：一是字义解释；二是哲学解释；三是现代意义。当然，"现代意义"问题不一定单独列出，也可以并在"哲学解释"中来谈，夹叙夹议。我以为，如果你对选定的《论语》名言，按这个程序做足了功课，那你就有可能在这个局部问题上"坐集千古之智"，超越前人的研究。

经学原本是一门繁难的学问，《汉书》曾说："幼童而守一艺，白首而后能言。"我希望通过现在的学习和训练，使同学们能较好、较快地掌握经学研究的方法。

以上所述主体内容是我在《论语》开课时的讲述，学生吴国龙根据录音整理，权为此书序言。

姜广辉

于千年学府岳麓书院

2016 年 12 月 12 日

第 一 讲

"人能弘道，非道弘人"

《论语·卫灵公》载："子曰：人能弘道，非道弘人。"这句话大家耳熟能详，可以说是格言警句，但究竟是什么意思，有什么哲理，甚至学者也未必全能理解。如果用现代语言表达的话，或许可以这样翻译："人能发展真理，不是真理发展人。"这样翻译前一句还可以理解，可是后一句又怎样来理解呢？

一 关于"人""弘""道"的字义解释

若准确理解这句话，我们也许要回顾一下前人关于"人能弘道，非道弘人"这句话的字义解释。

（一）"人"的字义训诂

文中的"人"字怎么解释，是指一般人呢，还是专指圣贤一类人？历史上就有两种看法。

一种看法认为，文中的"人"字是"泛指"，即指一般人而言。如明代儒者周宗建说：

> "人"字莫认作太高，"弘道"莫只看得太迂阔了。试想吾人随时随地哪一处不是"道"之流行，哪一刻不是"道"之鼓舞，皆是"弘道"作用。故曰"人能弘道"，实是合智愚贤不肖之人而点动之也。若以"人"字专归圣贤，以"弘"字只说

"位育参赞"等话，则圣人此语死煞无味。（《论语商》卷下）

依周宗建的意见，这里的"人"乃"合智愚贤不肖之人"而言，并非"专归圣贤"。以我们的经验知识来说，发现、认识乃至发展真理，并非圣贤一流人的专利，愚夫愚妇都有可能参与到发现、认识乃至发展真理的历史实践中，如我国古代的许多发明，并无明确的发明人，应该是老百姓集体智慧的结晶。所以周宗建的意见是有道理的。

另有一种意见认为，这里的"人"字是"专指"，是针对"贤哲"一类人，即学者理论家。如宋代儒者黄仲元说：

> 或有能弘者，有不能弘者何？此"弘"字全就作用说，能与不能，存乎人耳。均是人也，有一人之人，有十人之人，有百人之人，有千人之人，有万人之人，有亿人之人，有兆人之人，人至于为兆人之人者，然后位乎天地之间，立万物之上，始得谓人之人，其人之至乎！故曰："圣人，人伦之至。"惟圣人然后可以践形，到得至处践处，其弘多矣。……春秋之末，孔子，元圣也。斯文未丧，以天自许，如有用我，为东周乎！律天时，袭水土，四时行，日月明，万物育，孔子之所以为"弘"。……七雄之季，孟子亚圣也。气配义道，塞乎天地，居广居，立正位，行大道，富贵不淫，贫贱不移，威武不屈，孟子之所以为"弘"。……吁，如尧、舜、禹、汤、武王、周公、孔、孟然后谓之"人"，然后谓之"能弘道"。……志道者切莫把第一等人让与别人做，然后谓之"弘道"。（黄仲元《四如讲稿》卷一）

按照这个说法，只有宋明理学家所谓那些继承"道统"的人，才有资格"弘道"。以致明代章潢说"'人能弘道'，本其所自明者，以大明于天下，则'道统'在斯人也"。（《图书编》卷十五）当然，那些圣贤也并非生来就是圣贤的，凡有志成为"第一等人"的人，也有希望成为"圣贤"一流人，从而也有机会"弘道"的。而有一类人，"但以圆首方足而谓之人，知饮食男女而谓之人，有之无益，无之无损，是人也，亦物也"（同上），这一类人终日浑浑噩噩，如同行尸走肉一般，如何能"弘道"呢？

两种看法，究竟哪种理解对呢？在我们看来，那还要看究竟对"人能弘道"的"道"字如何解释，如果将"道"理解为广泛的"真理"，愚夫愚妇皆有可能发现和认识真理，如果将"道"理解为某种理论学说，那"弘道"之事的确是需要专门的理论家来从事的。故两种说法可以并存。

（二）"弘"的字义训诂

从训诂学说："弘"有二意：一是"含弘""包容"之意，元代学者许有壬《至正集》卷四十二说：

> 鸟兽草木亦各使之遂其生育之道，天下事物纷错垒杳莫不有以容之。容之者何？弘之谓也。弘也者，隘之反也，此得彼遗，即隘矣。虽莫不有以容之，亦莫不有以别之也。夫子曰"人能弘道"，言人能有知思，可以大其所有之理也。子张曰"执德不弘"，言有所得，守之太狭，则轻喜易足，有一善自以为天下莫己若矣。"道"而曰"弘"，我之力也；"德"而曰"弘"，我之量也。

这是从"包容"的意思来讲"弘"。人的思想可以包容天地间许多道理。人的胸怀可以有很大识量，"弘"通"宏"，人们经常说"宽宏大量"，应该就是在这个意义上说的。而与宽宏相反，便是狭隘了。何晏《论语集解》载王肃注"人能弘道，非道弘人"说："才大者道随大，才小者道随小，故不能弘人。"王肃所理解的"弘"，便是从"包容"的意思说的，以致明代学者章潢《图书编》卷十五说：

> 譬之水焉，江海无穷，汲之在器，器有小大，水即因之。彼器之敝漏者不足言，而天下虽有完器，其如器之褊狭，何以有限

之器汲无穷之水，多见其不知量也。江海惟大，故为众水之会。圣人德犹江海，故为斯道之宗。仁、知皆美德，而道无分仁、知也，惟其各局于见，此所以鲜君子之道也；清、任、和，皆至德，道无分于清、任、和也，惟其各有所偏，此所以异乎大成之圣也。

人的识量大小犹如容器盛水，容器大者盛水多，容器小者盛水少。大海为众水之汇合，圣人如孔子之识量好比大海，为大道大德之汇合，集仁、知、清、任、和众德于一身。非那些单有仁、知、清、任、和一德的贤人所可比拟。"仁者见之谓之仁，知者见之谓之知"，那些贤人虽然不无所见，充其量也只是一偏之见而已。

"弘"的另一个意思，是扩充、发展之意。宋郑汝谐《论语意原》卷四就是从这个意义来解释"人能弘道，非道弘人"的，他说："人有知觉，故能扩充是道；道本无为，非能扩充人也。"吕柟在《四书因问》卷四中也说："问：下一'弘'字，是欲人扩充意否？曰：然。"

更有人将"弘"字的这两个意思结合起来说，如宋代儒者黄仲元《四如讲稿》卷一说：

> 弘有二义：人之得是道于心也，方其寂然，无一理之不备，亦无一物之不该，这是容受之弘。及感而通，无一事而非是理之用，亦无一物而非是理之推，这是廓大之弘。其容受也，人心揽之若不盈掬，而万物皆备于我，多少宏阔，此弘之体。其廓大也，四端虽微，火然（燃）泉达，充之足保四海，此弘之用。……虽然，或有能弘者，有不能弘者何？此弘字全就作用说，能与不能存乎人耳。

虽然"弘"有"体"和"用"两种意思，但在解释"人能弘道，非道弘人"一句时，则"此'弘'字全就作用说"，即按扩充、发展的意思来解释"弘"字。

(三)"道"的字义训诂

"道"字应该说是中国哲学中最重要的概念。然而儒家有儒家之"道",道家有道家之"道",所谓"道不同,不相为谋",大家并没有形成一种共识。我们这里讨论的"道",是《论语》所载孔子之言"人能弘道,非道弘人"的"道",当然是儒家所说的"道"。即使这样,儒者们的认识也不尽一致。"道"的概念牵涉许多哲学问题,如"道"的属性是什么?它是自然的,还是社会的?是客观的,还是主观的?它以怎样的方式存在?与人是怎样一种关系?

首先,在儒者看来,"道"既包括自然之理,又包括社会之理,换言之,"道"是自然之理与社会之理的统一。元代儒者胡祗遹《紫山大全集》卷二十说:"道者,理也,路也。在天为自然之理,在人为日用之间、当行之路。……道,一也,曰'王道',曰'二帝三王之道',曰'圣人之道',曰'君子之道',所称各不同,何也?曰:能由是路、用此理者,二帝三王、圣人、君子耳。背是理、舍正路而妄行者,五霸、小人也。圣人在上,则曰'天下有道';又曰'国有道'。天位无圣明,则曰'天下无道','国无道'。"

其次,"道"无处不在,无时不存,无物不备,不因人之贤愚而增多或减少,只在人是否去认识它,元代儒者臧梦解《重修宣成书院记》说:"道在天地,如水在地中,无在无不在也。……道者,日用事物当然之理,皆性之德,无物不备,无时不存,不以智而丰,不以愚而啬;不以圣贤而加多,不以不肖而损少。特在学者能求与不能求之分耳。"(引自《广西通志》卷一〇四)

再次,"道"虽是客观的、自在无为的,却又通过人的主观性被认识和利用。朱熹说:"人外无道,道外无人,然人心有觉,而道体无为,故人能大其道,道不能大其人也。"有学生问朱熹怎样理解"人能弘道,非道弘人"?朱熹指着手中的扇子说:"道如扇,人如手。手能摇扇,扇如何摇手?"(《朱子语类》卷四十五)

最后,"道"虽然包括自然之理和社会之理,"人能弘道"所侧重的主要还是社会之理,正如清人毛奇龄《西河集》卷五十五所说:

"道之为名，言人人殊。惟《中庸》以率性为道，则始以天下达道属五常之性，而孔子答哀公，即又以司徒五教称'五达道'，是必合五性五教而道乃立于其间。"亦如宋黄仲元《四如讲稿》卷一所说："道者何？命之源，性之本，心之神，情之动，仁义礼智信之常，父子君臣夫妇长幼朋友之伦，曰中、曰一、曰极、曰诚，皆道也。人所以载是道也，道所以为人之理。道非人则何所附丽？人非道则不过血肉之躯耳？"这里所说的"道"，实际是指儒家的理论学说。

二 关于"人能弘道，非道弘人"的哲学解释

人何以能"弘道"？从哲学上说，这个问题要牵涉到人在自然界中的位置，就我们所知，人这个"类"是自然界中最有灵性、最有智慧的动物。自然界中的高级动物如鸟兽等，也有知觉，也能学习，也能思考，但总超不出它们的生存本能。人类则不然，他们在维持生命活动之外，还会去自觉认识自然界和社会的道理，在掌握自然规律的基础上，还会按照他们的需要和想法，去主动创造和发明自然界中原本没有的事物，如古人所发明的房屋、车船、衣物等，近代以来人类的发明如汽车、飞机、卫星、互联网等，不胜枚举，其技术高明之程度可谓登峰造极。就此而言，人类几乎可以媲美创造万物的"上帝"。有见于人类在自然界中的这种特殊性，中国古人将天、地、人并列为"三才"。宋代欧阳守道《巽斋文集》卷二十五说："天地人谓之'三才'。天有天之才，地有地之才，人有人之才。……'天行健'，天才也；'地势坤'，地才也。'灵于万物'，人才也。"有见于人类超常的发明创造能力，所以古人认为人可以"与天地合德，而通乎神明"，"可以赞天地之化育，可以与天地参"，即参与自然界的造化运动，与天地并列而为三。事实上，中国古人未必真相信有一位高高在上、全知全能、创造万物的"上帝"。他们更愿意相信天地万物都是自然造化的产物。而天地间唯一能认识自然万物的唯有人类，所以《礼记·礼运》说："人者，天地之心。"朱熹更发挥说："'人者，天地之心。'没这人时，天地便没人管。"（《朱子语类》卷四十五）

正是因为人有种种非凡的特质,人才有"弘道"的潜质和可能。

人虽有"弘道"的潜质和可能,但并不意味人人皆能"弘道"。为什么?我们知道,人有士农工商之社会分工,又有贤愚利钝之不同,并非人人有志于"求道""闻道"。换言之,此处所谓"人"并非芸芸众生,如前引黄仲元所说:"若但以圆首方足而谓之人,知饮食男女而谓之人,有之无益,无之无损,是人也亦物也,又何以异于人哉?"而只有我们所说的那些圣贤哲人才会有那种强烈的"求道""闻道"的志愿。正如《周易·系辞上》所说:"神而明之,存乎其人。"那么,"道"为哪些人所承载呢?

在中国文化中,无论儒家、墨家、道家、法家都认为"道"由圣人所承载。如儒家孟子说:"圣人,人伦之至。"(《孟子·离娄上》)荀子说:"圣人者,道之极也。"(《荀子·礼论》)"圣人者,道之管也。"(《荀子·解蔽》)"圣人,备道全美者也。"(《荀子·正论》)《大戴礼记·哀公问》:"所谓圣人者,知通乎大道,应变而不穷,能测万物之情者也。"墨家墨子说:"圣人之德,总乎天地也。"(《墨子·尚贤中》)道家庄子说:"圣人者,原天地之美,而达万物之理。"(《庄子·知北游》)法家韩非说:"谨修所事,待命于天,毋失其要,乃为圣人。"(《韩非子·扬权》)虽然儒家、墨家、法家、道家学说不同,所称之"道"也多不相同,但都一致认为"道"寄寓于圣人身上(事实上我们今天仍延续这种思维,只是"圣贤哲人"所指不同而已)。考察诸家对圣人的界说,有从道德层面说,有从智慧层面说,有从功业层面说,综合而言,圣人是道德、智慧、功业的最高体现和完美统一,如荀子所说的"备道全美者"。因而所谓"道不虚行",必托圣人以行;"神而明之,存乎其人",必存乎圣人身上;"人能弘道",自然亦非圣人莫属。"道"之所以由圣人所承载,是因为圣人与常人不同,如黄仲元所说:"莫为一身之谋,而有天下之志;莫为终身之计,而有后世之虑;不求人知而求天知;不求同俗而求同理。"(黄仲元《四如讲稿》卷一)正因为这个原因,人们尊重那些"求道""闻道"的圣贤哲人。也由于这个原因,我们也尊重那些继承和传播圣贤哲人之道的"弘道"之人,如孔门七十子对孔子之学的继承与弘扬。

　　为什么普通人缺乏对"道"认知的热情与志愿呢？这是因为"道"超越于一般人的感性认知。而一般人不能超脱社会富贵利达的功利思想，日夜所思所想多为谋食谋利之事，为私欲所层层束缚，如自封于蜗角之中。即使像管仲那样的贤者，也是"局量浅，规模狭，……私欲先已隔绝于其中，物我不能贯通于其外，若何充拓得到天地变化、草木蕃处？又安能与上下同流哉？"（黄仲元《四如讲稿》卷一）管仲这类贤人尚且是"局量浅，规模狭"，更何况那些芸芸众生"随声附和"的凡夫俗子呢！如陆九渊所说："吾人皆无常师，周旋于群言淆乱之中，俯仰参求，虽自谓其理已明，安知非私见诐说，若雷同相从，一唱百和，莫知其非，此所甚可惧也！"（《象山集》卷十二）

　　在中国传统文化中，"道"可以说是最高的哲学范畴，但是中国古人不善于概念的分析，所以关于对"道"的解说和描述总是处于一种迷离徜恍的状态，解释者或许会说，"道"本身是不能用语言和概念来解说和描述的，"说出来即不是"，于是采取一种"体道""悟道"的直觉主义认识方式，这又不免陷于神秘主义。

　　以我们的看法，古人所说的"道"，如果要找一个恰当的概念来对应，那就莫过于"真理"概念了。而"真理"又是可以解析为"绝对真理"和"相对真理"的。有了这些相对应的现代哲学概念，或许可以帮助我们来深入地理解"道"的概念。《庄子·天下篇》说：

　　　　古之所谓道术者，果恶乎在？曰：无乎不在。曰：神何由降？明何由出？圣有所生，王有所成，皆原于一。不离于宗谓之天人，不离于精谓之神人，不离于真谓之至人。以天为宗，以德为本，以道为门，兆于变化，谓之圣人。（凡此四名，一人耳。）

　　在我们看来，所谓"绝对真理"即使真实存在，因为它无法为我们这些凡夫俗子所验证，我们宁愿将它看作一种理论假定。"古之所谓道术者，果恶乎在？曰：无乎不在。"这种"无乎不在"的"道"当然是一种"绝对真理"。对于它唯有圣人能认识它，葆有它。《庄子·天下篇》接着说：

> 天下大乱，贤圣不明，道德不一，天下多得一察焉以自好。譬如耳、目、鼻、口，皆有所明，不能相通，犹百家众技也皆有所长，时有所用，虽然，不该不遍，一曲之士也。……悲夫！百家往而不反，必不合矣。后世之学者不幸不见天地之纯、古人之大体，道术将为天下裂。

这种分裂"道"之大体的"一察""一曲"之士，如墨翟、禽滑厘、宋钘、尹文、彭蒙、田骈、慎到、关尹、老聃、惠施、桓团、公孙龙等之所得当然最多只是一孔之见，"不幸不见天地之纯、古人之大体"，所见所持最多只是"相对真理"，甚至只是一种荒唐、缪悠、诡辩的学说而已。孔子讲"人能弘道"，其着眼点当然不在于此。但我们能否因此便认为作为大圣人的孔子已经发现和葆有了"绝对真理"呢？古人或许是这样认为的，但我们今天只能说，诸子百家的学说都属于"相对真理"的性质，孔子所代表的儒家学说所包含的真理成分更多一些，并且他给我们指引了一条由相对真理通向绝对真理的正确之路。

要弄清孔子"人能弘道"之"道"的含义，须从孔门言"道"之语境及其对"道"的理解入手。细绎《论语》一书，"道"字大体有以下五种含义：

1. 道路之意。例如："曾子曰：士不可以不弘毅，任重而道远。"包咸注："士弘毅，然后能负重任，致远路。"这里的"道"是指道路之"道"。

2. 政治主张或理想之意。例如："子曰：道不行，乘桴浮于海。""子曰：参乎，吾道一以贯之。""子曰：道不同，不相为谋。"

3. 常理、规则之意。例如："天下之无道也久矣。""天下有道,则礼乐征伐自天子出;天下无道,则礼乐征伐自诸侯出。"

4. 方略、方法之意。例如："礼之用,和为贵。先王之道斯为美。""文武之道未坠于地,在人。""三年无改于父之道。"等等。

5. 宇宙本原之意。例如:子贡曰:"夫子之文章可得而闻也,夫子之言性与天道不可得而闻也。"

"道"字的本义是人所共由之路,从"人所共由"之意引申出常理和规则之意的"道"。而关于"常理"和"规则",各人意见或不相同,进而将各种不同的策略、方法以及政治主张或理想也都被视为"道"。至于宇宙本原意义上的"道",则是更为抽象和概括的"道"。在《论语》中,从"道"字本义来谈"道"的材料,反而很少,多是就"道"的引申意义来说的。从宇宙本原意义来谈"道"的材料也很少,而且《论语》明确说孔子"言性与天道,不可得而闻",即孔子一般是不从这个意义上来论"道"的。因而孔子所说的"人能弘道",就只能从其余三种意涵来解释了,而这三种意涵的意思是很接近的。宽泛一点说,都可以将之看作一种政治主张或理想。因而"人能弘道"一句,便可理解为:人能使某种政治主张或理想发扬光大。这是我们从《论语》文本中所绎出的意思。

上面侧重讲了"人能弘道",这一句还比较好理解,人能使"道"发扬光大。儒家的孟子、荀子、董仲舒、二程、朱熹、王阳明、王夫之不就是使孔子学说发扬光大了吗!

下面我们来讲"非道弘人"。这一句就不那么好理解。难道孔子的思想学说没有帮助人成长、使之成就大器吗?从历史事实说,孔子所创立的儒学培育和造就了无数志士仁人。在这个意义上,我们应该承认"道亦弘人"。

但是,孔子说的"非道弘人",是在另一种意义上说的。这意思是说,一种思想学说创立之后,如果将之束之高阁,不去弘扬它、传播它,这个思想学说不会自己爬出来,去教人发展,教人成长,教人成就大器。只有去学习它、相信它、发展它,使这样一种理论学说成为一种思想武器,才会发生理论学说应有的影响和作用。而随着"弘道"的过程,弘道之人也自然成就了自我,就像孟子弘扬孔子的"圣人之道",也成就了自己"亚圣"的地位,让自己的名字载入了史册。这就是说,一个人"弘道"成功了,他自己也跟着成功。只有在这个意义上说,"道"也是可以"弘人"的。

孔子所说的"非道弘人",还有一层意思。有的人也去做了传播"道"的工作,他只会照本宣科来讲那个"道"。对他所讲的那个"道",连自己都不真信,你让别人去相信它,可能吗?还有,你不能将有关"道"的理论与现实的社会实践结合起来,这个"道"与人民的思想和生活格格不入,这个"道"又有什么用呢?这就警告那些搞理论建设的人,你自己要能信,才能要人信。你把它发扬光大了,才能带着别人一起学、一起信,一起去发展这个理论。一部经典或者多少部经典放在那里,它只是文献资料而已。你不信它,它就不发生作用。你不要指望一个已经形成的,或者曾经有过的那些现成理论能管几十年,几百年,甚至几千年。如果没有人继承它,没有人宣传它,没有人发展它,它自己就会消亡,或者被人遗忘,淡出社会。

三 余论

一个社会的正常秩序是靠诸如政治制度、人文信仰、伦理道德、礼仪规范、教化习俗等来维系的。社会由此而得到良性的运转,人们会说"天下有道",反之,人们说"天下无道"。在《论语》中我们经常会看到"有道""无道"的字眼,也正是从这样的意义上说的。

孔子面对诸侯争战不休、人民困苦不堪的现实,他不是像一般策士那样为一家一国的利益作权宜性的谋划,而是从人类的前途和命运着眼,构想"天下有道"的和谐社会。这就需要在社会中确立理性、秩序、公正的价值理念。在他看来,人们对这些价值理念形成共识,就可以从根本上矫正扭曲的人性,改变荒谬的现实。但是,这些价值理念到哪里去找呢?孔子不像宗教家那样,创造出一个外在的超越的全知全能的救世主，通过天启和神谕来规范人们的思想和行为，而是回首历史，到上古先王那里寻找智慧。他看到，上古以来"德""礼""孝""仁"这些传统观念虽然受到严重冲击，但在社会结构中和人心深处并未从根本上动摇。于是他以温习和诠释《诗》《书》、礼、乐的方法，肯定和弘扬这些传统观念的人文价值，并试图以此作为精神的原动力，来建立符合人道精神的理想王国。这就是孔子"人能弘道，非道弘人"的现实意涵。孔子以他的人文理想和殉道精神，赢得了世世代代人们的尊敬。

"弘道"之事，不能毕其功于一役，而要代代有人，代代不同。这是为什么？其实，作为圣贤哲人的每一种理论学说，作为社会政治的每一种法规制度，都是为解决当时的社会问题而创造的。社会发展了，这些理论学说和法规制度也应作适宜的改变和调整。此正如唐代崔沔所说："人能弘道，非道弘人。有济治之臣，无不弊之法。往古虽载其陈迹，行用实在乎主司。"（《文苑英华》卷四八一）

所以，"人能弘道，非道弘人"强调的是一种积极进取的精神，而不是一种消极的、安于现状的态度。那种在理论上不求创新，只会空喊口号的人，对他们提出一种更高的要求。"人能弘道，非道弘人"，对理论工作者也是一种激励、一种警示，让他们知道，在他们身上承担着"弘道"的责任，他要把自己变成一个"弘道"者、理论建构者和实践者。

（本文已发表在《船山学刊》2016 年第 2 期，发表时的题目是：《"人能弘道，非道弘人"析论》）

第 二 讲

"性与天道"

王 霞

"性与天道"一语出自《论语·公冶长》篇:"子贡曰:'夫子之文章可得而闻也,夫子之言性与天道不可得而闻也。'"看似寻常的一句话,却因"性与天道"之词使得后世学者聚讼纷纭。笔者爬梳从汉至宋对此句的注疏,窥见先贤们对性与天道的诠释和追问皆有其时代特点。同时,历代学者对性与天道的议题又都秉持一个基本原则,即以入世、用世的态度来取舍、践履并实现性与天道,从而使天道性命回归人世,避免蹈入虚空,沦为空谈。

一 对"性与天道"的追问

金人王若虚(公元 1174—1243 年)考察《论语》、六经,说性与天道,"夫子是罕言之,故虽高弟亦有不得闻者。①"王若虚所言不虚,《论语》及六经确实少言性与天道。仅以《论语》言,其中言"性"仅有两处,即《公冶长篇》子贡之言"夫子之言性与天道不可得而闻也",及《阳货篇》夫子言"性相近也","天道"一词则仅见于子贡之言。

宋代欧阳修(公元 1007—1072 年)以为圣人罕言,是因为"不穷性以为言""或虽言而不究"。他说:"六经之所载,皆人事之切于世者,是以言之甚详。至于性也,百不一二言之。或因言而及焉,非

---

① 王若虚:《滹南集》卷五,《论语辨惑》,文渊阁四库全书本。

为性而言也，故虽言而不究。予之所谓不言者，非谓绝而无言。盖其言者鲜而又不主于性而言也。《论语》所载七十二子之问于孔子者，问孝、问忠、问仁义、问礼乐、问修身、问为政、问朋友、问鬼神者有矣，未尝有问性者。孔子之告其弟子者，凡数千言，其及于性者一言而已。予故曰：非学者之所急，而圣人之罕言也。"① 欧阳修从六经和《论语》文本考察，认为孔子之所以罕言性，乃是因为其不切于人事。元人释大䜣（生卒年不详）则从孔子所处时代背景和所面临的社会问题出发，指出孔子罕言性与天道，乃是时势不允。他说："孔子生乱时，道降俗薄，故因时制敝，扶持纲常，苟非切于人事，唯恐致惑于人，特秘之而不言耳。"② 不论是宋儒欧阳修还是元人释大䜣，都十分精准地把握了这一点，即《论语》一书所载之言皆是孔子与其弟子们所关注的问题，而这些问题也正是孔子试图解决的时代问题。姜广辉先生在《中国经学思想史》中所言甚是："古代思想家不是闲来无事，抓着许多话头扯来扯去，而是有他们的'问题意识'于其中。……大体说来，先秦时代的'问题意识'是文化传统的断裂与继承的问题，所谓'六经'，原非儒家所专有，孔子重视利用传统文化资源，对之加以整理改编，并阐释其中的意义，遂有'六经'之目。"③ 面对春秋时期的礼崩乐坏，孔子所关注的是周文化如何传承，以及如何重建的问题。对于"性与天道"这种形而上问题的探讨，还不是孔子及其弟子所要急迫解决的。孔子说："性相近也，习相远也。"（《论语·阳货篇》）他所关注的重点乃在"习"上。对于子贡所言："夫子之文章可得而闻也，夫子之言性与天道不可得而闻也"，我比较赞同北宋经学家邢昺（公元 932—1010 年）的观点，即"文"是指"夫子之述作、威仪、礼法"，这些皆是"有文彩，形质著明，可以耳听目视，依循学习，故可得而闻"④ 的。与"文"相

---

① 王霆震编撰：《古文集成》卷二十一，《前丙集七》之《答李诩论性书》，文渊阁四库全书本。

② 释大䜣撰：《蒲室集》卷七，《王氏孝感瑞华图诗序》，文渊阁四库全书本。

③ 姜广辉主编：《中国经学思想史》（第一卷），中国社会科学出版社 2003 年版，第19 页。

④ 何晏集解、陆德明音义，邢昺疏：《论语注疏》，文渊阁四库全书本。

对的"性与天道"，虽子贡未言何意，但一定是深奥微妙，非有实质可指，非耳目可闻见的，所以子贡才有"性与天道不可得而闻"的感慨。显而易见，从教习的角度而言，述作、威仪、礼法均是可教导传授的，而"性与天道"则难以言说，容易使人渺茫恍惚，流于想象。孔子一生志向乃在于恢复周礼文化，难以言传的"性与天道"，岂能成为他的中心议题？

如上所说，孔子未曾将"性与天道"视作他的中心议题，只是偶有提及。然而宋代学者却追问不已，众说纷纭。王若虚总结从汉至金讨论性与天道问题的情况，说："自汉以来，学者莫敢轻议，而近代诸公皆以为闻而叹美之辞，或又曰'圣人之文章，句句字字无非性与天道者'。"① 此"近代"指宋代而言。虽然宋以前的学者"莫敢轻议"性与天道，然而他们依然有所追问和论述。而从其留下的只言片语中，还是可以看到关于"性与天道"的诠释差异和思想流变。

董仲舒（公元前179—前104年）和郑玄（公元127—200年）对"性与天道"的诠释，反映出汉儒喜言阴阳五行、灾祥祸福的学术特点。

董仲舒在其《春秋繁露》中阐发了他的天人观念："为生不能为人，为人者天也。人之人本于天，天亦人之曾祖父也，此人之所以乃上类天也。"② 又说："人之诚，有贪有仁。仁贪之气，两在于身。身之名，取诸天。天两有阴阳之施，身亦两有贪、仁之性。"③ "身之有性、情也，若天之有阴、阳也。言人之质而无其情，犹言天之阳而无其阴也。"④ 董仲舒明确指出人所以为人，是因为天，也就是说人的本性只有秉承于天，才能称为人。所以他说人之性情乃天地所生，人之贪、仁之性又与天之阴、阳相类，而天道则是"好阳而恶阴"⑤，所以人应捍御情欲，使之为善，才是符合天道。

---

① 王若虚：《滹南集》卷五，《论语辨惑》，文渊阁四库全书本。
② 董仲舒：《春秋繁露·为人者天》，张世亮、钟肇鹏、周桂钿译注，中华书局2012年版，第398页。
③ 同上书，第376页。
④ 同上书，第380页。
⑤ 苏舆：《春秋繁露义证》，中华书局1992年版，第296页。

东汉郑玄解释"夫子之言性与天道，不可得而闻也"之语说："性，谓人受血气以生，有贤愚吉凶。天道，七政变动之占。"① 他对性的定义增"血气"二字，应是对董仲舒"天两有阴阳之施，身亦两有贪仁之性"的概括；对天道的定义则是汉代人共持的观念，以星辰变动言吉凶祸福。此如程树德所言："汉自董仲舒解《春秋经》，已尝杂五行灾祥言之。……风向所趋，贤者不免。郑氏兼学谶纬，其以吉凶祸福解天道，亦为风气所囿。"②

至魏晋，学者解读"性与天道"，摒弃了汉儒阴阳五行、吉凶祸福那套粗糙理论，而渐趋精微。魏何晏（公元？—249 年）解释"性与天道"说："性者，人之所受以生者也。天道者，元亨日新之道也。深微，故不可得而闻也。"③ 何晏虽与王弼等竞为清谈，祖尚玄虚，但其根蒂仍在儒学。他对性、天道的释义均来自儒家思想。比较汉代学者而言，于"性"不言阴阳，仅言受生；关于"天道"，他持更为积极向上的态度，以"日新"二字凸显出天道的生生不息。这与汉代郑玄以灾祥祸福解释天道是不同的。

南朝梁人皇侃（公元 488—545 年）在对何晏此注加以疏解的同时，又有所发挥：

> 云"性者，人之所受以生者也"者，人禀天地五常之气以生，曰性。性，生也。云"天道者元亨日新之道也"者，元，善也；亨，通也；日新，谓日日不停，新新不已也。谓天善道通利万物，新新不停者也。言孔子所禀之性，与元亨日新之道合德也。云"深微，故不可得而闻也"者。与元亨合德，故深微不可得而闻也。④

---

① 引自唐代学者对桓谭所言"盖天道性命，圣人所难言也。自子贡以下，不得而闻，况后世浅儒，能通之乎"的注文。参见范晔撰，唐代李贤等注：《后汉书·桓谭冯衍列传》，中华书局 1965 年版，第 960 页。
② 程树德：《论语集释》卷九，中华书局 1990 年版，第 320 页。
③ 何晏集解、皇侃义疏：《论语集解义疏》，商务印书馆 1937 年版，第 60 页。
④ 同上。

这段话中引人注目的是"德"字的出现，皇氏所言的"天道"呈现出明显的道德性质。还应注意的是，皇侃认为"不可得而闻"的"性"特指"孔子所禀之性，与元亨日新之道合德"，而不是泛指一般人的"性"。这些都是发前人所未发的。

邢昺（公元 932—1010 年）是北宋初的学者，其思想尚囿于汉唐儒者的影响。他解释何晏所言"性者，人之所受以生也者"一句说：

> 《中庸》云："天命之谓性。"注云："天命，谓天所命生人者也，是谓性命。木神则仁，金神则义，火神则礼，水神则知，土神则信。《孝经说》曰：'性者，生之质命，人所禀受度也。'"言人感自然而生，有贤愚吉凶，或仁或义，若天之付命遣使之然，其实自然天性，故云："性者，人之所受以生也。"①

邢昺引用《中庸》《孝经》来诠释何晏所言的"性"，并说到木神、金神、火神、水神、土神及与之对应的仁、义、礼、智、信，以此说明天有五常，感应自然的人性有贤愚吉凶和仁义礼智信五德。

北宋中叶以后，理学兴起。理学家为了抗衡佛老精致的心性理论，大力彰显"性与天道"的学问，形成思辨性极强的哲学思想，因而关于"性与天道"的诠释也较前人发生了质的变化。此正如程树德所说：

> 自宋以后，言性与天道者分理气。申其论者，大抵超阴阳以上而求天之理，离心知之实而求性之理，亦不能不推之空眇以神其说。②

此言虽是从实学角度批评宋明理学，然而却精准地指出了理学讨论"性与天道"的特点。

南宋朱熹（公元 1130—1200 年）集宋学之大成。他以"天理"

---

① 何晏集解、陆德明音义、邢昺疏：《论语注疏》，文渊阁四库全书本。
② 程树德：《论语集释》卷九，中华书局 1990 年版，第 319 页。

二字来解读"性与天道",完全排斥汉儒的阴阳灾祥理论,不再用木神、金神、火神、水神、土神那种粗糙说法。他说:"性者,人所受之天理;天道者,天理自然之本体,其实一理也。"① 朱熹明确将人性与天道都归结为"理"。他又解释说:"譬如一条长连底物事,其流行者是天道,人得之者为性。《乾》之'元亨利贞',天道也,人得之,则为'仁义礼智'之性。"② 在此,朱熹说天道只有"元亨利贞",人性只有"仁义礼智",二者乃是一体。摒弃了前人所说的"金木水火土"。至此,对"性与天道"的诠释,达到了一个新的理论高度。由是对"性与天道"的追问,亦是对天理的追问。而对天理的追问,则必然导致对"天理"概念的阐发和论证,以及对理学体系的建构。同时,朱熹对性的道德诠释,又必然使其回归到道德认知与践履中来。

纵观从汉儒董仲舒至宋儒朱熹关于"性与天道"的诠释和论述,清晰可见新思想的形成有一个渐进过程,非一朝一夕之功。另外,这个漫长过程充分显示出中国古人的思维方式从经验到超越经验的提升。

二   "性与天道"问题,回避还是回答?

中国商周时代的意识形态是天命神学体系,认为天神主宰着人间的一切。人们每遇大事,不敢自行做主,而要向上天问卜。孔子时代这种意识形态依然流行。子贡所说的"性与天道"不过是对这种"意识形态"的理性表述,其意似乎说自然界与社会的种种现象背后,有一种主宰的力量,这种主宰的力量可能并不是"天神",而是某种原理或规律。因为这个问题太高深微妙,因而难以得闻。用现代哲学的语言说,所谓"性与天道"问题,就是人的本质和自然界的本质问题,或者说是"世界本体"问题。关于这个问题,不同流派的哲学家有不同的回答,但永远也不会有最终的答案。也因此关于这

---

① 朱熹:《四书章句集注》,中华书局 1983 年版,第 79 页。
② 黎靖德编:《朱子语类》,中华书局 1986 年版,第 725 页。

个问题，可以选择回答，也可以选择回避。中国古代文化以实用理性为主，学者治学强调以经世致用为目的，因为学者沉浸于"性与天道"虚玄问题讨论可能忘掉经世致用的为学宗旨，所以，在孔子之后，凡是以各种形式探究"天道性命"的学说，都可能遭到斥责。

汉代，董仲舒、郑玄等人试图用阴阳五行理论，并借助当时的天文、历法、音律等科学知识来建立一种"天人感应"的神学体系。运用这套理论，可以使得对"性与天道"的阐释和追问，皆落在阴阳五行、吉凶祸福的经验层面上，虽然神秘，却又似乎触手可及。如董仲舒曾以辽东高庙、长陵高园殿发生大火事件说明天降灾警世，试图劝诫汉武帝①。延至东汉，以谶纬方式传达天意颇为盛行。然而也有学者强烈反对谶纬之说，从而反对陋儒妄言"天道性命"。东汉初，议郎给事中桓谭（公元前23—前56年）劝告光武帝说："凡人情忽于见事而贵于异闻，观先王之记述，咸以仁义正道为本，非有奇怪虚诞之事。盖天道性命，圣人所难言也。自子贡以下，不得而闻，况后世浅儒能通之乎！"② 在桓谭看来，"天道性命"，圣人难言，子贡不得而闻。其他人所言皆事涉"奇怪虚诞"。作为帝王应以指实切近的"仁义正道"为本。

其后，班固（公元32—92年）也指出，汉代儒者常以阴阳变化推测灾异，试图以此方式探知"天道性命"，以求在政治上有所为。对此他批评说："汉兴，推阴阳言灾异者，孝武时有董仲舒、夏侯始昌；昭、宣则眭孟、夏侯胜，元、成则京房、翼奉、刘向、谷永，哀、平则李寻、田终术。此其纳说时君著明者也。察其所言，仿佛一端。假经设谊，依托象类，或不免乎'亿则屡中'。"③ 他认为那些推阴阳灾异者的预言，有时或被验证，并非是推演方法灵验，讲的次数多了，就有言中者，其实那只是概率问题。

---

① 班固撰、颜师古注：《汉书》卷五十六，《董仲舒传第二十六》，中华书局1962年版，第2524页。

② 范晔撰、李贤等注：《后汉书》，《桓谭冯衍列传第十八上》，中华书局1965年版，第959页。

③ 班固撰、颜师古注：《汉书》卷五十六，《董仲舒传第二十六》，中华书局1962年版，第3194页。

北宋欧阳修言"道"不言"性",是因为他"以仁义礼乐为道之实。而不欲说性者,惧其沦于虚,亦其生平恶佛,而恐其涉于禅也"①。他说:"今之学者于古圣贤所皇皇汲汲者,学之行之,或未至其一二。而好为性说,以穷圣贤之所罕言而不究者,执后儒之偏说事无用之空言,此予之所不暇也。"②

与其同时而稍后的苏轼(公元 1037—1101 年)也反对追询幽深虚远的"性与天道"问题。苏轼在《议学校贡举状》中说:

> 昔王衍好老庄,天下皆师之,风俗凌夷,以至南渡。王晋好佛,舍人事而修异教,大历之政,至今为笑。故孔子罕言命,则为知者少也。子贡曰:"夫子之文章可得而闻也,夫子之言性与天道不可得而闻也。"夫性命之说,自子贡不得闻,而今之学者,耻不言性命,此可信也哉!③

苏轼对学者高谈"性命天道"问题表示反感,对"今之学者,耻不言性命"的风气表示忧虑。然而对于另外一批儒者而言,更值得忧虑的是许多儒者为佛教的心性之学所折服,以致"儒门淡泊,收拾不住,皆归释氏"。这就使得他们要创造出一套高妙的"性与天道"理论体系,足以超胜佛教。于是以周敦颐、二程、张载、朱熹等为代表的儒者,出入佛老,最终"建构'道德'的形上学理论,找出具有终极关怀意义的超越理念,作为信仰的对象"④,使儒学重新成为世人安身立命之所。于是心性、天道问题便成了宋儒的中心议题。

与此同时,理学家也要回答和解决另一个问题,即重视"性与天道"问题,会不会弱化经世致用的治学目的。理学家的理由是儒者以"仁义礼智信"为核心价值,"仁义礼智信"只有找到形上的根据,

---

① 刘埙:《隐居通议》卷二,《欧公言道不言性》,文渊阁四库全书本。
② 王霆震编撰:《古文集成》,文渊阁四库全书本。
③ 苏轼:《东坡全集》卷五十一,《奏议四首·议学校贡举状》,文渊阁四库全书本。
④ 姜广辉主编:《中国经学思想史》(第三卷上),中国社会科学出版社 2010 年版,第 10 页。

才能成为人们信奉的对象。反过来，讲"性与天道"不能与平时的修身相脱节，朱熹说：

> 盖熹闻之，自昔圣贤教人之法，莫不使之以孝弟忠信、庄敬持养为下学之本，而后博观众理，近思密察，因践履之实以致其知。……及其至也，则有学者终身思勉而不能至焉。盖非思虑揣度之难，而躬行默契之不易。故曰："夫子之文章可得而闻也，夫子之言性与天道不可得而闻也。"……今之学者则不然，盖未明一理而已傲然自处以"上智""生知"之流，视圣贤平日指示学者入德之门至亲切处，例以为钝根小子之学，无足留意。其平居道说，无非子贡所谓"不可得而闻"者，往往务为险怪悬绝之言以相高。甚者至于周行却立，瞬目扬眉，内以自欺，外以惑众。此风肆行，日以益甚，使圣贤至诚善诱之教反为荒幻险薄之资，仁义充塞，甚可惧也。①

朱熹认为，子贡之所以说"夫子之言性与天道不可得而闻"，并非因为思虑不可得，而是因为"躬行默契之不易"，也就是说，因为道德践履不够，精神境界不高，而难以默契、体认"性与天道"。"性与天道"并非高远难企，它就在人们的日用伦常之中。朱子说：

> 君子之道，本末一致，洒扫应对之中，性与天道存焉。行之而著，习之而察，则至矣。……然学者多慕远而忽近，告之以性与天道，则以为当先而传；教之以洒扫应对，则以为当后而倦焉。躐等陵节，相欺以为高，学之不成，常必有此。②

与朱熹同时的张栻（公元1133—1180年）也认为："夫子之文章，无非性与天道之流行也。……若乃不得其意而徒诵其言，不知求

---

① 朱杰人、严佐之、刘永翔主编：《朱子全书》，《晦庵先生朱文公文集卷第三十八·答林谦之》，上海古籍出版社；安徽教育出版社2002年版，第1698—1699页。
② 同上书，第1883—1884页。

仁而坐谈性命，则几何其不流于异端之归乎?"① 元初名儒郝经（公元 1223—1275 年）推崇理学，继承了朱熹等人从日用伦常默契、体认"性与天道"的思想。他说："君子用力于日用之间，惺惺于躬行之地，非礼勿视，非礼勿听，非礼勿言，非礼勿动，即洒扫应对进退以尽夫性与天道。"② 由以上诸家论述可见，这些理学大家探讨"性与天道"之时，都谨慎地使其不蹈入虚空，不沦为空谈。并最终将"性与天道"形上问题与日用伦常的形下问题结合为一体，即体即用，即现实而超现实。

三　当今儒学的走向

通过爬疏从汉至宋儒者对"性与天道"的追问和诠释，可见古代儒者一直以入世治世之实用态度来对待"性与天道"问题，以避免流于虚妄，沦为空谈。事实上，儒者这种求真务实的态度乃是秉承于孔子。孔子明言"未知生，焉知死"（《论语·先进》），"敬鬼神而远之"（《论语·雍也》）。显见孔子切近人事，不发虚妄之言。

自秦朝大一统之后，儒者一直试图以自家思想影响政治方向和决策。秦朝儒生以淳于越为首对政治制度等问题进行批判和议论，虽然最后儒生们的结局令人悲叹，然而却从中可见儒者试图在政治舞台上一展抱负的努力。汉代大儒董仲舒因势利导提出"罢黜百家，表章六经"，使儒学的地位迅速提升，成为社会的主流意识形态。虽然之后魏晋、南北朝、隋唐时期，一度玄、释、道盛行，儒学相对衰落，但仍在用人取士方面占有主导的地位。宋代是儒学重新繁荣的时代，宋儒承继先秦孔孟儒学，融合佛、道思想，发展出了理学思想体系。

但是，不同时代具有不同的问题，儒学的关注点也因而有所不同。汉代儒者在"过秦"与"正韩"之中来矫正秦朝的制度过失和思想理念；宋代儒者则在五代人伦道德沦丧和佛教的持续挑战中来重

---

① 王霆震编撰：《古文集成》卷六《前甲集六》之《胡子知言序》，文渊阁四库全书本。

② 郝经：《陵川集》卷十七《情》篇，文渊阁四库全书本。

建儒家的伦理价值体系。宋代书院的丛生和朱熹等大儒亲自编订启蒙通俗读物的行为，以及儒学读本的推广，都说明儒学于此时更偏重提高和发挥在社会上的影响力。而从"性与天道"问题看，因为时代不同，诠释的方向和发挥的作用也有所不同。汉儒以"性与天道"来论证帝王权力的合法性，宋儒则反复从自身道德修养上来体认"性与天道"。历史告诉我们，儒学在汉代和宋代都成功地解决了时代问题，发挥了重大作用，奠定了自身不可动摇的地位。那么，儒学在现代社会中又该如何定位，发挥怎样的作用呢？

在现当代社会中，有不少人质疑儒学存在的价值，理由是：儒学是中国封建时代宗法社会的意识形态，它所依托的政治制度、社会结构和经济形态等都已发生了根本性的变化。

这是否意味着儒学在现代社会中必然被抛弃呢？

早在民国时期，齐思和先生就说："吾人虽以封建制度解释儒家思想，非谓封建既废，儒家思想即失去其价值也。盖封建制度仅为建造儒家政治思想之材料，及其据此材料而构成一完美而有系统之政治哲学，其为用已不限于封建制度矣。"① 姜广辉先生也说："经学是中国文化的根干，这是因为由它反映了中国文化的价值体系。"② "'六经'不仅是中国文化传统的最早源头，而且也是华夏民族核心价值的集中体现。"③ 刘梦溪先生则在《如何评价儒家学说的历史地位》一文中说："近年我从《易经》《礼记》《孝经》，以及孔子、孟子的著作中，抽绎出一些具有代表性的价值理念，包括诚信、爱敬、忠恕、知耻、和而不同等，经过分梳论证，我认为它们是几千年以还一直传下来的，可以称之为中华文化的永恒的价值理念，同时也是具有普适意义的价值理念，不仅适用于传统社会，也适用于当今的社会。不仅适用于中国人，也可以适用于全世界的人。此正如康德所说，道德理

① 齐思和：《封建制度与儒家思想》，《燕京学报》1937 年第 22 期。

② 姜广辉主编：《中国经学思想史》（第一卷），中国社会科学出版社 2003 年版，"前言"第 1 页。

③ 姜广辉、吴国龙：《传统之源——兼谈"六经"的价值》，《湖南大学学报》（社会科学版）2013 年第 4 期。

性具有绝对价值。"①

管东贵先生指出,古代社会"在'法制'取代'礼制'后,仍保留了源自宗法(血缘)社会的'和谐'特质——儒家的伦理价值观。附于政治的'法制'与'和谐'的伦理价值观,即是中国社会之所以能成其'大'的两股主要力量。""'法制'与'和谐'的价值观之间,实务上难免出现一些矛盾;然而,两千余年来却也维持着一种动态的平衡。但,近代中国受西方民主、法治优势文化的影响,矛盾有被激化的困惑;因而有人提出'新儒学'运动的构想。可预见的是,脱离政治掌控的'法制'会居优势。'和谐'的伦理价值观如何调适?这是我们现在面临的问题。"②

儒家的伦理价值观在现代社会如何调适?这实际也就是儒家在现代社会如何定位、如何发挥作用的问题。

笔者读到一篇很有意思的文章《科斯与儒家》。③ 这篇文章围绕一则故事来指出西方经济学者与中国儒家所表现的不同观点和结果。故事是:有两块相连的土地,分别属于两个地主,一块用作养牛,另一块用作种麦。牛群常常跑到麦地去吃麦,给麦地的主人造成了损失。应该如何解决这个纠纷呢?美国经济学家罗纳德·科斯,由此提出了经济学上的著名定律"科斯定律":"权利的界定是市场交易必要的先决条件。"具体地说就是:只要养牛地主和种麦地主的权利有清楚的界定,那么,他们之间就可以根据市场收益来确定是让牛吃麦,还是保护麦场,少养牛,然后协商利益分配。作者认为儒家绝对不会采取科斯的做法,因为"在儒家看来,社会治理的最佳模式,就是用道德伦理来调节冲突,用礼义廉耻来强调秩序,再加上严酷的国法族规体系"。儒家与科斯的根本区别在于:"前者思考的起点是'有序前提下的道德约束',后者则是'规范前提下的效益产生'。"作者接着说:"在儒家伦理之下,道德替代了市场,社会得以在低效

---

①　刘梦溪:《如何评价儒学的历史地位》,《光明日报》2016 年 1 月 18 日国学版。

②　管东贵:《周人"血缘组织"和"政治组织"间的互动与互变》,《从宗法封建制到皇帝郡县制的演变:以血缘解纽为脉络》,中华书局 2010 年版,第 51—52 页。

③　吴晓波:《科斯与儒家》,《读者》2016 年第 2 期。

率的水平上保持稳定；而在科斯主义之下，业主的产权得到保护，在此基础上，资源市场化的自由交易得到鼓励。"笔者以为，这篇文章是在指出儒家在当代经济社会中所带来的负面作用，毋宁说是指出了儒学在现代经济社会中生存发展所面临的困境，同时也在某种程度上指出了当今儒学的走向。

诚如刘梦溪先生所说："现代人的人生选择虽然更趋丰富，但其大道要旨，亦无非进德与居业二事。因此忠信和立诚便成为每一个人都需要具备的道德理性，甚至可以说是取得成功的前提条件。"① 所居之"业"已经分化为众多专业领域，如物理、数学、计算机、经济、政治等，儒学已经无能为力，但是居业之"人"的道德培育却是人类亘古永恒的任务，而这恰恰是儒学一直得以存在的价值所在。

回到"性与天道"的问题。当儒学在现代社会所面临的挑战是术业有专攻、追求利益最大化的时候，它所能立足的根本是人，以及由人的言行所展开的与道德伦理相关的领域。而它需要解决的问题也恰恰是人的问题。当利益追求与浮躁喧器成为当前社会的主要问题之时，对《论语》之"性与天道"的追问却为我们自己的心灵留下一方净土，此"性"乃是对人性的反省，"天道"乃是对自然大道的领悟。

（本文已发表在《湖南科技大学学报》（社会科学版）2016 年第 4 期，发表时的题目是：《论〈论语〉之"性与天道"及当今儒学的走向》，收入本书时有所删略）

---

① 刘梦溪：《如何评价儒学的历史地位》，《光明日报》2016 年 1 月 18 日国学版。

第 三 讲

"齐一变至于鲁,鲁一变至于道"

黎红霞

《论语·雍也》篇载孔子语:"齐一变至于鲁,鲁一变至于道。"乍看之下,甚觉简明易懂,不就是说"齐国一变化,就可以达到鲁国的水平;鲁国一变化,就可以达到先王大道"吗,然而细究之下,则不免惶惑:春秋齐、鲁相较,齐国国力完胜鲁国,而孔子所谓"齐—鲁—道"递进模式的道理是什么?鲁国比齐国好在哪里?"道"的意义是什么?如此等等。为此,这一讲从个人识见出发就《论语》此章的核心语素作一简要梳理。

一 先秦齐鲁之势简析

齐、鲁俱为周初封国。吕太公望封于齐,周公旦封于鲁。吕太公望,俗称姜太公,周初国师,是辅佐周文王、武王克殷的著名军事家、谋略家。周公旦,"文王之子,武王之弟,成王之叔父也",周初辅相。受封之初,周公问姜太公如何治齐。姜太公回答:"尊贤尚功。"即"尊重任用贤人,崇尚事功建树"。姜太公反问周公如何治鲁。周公说:"亲亲尚恩。"即"亲附族属,崇尚恩义"。这可以说是两国的建国方略。

齐国,居山东北部,"负海舄卤,少五谷而人民寡"。"太公至国,修政,因其俗,简其礼,通商工之业,便鱼盐之利,而人民多归齐,齐为大国。"其后,管仲的政治改革,更有关键性意义,齐国自此一跃而成为经济最发达的国家,加之齐桓公高举"尊王攘夷"的

旗帜,齐国率先称霸于诸侯。《史记·货殖列传》称赞说:

> 太公望封于营丘,地舄卤,人民寡,于是太公劝其女红,极技巧。通盛盐,则人物归之,襁至而辐凑。故齐冠带衣履天下,海岱之间敛袂而往朝焉。

太公治齐,采取的是"因其俗,简其礼"的政策,修明政事,顺应齐地东夷文化的传统,较少受宗周礼制的束缚。

再说鲁国,因为周公辅相宗周,由周公长子伯禽就封于鲁。伯禽按照周公旦治国方略治理鲁国,变俗革礼,三年而成。《史记》中记载了这样一则小故事。鲁公伯禽受封之鲁,三年而后报政周公。周公说:"何迟也?"伯禽说:"变其俗,革其礼,丧三年然后除之,故迟。"太公望封于齐,五月而报政周公。周公说:"何疾也?"太公望说:"吾简其君臣礼,从其俗为也。"及后闻伯禽报政迟,周公感叹说:"呜呼,鲁后世其北面事齐矣!夫政不简不易,民不有近;平易近民,民必归之。"周公见微知著,一语道尽后世齐强鲁弱的国势对比。

先秦时期,齐、鲁两国,"以地言之,则齐险而鲁平;以财言之,则齐厚而鲁薄,以势言之,则齐强而鲁弱"(《四书或问》卷十一)。可是,既然齐国是强国,鲁国是弱国,强国难道离"道"更远吗?弱国难道离"道"更近吗?其中的道理是什么?

据《史记·鲁周公世家》,鲁国的始封之君本为周公,因为在朝辅政的需要,周公两次受封均不曾就国,成王时"而使其子伯禽代就封于鲁"。在周代的众多邦国中,鲁国是姬姓"宗邦",诸侯"望国",有"先君周公制周礼"的传统浸润,故"周之最亲莫如鲁,而鲁所宜翼戴者莫如周"(高士奇《左传纪事本末》卷一)。伯禽就鲁,三年礼成,是把鲁国建成了宗周模式的东方据点,试图用周礼来替代东夷的文化传统,伯禽敦本抑末、崇礼重教,极力推行周朝礼乐文化。而鲁国也因此成为典型周礼的保存者和实施者,所以后来晋国执政大臣韩宣子称"周礼尽在鲁矣"。

春秋末年，孔子目睹层出不穷的违背礼乐制度的现象，认为这是社会剧烈动荡的原因，因而主张恢复周礼，重建伦理道德规范体系，行"王道"于天下。而当时"鲁有周公伯禽之教，其民崇礼尚信，庶几仁厚近道""齐有太公之余风，管仲兴霸业，其俗急功利，其民喜夸诈"①，两相对比，孔子认为鲁国近于"道"，齐国远于"道"。这也就是说，孔子不以国势强弱论"道"远近。

二　"道"的语义透视

"道"是中国古代哲学的核心范畴之一，在孔子思想中占有重要地位。杨伯峻先生按照"道"字出现的语段进行统计，发现《论语》中"道"出现了 60 次，在孔子的言论中"道"出现了 44 次。张淑慧博士从词频方面进行统计，发现在《论语》中的"道"出现了 90 次②。

与"道"在论语中的高曝光率伴随而至的，是"道"在不同字句里表现出的相通却并不相同的内容和含义。根据上下文意，"道"字在本章中主要与以下几种语义相关。

道与邦国。对于国家来说，"道"是判断政治清明与否的标准。《论语·宪问》篇载："邦有道，危言危行；邦无道，危行言孙。"孔子认为国家政治清明时，要正言正行；国家统治昏乱时，还是要正直，但说话要谨慎。这里通过对在"邦有道"和"邦无道"两种情况下言论选择的对比论述，说明"道"可以衡量一个国家政治状况的好坏。"邦有道，贫且贱焉，耻也。邦无道，富且贵焉，耻也。"（《论语·泰伯》）"邦有道，谷；邦无道，谷，耻也。"（《论语·宪问》）国家有"道"时，应该有"谷"、有"富且贵"，有繁荣昌盛、和谐稳定。对于个人来说，"道"是政治拣择取舍的准则。《论语·公冶长》中说："宁武子，邦有道则智，邦无道则愚。其智可及也，其愚不可及也。"宁武子是卫国大夫，孔子说他是一个处世为官有方

① 钱穆：《论语新解》，生活·读书·新知三联书店 2002 年版，第 159 页。
② 张淑慧：《论语中"道"的语义内涵新探》，《学术交流》2009 年第 7 期。

的大夫,国家政治开明时,他就发挥自己的聪明智慧;国家政治昏暗时,他就装起糊涂。他的聪明别人可以赶得上,他的装愚之道别人可赶不上。孔子通过对宁武子的评价,传达了政治有"道"与否,是士子出世或入世的选择条件。《公冶长》篇载,孔子说南容能做到"邦有道,不废,邦无道,免于刑戮",国家有道时,他有官做;国家无道时,他也可以免去刑戮。孔子因而将自己的侄女嫁给了他。在孔子的心目中,在国家"有道"与"无道"之间,是否拥有进退得宜的用世自处智慧,是评价一名政治人物可靠与否的标准。

道与贫富。孔子说:"富与贵,是人之所欲也;不以其道得之,不处也。贫与贱,是人之所恶也;不以其道得之,不去也。君子去仁,恶乎成名?君子无终食之间违仁,造次必于是,颠沛必于是。"(《论语·里仁》)富贵,是人人都想要的,不是不可以求,关键是如何去求,这中间体现出的是灵活变通的思想,所依据的是一个"道"字。"不义而富且贵,于我如浮云。""富而可求也,虽执鞭之士,吾亦为之。"(《论语·学而》)依靠不正当的手段得来的富贵,虽可求,但君子不为。若是通过正当手段得来的,即使去做低贱的工作也可以。孔子曾说:"自行束脩以上,吾未尝无诲焉。"孔子认为他自己设帐授徒,因为付出了劳动,所以收取一定学费,也是理所应当的。而如《论语·学而》篇所载,子贡曰:"贫而无谄,富而无骄,如何?"子曰:"可也,未若贫而乐道,富而好礼者也。""贫而乐道,富而好礼",这是更高的为人境界。

道与礼乐。孔子说:"天下有道,则礼乐征伐自天子出;天下无道,则礼乐征伐自诸侯出……天下有道,则政不在大夫。天下有道,则庶人不议。"(《论语·季氏》)"道"是"礼乐"的前提和条件,也是"礼乐"的保证。在国家统一、政治清明时,礼乐征伐自天子出,诸侯、大夫、庶人都自然听命。有子说:"礼之用,和为贵。先王之道,斯为美。"礼的应用,以和谐为贵。"和"是礼的旨归和精神,而这种精神是"道"的追求与体现。

"道"指"先王之道"。孔子所说的"道"在许多时候特指"王道""周道"或"先王之道"。孔子对古代圣王极为推崇,在《论语》中有大量对"尧、舜、禹、汤、文、武、周公"的赞美,并把他们所尊奉的信仰称为"先王之道"。他们共同的人格特点是"内圣而外王"。子曰:"修己以敬""修己以安人""修己以安百姓"(《论语·宪问》)。内心修养好了,达到"仁"的境界,然后再通过具体的政策将仁心推广出去,从而达到"博施于民而能济众"(《论语·雍也》)的境界①。

孔子一生致力于"道"。孔子曾说,"朝闻道,夕死可矣"(《论语·里仁》)。他说"志于道,据于德,依于仁,游于艺。"(《论语·述而》)即志向在于道,根据在于德,凭借在于仁,活动在于六艺(礼、乐、射、御、书、数)。清刘宝楠、刘恭冕在《论语正义》中言:"夫子本欲行道于鲁,鲁不能竟其用,乃去而他国。最后乃入楚。则以楚虽蛮夷,而与中国通已久。其时昭王又贤,叶公好士,故遂入楚以冀其用,则是望道之行也。至楚,又不见用,始不得已而欲浮海居九夷。"

孔子仕鲁适齐,周游列国,孜孜于行道,所谓"天下之无道也久矣,天将以夫子为木铎"(《论语·八佾》)。正是怀揣这样的理想与抱负,欲"变"而行道于齐、鲁,然则齐、鲁竟不能用,"惜孔子终不得试,遂无人能变此两邦。②"孔子没有机会实践"道"的理想,也未能留下"齐一变至于鲁,鲁一变至于道"的具体方案,给后人留下无穷的想象空间。

三　"变"的历史解读

《说文解字》:"变,更也。"《小尔雅》:"变,易也。"《白虎通》:"变者,非常也。"变,就是更改、更换的意思。先秦诸子几乎都探讨过事物运动发展的"变易"问题。其中以《周易》为典型,其通篇都在传达着"变"的思想,无论翻到哪一卦,都会看到卦象中那周流不息、运动不止的动态感,即使周行到了状态最差的"否"

---

① 邓梦军:《王道思想的源与流》,《光明日报》2015 年 8 月 10 日第 16 版。
② 钱穆:《论语新解》,生活·读书·新知三联书店 2002 年版,第 159 页。

卦,也有着"否极泰来"的变易性存乎其中。在《论语》中"变易"思想也不少见。这一讲"齐一变至于鲁,鲁一变至于道",是基于国家政治言"变",后世学者对其理念的解读大致可归纳为以下几种。

(一) 发展说

后世学者注解"齐一变至于鲁,鲁一变至于道",有一部分学者既肯定齐国的尚功事业,又推崇鲁国亲亲尚恩之礼,把"齐—鲁—道"之变解读为不断优化统一的进程,本文指称这类观点为"发展说"。

何晏《论语集解》载包咸注:"言齐、鲁有太公、周公之余化也。太公,大贤;周公,圣人。今其政教虽衰,若有明君兴之者,齐可使如鲁,鲁可使如大道行之时也。"这是说齐国有姜太公的政教基础,鲁国有周公的政教基础。齐、鲁两国是最有希望发展成为"有道之邦"的诸侯国,若有明君兴起,"齐可使如鲁,鲁可使如大道行之时"。

韩愈、李翱在《论语笔解》(卷上)载:"子曰'齐一变,至于鲁;鲁一变,至于道。'韩曰:'道谓王道,非大道之谓。'李曰:'有王道焉,吾从周是也;有霸道焉,正而不谲是也;有师道焉,得天子礼乐,吾舍鲁何适是也。然霸道可以至师道,师道可以至王道,此三者皆以道言也。'"在这一段话中,李翱借孔子"齐桓公正而不谲"之语,用"齐"代指霸道、以"得天子礼乐"的"鲁"代表师道、以"周"代指王道。"霸道""师道""王道",三者皆可以"道"言,由此建构了"霸道—师道—王道"递进式发展的三重"道"的境界。

春秋末期,诸侯混战,人民游离困苦。"春秋之中,弑君三十六,亡国五十二,诸侯奔走,不得保其社稷者,不可胜数。"齐国独树一帜,"管仲相桓公,霸诸侯,一匡天下,民到于今受其赐,微管仲,吾其被发左衽矣"。齐国通商惠工、尊贤尚功,使国家富强、人民安居。由此进入"道"的第一重境界,即"霸道"。

但齐国在推行仁政方面,还差强人意,而鲁国"庶几仁厚近道"。

因此，齐国还需要有所调整完善，这样就可以达到鲁国所处的"道"的第二重境界——师道。

鲁国虽然推行仁政，但还没有达到"王道"的程度。因此，也需要有所改变、有所完善，才可以提升到"道"的第三重境界——"王道"。

（二）变革说

还有一部分学者，以当时时局而言，认为齐、鲁两国风俗俱坏，"俗有美恶，治有难易"，如果要达到"道"，都必须做革故鼎新之"变"，但因"坏"的程度不同，施"变"时略有先后缓急之分。这类观点可谓"变革说"。

朱熹（公元1130—1200年）对齐、鲁两国的弊政有过这样的批评："齐自太公初封，已自做得不大段好。至后桓公、管仲出来，乃大变乱拆坏一番。鲁虽是衰弱不振，元旧底却不大段改换。欲变齐，则须先整理了已坏底了，方始如鲁，方可以整顿起来，这便隔了一重。变鲁，只是扶衰振弱而已。若论鲁，如《左传》所载有许多不好事，只是恰不曾被人拆坏。恰似一间屋，鲁只如旧敝之屋，其规模原在；齐则已经拆坏了。"（《朱子语类》卷三十三）朱熹以房屋为喻，说明鲁国犹旧敝之屋，结构规模还在，而齐国则如拆坏之屋，结构规模都不在了。齐国要政治变革，至少要恢复到鲁国的制度规模。

故而朱熹说："齐经小白，法度尽坏。今须一变，方可至鲁；又一变，方可至道。鲁却不曾变坏，但典章废坠而已。若得人以修举之，则可以如王道盛时也。"（《朱子语类》卷三十三）"齐自伯政行，其病多。鲁则其事废坠不举耳。齐则先须理会他许多病败了，方可及鲁。鲁则修废举坠而已，便可复周公之道。"（同上）在朱熹看来，鲁典章废坠，却不曾变坏，起用即可，故只需一变而至。至于齐国，则差了两步，故更需一变而再变。

朱熹弟子陈埴（生卒年不详）说："王道，犹人之元气。齐、鲁之初，均有此元气。只缘中间元气各受些病，齐求速安，不于元气调养，便以乌喙投之，一时却得康强，不知元气已被此坏了。"这是以病为喻说明如果服错药再调理则更费力气，至于医治之法，陈埴则说："鲁未曾用药，元气却未坏，圣人与调理出，便自浑然本来个人。齐元气已耗于乌喙，医欲治之定须先去了乌喙一段毒，始下得调理方法，到此时方与变鲁相似。"然而"齐鲁俱是圣贤之后，本都是王道，但鲁则中间废坏用着修葺，鲁虽不能修葺，然不曾改易周公法制，仍旧是这骨子。故圣人变鲁一番，便可复王道之旧。齐自威公以来一反为功利之习，把太公遗法一齐变了，虽一时振作却伤动好骨子。设若变齐，须除去许多功利了方还得骨子；重新修葺一番，始可复王道之旧。……故变鲁只用一许多气力，变齐须用两许多气力。"

关于齐、鲁两国，刘宗周（公元 1578—1645 年）说："昔太公治齐，曰'尊贤而尚功'。周公曰'后世必有篡弑之祸'。周公治鲁，曰'尊贤而亲亲'。太公曰'后世必弱'。二公开国，规模各异。而逆料后世衰乱因之。太公之齐已须一变方至道，况后世乎。积强而霸，积霸而乱矣。变齐者，一变今日之齐以至鲁，再变而后至于道，盖至道之难也。鲁之弱也滋甚，积衰而坏，亦非一变不能至道，但视齐差易耳。夫子借二国志更化之思，实自证经济下手，次第如此，所变者政耳，而俗因之。"（《论语学案》卷三）齐国的现状是"积霸而乱"；鲁国的现状是"积衰而坏"。要改变现状，而至于"道"，鲁国较齐国要容易。关于鲁国的弊政，刘宗周梳理说：

> 鲁之坏也，其始于隐、桓之际乎，桓公弑兄自立，春秋第一大变也，后公子遂擅弑立，迄于三家专政，迫昭公于乾侯，君臣灭矣。桓公见弑，庄公即位而不讨贼；昭公见逐，定公即位而不讨贼；父子灭矣。桓夫人姜氏如齐，昭公取吴孟，夫妇灭矣，于是三纲之道尽矣。其君设两观，乘大路；其臣八佾舞于庭，旅太山，歌雍彻；其宰据大都，执国政，盗宝弓，名分僭乱极矣。他如跻僖公而昭穆紊，初税亩而助法废，作丘甲、城中城而武备弛，搜狝之不时而军政坏，烝尝之不经而杞典渎，观鱼筑鹿囿而政事荒，纳郜鼎逐归父而刑赏忒，纪纲法度荡然尽矣，区区周礼在官末矣，国之丧也，何日之有，此圣人所以志变鲁与？

刘宗周列举鲁国诸多弊政，认为鲁国"三纲之道尽矣""纪纲法度荡然尽矣""区区周礼在官末矣"，批评不可谓不烈。关于齐国的弊政，刘宗周并未明言，但其政治现状比鲁国更乱、更坏，则可以断言。在刘宗周看来，齐、鲁两国政治都已经坏到非变革不可的地步了。

（三）两端说

还有一部分学者将"齐一变，至于鲁"与"鲁一变，至于道"作为两个并列的语段加以阐释，强调"变"而"至于道"的重要性，对齐鲁两国优劣、进阶，不做比较、说明，留待诠释者去比较优长，这或许是更超脱的一种解法。

如陈祥道（公元 1044—1095 年）在《论语全解》卷三中说："子曰'齐一变，至于鲁；鲁一变，至于道'。春秋之时，成霸功者莫如齐，秉周礼者莫如鲁，由齐之尚功而变之则至于鲁，由鲁之好礼而变之则至于王道。……犹之百川至海，知有海而不知有百川。四时成岁，知有岁而不知有四时也。""成霸功"之齐与"秉周礼"之鲁，在这里没有明显的优劣先后，两者好似"百川"之任意两"川"，"四时"之任意两"时"。如果能东到大海，这一条河与那一条河的差别何在呢？既然都是一年的组成部分，春夏秋冬四季中的每一季当然都是不可或缺的组成部分，如何区别孰轻孰重呢？以齐鲁两国言之，如果齐经鲁能至于道，如果鲁能直接"至于道"，只要达到了"道"的最终目的，其过程与途径的差异终将泯灭。以此观之，则齐之"霸功"与鲁之"好礼"之道应该都是契合孔子本意的。其关键在于"变"，其核心在于如何能"变"而达于"道"。可叹两国均未能"变"而至于道，先王大道遂不复存在。

再如，顾炎武（公元 1613—1682 年）在《日知录》"变齐变鲁"条目中说："变鲁而至于道者，道之以德，齐之以礼；变齐而至于鲁者，道之以政，齐之以刑。"以字面观，简而言之，说明变鲁，要用"德""礼"；变齐，要用"政""刑"。这与鲁国"亲亲尚恩"，齐国"尊贤尚功"的开国之政是一脉相承的。至于变齐变鲁，孰优孰劣、孰强孰弱,顾炎武在文中并没有进一步说明。但是读者从顾炎武这一说法联想到《论语·为政》篇:"道之以政,齐之以刑,民免而无耻;道之以德,齐之以礼,有耻且格。"孔子认为,用政令来治理百姓,用刑法来整顿百姓,老百姓只求能免于犯罪受惩罚,却没有廉耻之心;用道德引导百姓,用礼制去同化百姓,百姓不仅会有羞耻之心,而且有归服之心。因而,以政、刑治国,虽有一定的作用,但也有缺陷;以德、礼治国则比用刑罚要高明得多。所以,若在亭林先生"变齐变鲁"条目的原文之后分别缀上"有耻且格""民免而无耻"两个语段,亭林先生的意思或可解为"变鲁而至于道者"则"有耻且格","变齐而至于鲁者"则"民免而无耻"。这样一来孔子对于变鲁变齐之道则有了明显的好恶。但这种揣测是否契合顾炎武的本意尚不得而知。毕竟,对于齐鲁之变,顾炎武并没有孰褒孰贬的明示。

对"齐一变,至于鲁;鲁一变,至于道"的解读,在上述主要观点之外,还有其他一些不同的说法,在这里不再一一赘述。历代而下,学人对于齐、鲁之国政不管如何褒贬评论,如何界定"变"说,都始终向着孔子"道"的目标出发,"变"是为了更加美好,这是肯定的。

四 结语

齐俗鲁风,革故鼎新,实非易事,夫子一语令后世生出许多种解读,也在情理之中。总体而言,通过对"齐一变,至于鲁;鲁一变,至于道"一语的剖析,或能给人如下启示。

文化竞争力是衡量一个国家综合实力的重要标志。孔子时代,齐国强大富裕,鲁国弱小贫穷。但夫子说鲁国更易达到先王大道,是因为鲁国的文化比齐国更先进。鲁国作为典型周礼的保存者和实施者,因为"犹秉周礼",即使在庆父之乱的国家动荡时期,也能让欲伐鲁之齐军感叹"鲁不弃周礼,未可动也"而弃兵(《左传·鲁闵公二年》)。即使面临强军压境,"不私爱其子"的妇人也可以"匹夫之义"大方发问:"宁济公而废私耶?"所谓强弱往往"不在乎有力"

（唐罗隐《两同书》，转引自《说苑疏证·佚文考》）。鲁之国力不若齐、晋之强，地域不及秦、楚之大，仍顽强地挺到了战国末期，这不能不说是文化的力量。

伟大的变革与发展需要民众的觉醒与活力。齐、鲁两国之势，或有人言"齐之所以不如鲁者，太公之贤不如伯禽"（《说苑》卷七）。齐、鲁两国之"变"，或有人言"若有明君兴之者，齐可使如鲁，鲁可使如大道行之时也"。这是一贯的圣人史观。然孔子是大圣人，终始未能促成齐、鲁两国"道"的实现。清人龚自珍曰："诚知圣人之文，贵乎知始与卒之间也。……天地，人所造，非圣人自造。"（《五经大义终始论》）"人所造，非圣人造"，一语振聋发聩，历史毕竟是人民自己创造的，圣人的作用只是"知始与卒之间"，指出历史可能发生的变化及其可能的结果。在时代发展浩浩荡荡的洪流中，在思想文化多元发展的背景下，在一些人的价值观发生严重扭曲的局势里，如果每一个有良知的民众都能以"道"的标准，从自己出发做好分内的事，或能开辟出"圣人"所未能实践的新天地。

第 四 讲

"朝闻道,夕死可矣"

许宁宁

  "道"是先秦哲学中最为重要也是含义最深最广的范畴。春秋乱世,"道术将为天下裂"(《庄子·天下》),诸子百家各言其"道"。此正如清人毛奇龄所说:"道之为名,言人人殊。"(《西河集》卷五十五)孔子作为儒家思想的奠基者,心怀"文王既没,文不在兹乎"的文化担当意识,将"闻道"作为人生的最高目标,他曾说:"朝闻道,夕死可矣。"凸显"闻道"对于人生的意义与价值。由此我们不仅会问,"道"为何会有如此魔力,可以让孔子忘却生死以求"闻"之。本文在前人诠释的基础上,尝试解读孔子"闻道"的思想内涵,以及此一思想对于人生的意义与价值。

一 对"朝""夕""闻""道"的字义解释

  "子曰:朝闻道,夕死可矣"语出《论语·里仁》篇,这里仅有九个字,且其字面意思似乎很容易理解,但历代学人对这九字的注解却多有不同,究其原因是由于诸家对"闻道"一词的理解存在分歧。要解读孔子所言"闻道"的内涵,就需要对其字义进行训诂解释。

(一) 对"朝""夕"二字的训诂
"朝"字,东汉许慎(公元约58—约147年)《说文解字》释:

"朝，旦也。"① 《尔雅·释诂》："朝，早也。""朝"的本义为"旦"，早晨的意思。"夕"字，许慎《说文解字》释："夕，暮也。"② 清代段玉裁（公元1735—1815年）《说文解字注》释："日且冥也，日且冥而月且生矣，故字从月半见。旦者、日全见地上。夕者、月半见。"③"夕"字的本义为日落之后，即傍晚黄昏时分。朝夕连言即表示一天的时间，在本章中亦作此解，但并非实指，其意在强调时间距离之短。南宋朱熹（公元1130—1200年）《四书章句集注》释："朝夕，所以甚言其时之近。"④ 通过考察前人注解，对"朝""夕"解读并无异议，皆从此说。

（二）对"闻"字的训诂

许慎《说文解字》："闻，知闻也。"⑤"闻"字的本义训为"听见""听到"。而由本义衍生出来的意思又有"知道""听说""名声""出名"等。

从"闻"字的用法来看，其本义作"听到"讲，但通过动词的被动用法来解释，"闻"就有了"被闻之"的意思。于是"闻道"二字便有两层意思，即："我"知闻了"道"，或"我"讲的"道"被人知闻。分析二者，第一层意思是强调以"我"为主体对道的知闻，所肯定的是自身对道的获知与体悟；第二层意思是：强调以"我"讲的"道"为主体，被他人知闻，所肯定的是自家的"道"被他人所领悟和接受。

（三）对"道"字的训诂

许慎《说文解字》："道，所行道也。一达谓之道。"⑥ 段玉裁《说文解字注》："所行道也。《毛传》每云行道也，道者人所行，故

---

① 许慎撰、段玉裁注：《说文解字》，凤凰出版社2007年版，第541页。
② 同上书，第552页。
③ 同上。
④ 朱熹：《四书章句集注》，中华书局2013年版，第70页。
⑤ 许慎撰、段玉裁注：《说文解字》，凤凰出版社2007年版，第1028页。
⑥ 同上书，第134页。

亦谓之行。道之引申为道理,亦为引道。"①"道"字的本义为"供行走的道路",后人引申为"道理"的意思。在"朝闻道,夕死可矣"一语中,"道"应该有两个不同层次的解读。

第一种是把"道"理解为"政治环境",我们可以从《论语》中发现多处例子,"邦有道,不废;邦无道,免于刑戮"(《论语·公冶长》)"天下有道则见,无道则隐"(《论语·微子》),"邦有道,危言危行;邦无道,危行言孙"(《论语·宪问》)等。这种解读是从政治角度出发,与孔子的为政理想相互契合。

第二种是把"道"解为具有本体意义的"大道"。这种解读是从个人角度出发,与孔子的自我修身与传道之志相契合。根据时代语境的变迁,对"朝闻道,夕死可矣"一语中"道"的内涵解读也在不断地变化,特别是宋以后,"天道性命"之学与孟子心性论大盛,学人对"道"的解读逐步倾向于第二种。

二　历代学者对"闻道"的注释

要探明孔子的"闻道"内涵,就需要考察前人对"朝闻道,夕死可矣"一语中"闻道"二字的注释。历史上学者对"闻道"二字的注解之异,首先是对"闻"字与"道"字字义的理解与用法不同,其次是随着时间的推移与时代语境的变迁,诸家对"朝闻道,夕死可矣"内涵的理解也就打上了时代的烙印。依据时间的演进,以及对"闻""道"二字字义的不同理解,将前人所论分为三类。

第一类为"道亡"说。此说中"闻"字是从其本义,解读为"听见""闻知","道"字解读为"政治环境"。如此,"朝闻道"是以无道而盼有道,即期盼政治清明。此章可解读为:"早上听闻天下政治清明,晚上死去亦无可憾。"持"道亡"说的主要以曹魏的何晏(公元?—249年)、南朝梁的皇侃(公元488—545年)和北宋的邢昺(公元932—1010年)等为代表。由于何晏、皇侃等人距离孔子之

---

① 许慎撰、段玉裁注:《说文解字》,凤凰出版社2007年版,第134页。

时相较于其他诸家较近，并且没有受到宋代理学思潮的影响，所以理论上更能够接近于孔子的原初之意。

第二类为"知道"说。此说训"闻"为"知"，"道"则解为具有本体意义的"大道"。"闻道"从己身得道出发，所强调的是对"道"的体悟与获知，如此，则"朝闻道，夕死可矣"一语可解读为："早上得知了真理，晚上死去亦无可憾。"对"道"的获知亦有两种不同的途径，一为"学道"，强调对"道"的获知在于久学，以宋人苏辙（公元1039—1112年）、朱熹（公元1130—1200年）、张栻（公元1133—1180年）、清人刘宝楠（公元1791—1855年）和今人杨伯峻等为代表。二为"悟道"，强调对"道"的获知不在于久学，而在于内心的体悟，即"心悟"，以宋人陈埴、清人胡煦（公元1655—1736年）为代表。持此说的诸家由于所处时代语境的关系，大都受到了理学思潮的影响，将"道"解读为具有本体意义的"大道"、真理，所以对"朝闻道，夕死可矣"一语的解读也就与何晏诸家的解读不在同一范围之内了。

第三类为"道行"说。此说对"闻""道"二字的注解与"知道"说略有不同，不同之处在于"知道"说所言之道是"大道"，真理，重在对"道"的获知、体悟；"道行"说所言之道是自身对"大道"所闻知，体悟之后的"己道"，并且从道的实现与实行出发，所强调的是自己主张的"道"推行天下。如此，"朝闻道，夕死可矣"可解读为："早上我所主张的道行之于世，晚上死去亦无可憾。"持此说的以晋人栾肇（生卒年不详）、今人汪淳和廖名春为代表。

（一）"道亡"说

持"道亡"说的主要有何晏、皇侃和邢昺三人。何晏在《论语集解》注："将至死，不闻世之有道也。"[①] 皇侃《论语集解义疏》解释曰："叹世无道，故言设使朝闻世有道，则夕死无恨，故云可矣。"[②] 邢昺《论语集解注疏》解释说："此章疾世无道也。设若早朝

---

① 何晏注、邢昺疏：《论语注疏》卷四，北京大学出版社2000年版，第54页。

② 同上。

世有道,暮夕而死,可无恨矣。言将至死不闻世之有道也。"[1]

从时代语境来看,何晏、皇侃与孔子所处之世的外界大环境相类似,都身处群雄纷乱相争之世,他们的心境亦有相通之处。孔子周游列国十四年,惶惶如丧家之犬,曾慨叹说:"鸟兽不可与同群,吾非斯人之徒与而谁与?天下有道,丘不与易也。"(《论语·微子》)"天下有道则见,无道则隐。"(《论语·微子》)"道之不行,已知之矣。"(《论语·微子》)"道之将行也与?命也。道之将废也与?命也。公伯寮其如命何!"(《论语·宪问》)孔子见世之无道,批季氏"八佾舞于庭"为"是可忍,孰不可忍"之事,可以想见,孔子的盼道之心是急迫而恳切的。

"道亡"说将"道"解为"政治环境",意在慨叹世道黑暗而盼大道再现,政治清明,纵然朝闻而夕死,虽死而无恨。"道亡"说强调的不是以个人主体在知性与德性两个方面的得道,而是从现实政治环境出发,以实现自身政治目标为进路,在孔子这里我们可以粗略地理解为"一日克己复礼,天下归仁矣"(《论语·颜渊》)。从这一点来讲,"道亡"说也是符合孔子的"闻道"之志的。

(二)"知道"说

"知道"说与"道亡"说不同,是把"道"解读为具有本体意义的"大道",也可以理解为"真理",究其缘由是因宋代理学之风骤起,心性义理之学取代汉唐章句训诂之学成为学界主流思潮,所以在经典诠释方面也有了新的认识。把"道"解为"真理","闻道"自然也就变成了对真理的体悟与获知,也就有了方法与路径的问题。综合持此说的诸家观点,闻道之途有二:一为"学道",强调对"道"的获知在于久学;二为"悟道",强调对"道"的获知不在于久学,而在于内心的体悟,即"心悟"。以下就两者的具体内涵加以概述。

1. 闻道之途在于久学——"学道"。

"学道"与"悟道"都把"闻"训为"知",采用的是"闻"的

---

① 何晏注、邢昺疏:《论语注疏》卷四,北京大学出版社 2000 年版,第 54 页。

本义，意为"听闻""获知"。二者所不同处在于，"学道"主张
"闻道"在于久学而得，立足于学，而不是心悟。北宋苏辙持此说，
其作《论语拾遗》卷一言：

> 孔氏之门人，其闻道者亦寡耳，颜子、曾子，孔门之知道者
> 也。故孔子叹之曰："朝闻道，夕死可矣。"苟未闻道，虽多学而
> 识之，至于生死之际，未有不自失也。苟一日闻道，虽死可以不
> 乱矣。死而不乱，而后可谓学矣。

苏氏认为，颜回与曾参为孔门"知道"者，所以"道"是可闻
可知可得的。而且，闻"道"之途是建立在"为学"的基础之上的，
并指出只有一日闻道而后不乱己身者才是所谓真正的"学"。苏氏既
肯定了"闻道"的价值，又定出了"为学"的目标。"闻道"的价值
在于死而无乱，"无乱"即《大学》所言"意诚"与"心正"，并由
此二者以至身修、家齐、国治而后天下平。"为学"之法不仅仅是
"多学而识之"，更要以"闻道"为目标，道之得闻与否与己身之德
性、德行之发用息息相关，这就为后学挺立了一个以"闻道"为目
标的为学之路。

朱熹是宋代理学的集大成者，他对"朝闻道，夕死可矣"一语的
注解成为后世以至今日最通行的说法。他在《四书章句集注》中说：

> 道者，事物当然之理。苟得闻之，则生顺死安，无复遗恨
> 矣。朝夕，所以甚言其时之近。"程子曰：言人不可以不知道，
> 苟得闻道，虽死可也。"又曰："皆实理也，人知而信者为难。死
> 生亦大矣，非诚有所得，岂以夕死为可乎？"①

朱熹从其时代语境出发，把"道"训为"理"，一为事物之所以
然，所当含之理，"天下物皆可以理照，有物必有则，一物须有一理。

---

① 朱熹：《四书章句集注》，中华书局 2011 年版，第 70 页。

凡一物上有一理,须是穷致其理。①"二为宋学所言之"天理","宇宙之间一理而已。天得之而为天,地得之而为地,而凡生于天地之间者,又各得之以为性。"(《御纂朱子全书》卷六十)如此,"闻道"即明理,即明一物之理,又明最高本体之"天理"。"天理"即明,则天道、性命相贯通,可以赞天地之化育,与天地参。理得心诚,虽死而无恨。此即程子所言:"死生亦大矣,非诚有所得,岂以夕死为可乎?"②

南宋张栻同样释"道"为"天理",为实然之理,并且肯定了人心明觉体道的功能。据此功能,人便可以闻道,即体认天理。如若天理不明,则枉存人世。张栻在《癸巳论语解》卷二中说:

> 子曰:"朝闻道,夕死可矣。"人为万物之灵,其虚明知觉之心,可以通夫天地之理。故惟人可以闻道,人而闻道,则是不虚为人也。故曰"夕死可矣"。然而所谓闻道者,实然之理,自得于心也,非涵养体察之功精深切至,则焉能然?盖异乎异端惊怪恍惚之论矣。

张栻强调"涵养体察之功精深切至",离开了这样的体察工夫,所闻所体者也就成了"异乎异端惊怪恍惚之论"了。张栻与朱熹对于"闻道"注解的不同之处在于,张栻着重强调人心的功用。元人熊禾(公元1246—1323年)在其《论语集编》卷二中引用张栻的话说:"南轩曰:'所谓闻道者,盖涵养、体察、积习、精深,而自得于实理。'"可以显见,涵养与体察在先,属了"诚意正心"的心性范畴,积习与精深在后,属于"格物致知"的为学范畴,如此就与朱熹"为学"在先的"闻道"进路有异,但两者对"闻道"在于"为学体察"工夫的大前提是相同的。

清人刘宝楠同样认为"道"是可得可知的,"闻道"即对"道"的体证。与朱熹的不同之处在于,他把"道"解为"古先圣王君子

---

① 程颢、程颐:《二程集》,中华书局1981年版,第193页。
② 朱熹:《四书章句集注》,中华书局2011年版,第70页。

之道"。刘宝楠说:

> 朝夕言时至近,不逾一日也。闻道者,古先圣王君子之道,得闻知之也。闻道而不遽死,则循习讽诵,将为德性之助。若不幸而朝闻夕死,是虽中道而废,其贤也于无闻也远甚,故曰"可也"。①

刘氏此说的重点在于,他肯定了"闻道"的价值。闻而未死,则有助于德性的精进;闻道而后遽死,纵然是中道而废,其贤明也远过于未闻道者。他所肯定的是学子对"闻道"的追求与信念的坚守。

通观苏氏、程朱与刘氏之释"闻道",皆是建立在持久"为学"之上的,如朱熹曾说:"天下岂有一理通便万理皆通?也须积累将去。如颜子高明,不过闻一而十,亦是大段聪明了。学问有渐,无急迫之理。"② 他们所肯定的是,"道"是可得而闻的,并且需要在扎实的为学之路上。

2. 闻道之方在于心悟——"悟道"。

"悟道"并不是训"闻"为"悟",而是旨在说明"圣人之道,实有悟境。此境一触,则万理皆融,全不费力。"(《周易函书别集》卷八)"悟道"与"学道"所异之处在于,"悟道"说强调"闻道"在"悟",不在于久学,在"倏然转移之一境也"(《周易函书约存·周易函书别集》卷八),学者数十年之积累,闻道只在朝夕之一瞬而已。

宋人陈埴最先主张"悟道"。陈埴说:"此闻非谓耳闻,谓心悟也。即程门所谓'一日融会贯通处',为学若不见此境界。虽皓首穷经,亦枉过一生,若已到此境界,虽死无憾,亦不虚了一生也。"(《木钟集》卷一)陈氏之语可谓一语中的,"闻道"之"闻"非耳闻也,实为"心悟"。

清人胡煦亦主张"悟道",他肯定了有一"万理皆融"之悟境的

---

① 刘宝楠:《论语正义》卷五,中华书局1990年版,第146页。
② 朱熹:《朱子语类》卷十八,上海古籍出版社2002年版,第598页。

存在，此与"直指人心，见性成佛"的"顿悟禅"是相通的。胡氏在《周易函书别集》卷八中说：

> 圣人之道，天地之大，万物之广，身心性命之精微，天下国家之远大，罄天地所有之书，解说所不能尽，兹欲于一心之中，穷其原而竟其委，非由妙悟，曷克几此？如但执为"放下屠刀"之说，而不知圣学实有悟境，则是《四书六经》以外之学，非《四书六经》以内之学也。《论语》为圣人传道之书，精及于"一贯"之微，粗及于饮食衣服语言起居之细，何非道之散见？然非有《论语》显易明白，可以探本穷源，则《周易》之旨终不可得而达也。"朝闻道"者，是由博返约，贯万于一之大几也，即颜子之高坚，前后如有所立，参、赐"一以贯之"之候也，故下曰"夕死可矣"。①

胡氏认为，圣人之道包容天地万物，致广大而尽精微，穷尽天下之书也不能尽其意。所以得"道"实非易事，其意在于挺立一个处在儒家经典体系以外的"闻道"之境，并引用禅宗"放下屠刀，立地成佛"之语为其"悟道"说做旁证。同时强调，体道之处不在外，而在于本心之中，此与陆王心学的"发明本心""致良知"有相同之处。

（三）"道行"说

"道行"说对"闻""道"二字的注解与"知道"说略有不同，不同之处在于"知道"说所言之道是"大道"，是真理，所重在于对"道"的获知、体悟；"道行"说所言之道是自身对"大道"所闻知，体悟之后的"己道"，并且从"己道"的实现与推行出发，所强调的是"道"的普行天下。于此便可以解为，早上闻知自己之道已行于世，晚上死去亦无所憾矣。所以，此"道"当为孔子之道，而且孔

---

① 胡煦：《周易函书别集》卷八，影印《文渊阁四库全书》经部第 48 册，上海古籍出版社 1987 年版，第 943 页。

子也时常表露出对己道行世的期盼。《论语·公冶长》："道不行，乘桴浮于海。"《论语·宪问》："道之将行也与？命也；道之将废也与？命也。公伯寮其如命何！"

持"道行"说的是晋人栾肇，他说："道所以济民，圣人存身，为行道也。济民以道，非为济身也。故云诚令道朝闻于世，虽夕死可也。伤道不行，且明已忧世不为身也。"① 栾肇言"道"，不在"道"本身，而在"道"之用。圣人体道，上可达于天，下可传于民，所贵之处在于行天道以济斯民。

台湾学者汪淳亦从此说，认为"此章之'道'字，应指孔子之道而言。全章之旨，乃孔子叹自己之道不得行于世，故极言若朝闻吾道行于天下，则夕死亦无憾矣。"② "道行"说的意义在于，其与孔子一生所追寻的人生价值理想相契合。孔子之有"知其不可为而为之"的坚毅品格，在身处"惶惶如丧家之犬"的窘境中仍能自嘲勉力，在"子畏于匡"的危急时刻发出"天之未丧斯文也，匡人其如予何"的豪言，由是可见孔子自负传道之责，更有"斯文在兹"之担当，而坚信终有一天自己之"道"会大行于世。

另外，大陆学者廖名春据《论语·颜渊》篇"子张问士"章中关于"闻"与"达"的理解，并据文献资料的考证，主张把"闻"训为"达"，引申为"实现"。如此一来，"朝闻道，夕死可也"一句可以解读为，早晨实现了我的理想，就是当天晚上死去也心甘。其意在于表达孔子重行甚于求"知"的思想性格，以及对修己成仁，实现王道政治理想的孜孜以求。③

综合前面所论的三种说法，孔子所讲的"闻道"是以"听闻世道清明"为目的，还是以"自我得道"为目的，还是以"己道之达而行于世"为目的呢？我们很难判明哪一种说法最能接近孔子的本意，这就需要我们对以上三种说法加以深入地辩证考察，以期对孔子

---

① 程树德：《论语集释》，中华书局 1990 年版，第 244 页。
② 汪淳：《论语疑义探释》，文史哲出版社 2003 年版，第 17 页。
③ 廖名春：《〈论语〉'朝闻道，夕死可矣'章新释》，《清华大学学报》2009 年第6 期。

的"闻道"意涵做出更为全面合理的解说。

三 对孔子"闻道"内涵的辨证考察

要解开孔子"闻道"之谜,需要我们对上述诸说做出进一步考察,厘清诸说与孔子"闻道"内涵究竟有何种内在联系,从而使我们能以更为全面的视角对孔子的"闻道"内涵做出诠释。首先,我们需要从《论语》出发,通过孔子对"道"的理解与诠释,进而对"道亡"说与"道行"说的合理性加以考辨分疏。其次,通过对思孟学派的典籍帛书《五行》篇与《孟子》一书相关内容的考辨,进而对"知道"说的内在理路加以厘清。然后,综合各方面的因素对孔子的"闻道"内涵做出一个合乎逻辑的解读。

(一) 对"道亡"说的辩证考察

《论语》中"道"字共有 89 处,仅词性用法就有多种,所表之义更是种类繁多。所以,此处仅就"道"释为"政治条件"来分析,孔子言"有道"为"政治清明",言"无道"为"政治黑暗",并且非常喜欢拿两者进行类比,如:"邦有道,不废;邦无道,免于刑戮"(《论语·公冶长》)"邦有道,危言危行;邦无道,危行言孙。"(《论语·宪问》)这一类言论共有 8 处。通过对各章内容的理解可以发现,孔子之意实为君子在身处两种境遇时所应持的态度与道德抉择。但是邦之"有道"与"无道"并不是普通人所能改变的社会现实,更不是可欲可闻可得者。所以,孔子所论世"道",首先是对春秋乱世的社会现实的价值评判,其次是对君子所处此世应持的态度与"道"的抉择指明了方向。但是,孔子有没有恨当世之无道而盼有道的期望之意呢?我们可以从另一个角度加以考察。

孔子一生立志为学,以能够恢复周礼为目标,并且积极入仕从政,寄期望通过自身的仁政理念以造福天下百姓。然其惶惶如丧家之犬,终不得志。面对伦常尽失、礼崩乐坏、民不聊生的乱世,孔子的救世之心自然是急迫的,"天下之无道也久矣,天将以夫子为木铎"。

（《论语·八佾》）所以，把我们置身于孔子所处的时代背景中去体味他传道济民的热诚，也许就能够理解何晏、皇侃等人对"闻道"内涵的解读了。我们并不能够否定在孔子之时对"道"的理解达不到具有本体意义的"大道"的高度，但是，从务实的角度出发，"道亡"说似乎更能够合乎孔子的原初之意。

（二）对"道行"说的辩证考察

《论语》中关于"道行"的章节共有 3 处，分别为："道不行，乘桴浮于海。从我者其由与？"（《论语·公冶长》）"道之将行也与？命也。道之将废也与？命也。"（《论语·宪问》）"君子之仕也，行其义也。道之不行，已知之矣。"（《论语·微子》）前两处为孔子语，后一处为子路语。首先，我们考察这三处的语义内涵。第一句所言之意乃是孔子在面对道之不行的现实所发出的感慨，颇具隐逸意味，"吾道不行于世，还是乘木桴于海另寻出路吧"。那么，此处所体现出的隐逸思想是否为孔子心声？这就需要结合第三句的子路之语加以考察。子路所言是为了回应隐士荷蓧丈人之语，是孔子借子路之口以明心志，君子之仕，在于行义，在于博施于民而能济众，己欲立而立人，己欲达而达人，在于传仁爱之道。道虽不行，心已明知，然"知其不可为而为之"（《论语·宪问》）是孔子的道义担当。孔子言"克己复礼为仁"（《论语·颜渊》），把"仁"作为最高的价值追求与目标，孜孜以求。曾子言："仁以为己任，不亦重乎？死而后已，不亦远乎？"（《论语·泰伯》）面对不可变更的时局环境，明知"道"之不行而为之，其所为者并不是以"道"是否能"行"为标准，而是以该不该"为"为标准。至于道之行与不行，孔子则把它归咎为"天命"所定。孔子亦常言"天命"，"五十而知天命"（《论语·为政》）"不知命，无以为君子也。"（《论语·尧曰》）孔子五十岁后入仕，以推行己道，历任鲁国中都宰、小司空、大司寇并摄相事，五十五岁去鲁适卫，开始周游列国，其间，虽饱经危难，仍不坠行道之志，匡地被围，以"斯文在兹"自任。遥想孔子之时，面对礼崩乐坏、列国纷争之境，其行道之心是恳切的，期盼其仁爱之道当行于世的心情也是可以理解的。然道之行与不行则实非孔子所能左右,亦非孔子之所重,其所重者唯有其坚毅不变的"行道"信念。我们亦可以从《孟子·万章》篇的一段话可以窥见孔子"行道"之心:

> 孟子曰:"弥子谓子路曰:'孔子主我,卫卿可得也。'子路以告,孔子曰:'有命。'孔子进以礼,退以义,得之不得曰'有命'。"

孟子言孔子之为孔子者,在于孔子行道准则为"进以礼,退以义,得之不得曰'有命'。"孔子周游列国,推仁义之道,行礼乐教化,所重者是为民,而不为爵,爵位的得与不得则在"天命"。在名与利的问题上,孔子的态度是明确的,名利皆为小人所图,并非君子所能看得上的。所以,我们看孔子"行道"的信念是恳切、坚毅的,而在功名利禄上并无过多诛求,只是他把"道行"与否归之于不可言说的"天命",这或许是一种自我慰藉。换言之,孔子"知其不可而为之",明知"己道"已经不能行于当世。所以,"道行"之说在孔子那里应该是一种很遥远的事。然而虽然遥远,他内心的期盼却从未泯灭。

何晏等主张"道亡"说是叹世之无道,其潜在之意为盼世有道,而有道即"道行"的目标。两者的逻辑是相通的。因此,我们认为,就孔子本身的思想逻辑来看,"道亡"与"道行"两说都有其合理之处。

至丁强调内在德性觉悟的"知道"说,将"道"解释为具有本体意义的"天理",则在《论语》中很难找到太多的证据。在我们看来,那是宋儒为迎合禅宗挑战,吸收佛、道二教的心性论思想提出来的。宋人陈埴所说的"此闻非谓耳闻,谓心悟也,即程门所谓'一日融会贯通处'",应该只是宋儒的思想。它不是孔子那时的"问题意识",甚至也不是何晏所处的玄学时代的"问题意识"。

第五讲

"允执其中"

李有梁

作为孔子后学所编辑整理的圣人言行记录，《论语》一书从成书之时起便拥有崇高的地位，并在此后中国历史中产生了深刻而持久的影响。书中所载录的孔子的格言警句、概念命题，经过一代又一代儒家学者的诠释疏解，其意义和价值不断得到扩充和丰富，即便在今天，仍具有很好的参考和启发作用，"允执其中"就是其中之一。该命题出自《论语·尧曰》篇第一章，其文如下：

> 尧曰："咨！尔舜。天之历数在尔躬，允执其中。四海困穷，天禄永终。"舜亦以命禹。

这段话中，关键是"允执其中"四字，此四字与伪《古文尚书·大禹谟》所载十六字心法——"人心惟危，道心惟微，惟精惟一，允执厥中"息息相关。伪《古文尚书》把"其"写成了"厥"，是因为在上古汉语中，二字相通互训。如《尔雅·释言》说："厥，其也。"邢昺疏："厥，其。通见《诗》《书》。"不过，与"其"相比，"厥"常见于《诗经》《尚书》等较为古老的文献。

"允执其中"一句中，关键词是"允""执"和"中"。现将历代学者对"允""执"和"中"三字的字义训诂做一个简单的梳理与概括。

一 关于"允"和"执"的字义训诂

（一）"允"的字义训诂

三国时期，魏何晏（公元？—249 年）所撰《论语集解》，引用东汉经学家包咸（公元前 6—65 年）之说："允，信也。"对此，后世儒者多从其说。那么，"信"又是什么意思呢？许慎（约公元 58—约 147 年）《说文解字》说："信，诚也，从人从言。"段玉裁（公元 1735—1815 年）《说文解字注》做了进一步的申解："人言则无不信者，故从人、言。"因此，"允"即是"诚信"之意。以此为据，孙钦善《论语注译》说："允：信，诚。"又在翻译成白话文时把"允"意译为"一定要"。①

《白虎通·性情》篇说："信者，诚也，专一不移也。"顺着这个意思，有学者又把"允"解释为"恒久"。如明儒叶山（公元 1504—？年）《叶八白易传》在解释《鼎》卦之六五爻"鼎黄耳金铉，利贞"时说："虽然执中可矣，执而弗恒，犹弗执也。故曰'允执其中'。"

清末民初，旧学功底颇为深厚的文化怪杰辜鸿铭（公元 1857—1928 年）曾将《论语》翻译成英文，在"允执其中"一句中，他把"允"译为 "fast with thy heart and soul"②，若翻译成现代汉语，大致是"全心全意彻底地、紧紧地"的意思。为什么要突出"全心全意"呢？"因为在辜鸿铭看来，儒学教给人们尤其是普通人们一种道德生活""是通过道德感的建设使人们发自内心地去遵守"③。

（二）"执"的字义训诂

关于"执"字，何晏《论语集解》并未解释，皇侃《论语集解

① 孙钦善：《论语注译》，巴蜀书社 1990 年版，第 340 页。
② 辜鸿铭：《〈论语〉英译》，载黄兴涛等译《辜鸿铭文集（下）》，海南出版社 2000 年版，第 501 页。
③ 王伟凯：《辜鸿铭之英译〈论语〉析论》，《云梦学刊》2016 年第 1 期。

义疏》补充说："执，持也。"辜鸿铭译为"hold"，是"抓住""握住"的意思，孙钦善解"执"为"掌握"，李泽厚解释为"把握"，皆是对训"执"为"持"的发挥。真德秀（公元1178—1235年）《大学衍义》卷十一释"尧曰"至"命禹"一段文字，说："执者，操之以揆事也。"即操持掌管之意，其解释更为具体。

朱熹《四书章句集注》对"执"字也未作解释，其《四书或问》也无对"执"字的说解。然宋儒蔡节（生卒年不详）所编《论语集说》引"晦庵朱氏"之注时却有"执，守也""中，谓理也"之类的语句，不知依据何在。巧合的是，钱时（公元1175—1244年）《融堂四书管见》认为："允执者，守而弗失之名，非真有物之可执也。"他也主张"执"是"守"的意思。对此，明永乐年间胡广（公元1370—1418年）等人编辑的《四书大全》引南宋著名理学家饶鲁（公元1193—1264年）的评论说：

> 或以"守"字解"执"字。"守"与"执"不同，"执"是执其要，事事物物各自有"中"，凡举一物便要执定那要处，如执扇须执柄相似。如"择乎中庸，而不能期月守"，方是守，便易得死杀了。"执"者，随事随物而执其中，不死杀。

此说以"执扇须执柄"为喻，来凸显"执"与"守"的根本差异。具体言之，"执"比较灵活机动，可以针对不同事物的特点抓取其关键处，"守"则偏于保守，"易得死杀"。

二　关于"中"的字义训诂

"允执其中"四字之中，"中"字最为重要。相对而言，学界对"中"所做的诠解最为丰富，也颇有争议。归纳起来，约有三类：其一，释"中"为"中庸"；其二，释"中"为"大本"；其三，消解"中"的概念性意义。

（一）释"中"为"中庸"

朱熹《四书或问》指出"中"有二义：一曰"大本"；二曰"中庸"。"允执其中"之"中"是指"中庸"。他说：

> 盖圣贤所言"中"有二义："大本"云者，喜、怒、哀、乐未发之时之理，其气象如此也。"中庸"云者，理之在事，而无过不及之地也。此曰"允执其中"，盖以其在事者而言。若天下之大本，则不可得而执矣。且圣人之道，时止时行，夫岂专以块然不动者为是而守之哉？

朱熹在《论语集注》中把这个观点表达得更加直接，他说："中者，无过不及之名。"在后来的《论语》诠释史上，儒者大多支持朱熹的观点。如真德秀《论语集编》："中者，无过不及之名。"全袭朱熹注文，不易一字。元儒刘因（公元 1249—1293 年）《四书集义精要》说："理之在事，而无过不及之地也。"节取《四书或问》文字而释。又如明儒蔡清（公元 1453—1508 年）《四书蒙引》亦说："中者，不偏不倚，无过不及之名。"在朱熹注文的基础上，仅增四字而已。即便身处晚清社会大变革之中的儒者，亦多蹈袭此说。如康有为《论语注》："中者，无过不及。"

当然，也有反对朱熹这种训释的学者，如王夫之在《读四书大全说》卷七中说：

> 小注云："理之在事，而无过不及之地也。"乃自己用中后见得恰好如此，非天下事理本有此三条路，一过、一中、一不及，却撇下两头，拿住中间做之谓。中者，天之德也，天德那有不周遍处！……若夫中之为道，其无过、不及也，犹人之无角无尾，更不待言也。

《四书大全》有载："'时中'云者，理之在事而无过不及之地也。"王夫之对此评论说，这是注者自己"用中"以后，效果很好，于是撇开"过"与"不及"，以"中"为真理。实际上，"天道"无处不在，"天道"在"中"之中，也在"过"与"不及"之中。王夫之指出："《中庸》言择，但云'择善'，不云'择中'。俗儒不省，便向者（这）里捏怪，又分中、过、不及为三涂，直儿戏不成道理。"他反对把"天下事理"裂分为"中""过"和"不及"三种，而应将它们一同视作"道"的不同表现形式。

（二）释"中"为"大本"

朱熹所说的"中"为"大本"，是指"喜、怒、哀、乐未发之时之理"，其依据是《中庸》"中也者，天下之大本也"之类的说法，具有本体论的高度。这种诠释方式，在论语学史上，并非少见。

宋张栻（公元1133—1180年）撰《癸巳论语解》说："允执其中，事事物物皆有中，天理之所存也。"虽然没有直接概括和归纳"中"的定义，却把万事万物皆有"中"看作"天理之所存"。宋蔡节编《论语集说》时引用了游酢（公元1053—1123年）的观点："尧、舜、禹三圣人之授受所守者，一道而已。"把"中"归结为"道"。以上训解，是将"中"解释为"道"，或者是与"道"概念颇为接近的"理"。

亦有学者从"心"的角度来思考，并做出了与之迥异的解释。宋钱时《融堂四书管见》卷十说："本心虚明，略无偏倚，是之谓中。"以为"中"就是不偏不倚的虚明"本心"。晚明刘宗周（公元1578—1645年）所撰《论语学案》说："中即是理，理无内外，而心其本也。"刘宗周虽然将"中"解释为"理"，但归根结底，"理"还是以"心"为根本的。

（三）消解"中"的概念性意义

元代学者王充耘（公元1304—？年）撰《读书管见》，其中《传授心法之辨》一文，反对朱熹将《尚书·大禹谟》"人心惟危，道心惟微，惟精惟一，允执厥中"十六字作为尧舜禹"传授心法"，

他说:

> 尧命舜"允执其中",其说见于《论语》。……"允执其中",犹言汝好为之,凡不中之事慎不可为也……中土呼事之当其可者谓之"中",其不可者谓之"不中",于物之好恶,人之贤不肖,皆以"中"与"不中"目之。……其所谓"中""不中",犹南方人言"可"与"不可"、"好"与"不好"耳。盖其常言俗语,虽小夫贱隶皆能言之,初无所谓深玄高妙也。传者不察其"中"为一方言,遂以为此圣贤传授心法也矣。

在王充耘看来,学者神化经典,将"允执其中"作为"圣贤传授心法"。其实所谓"中",不过是北方方言中的日常用语,虽愚夫愚妇皆能言能行,这就消解了"中"的概念性意义。

清初吕留良(公元 1629—1683 年)《论语讲义》卷二十三评论"允执其中"说:"此章原无以'中'字统贯之义,自不通讲章造之,后遂以为不刊之典,故讲章之毒为最烈。"以为"中"字统领全篇之说,是那些为科举考试服务的"参考资料"——高头讲章所发明的,这些讲章,受朱熹的学术思想影响极深。吕留良此说也在消解"中"的概念性意义。王夫之《四书笺解》卷四对吕留良的说法大加肯定说:"此章俗讲及时文,拈一'中'字作血脉,甚是无谓。近日吕用晦辨之是也。"

另外,还有学者从佛教禅宗的立场对"中"的意义加以消解,如晚明罗敦仁著有《尚书是正》一书即如此。罗喻义为其父之书作《序》称:"虽世所称'十六字',不敢不正。'翦却梧桐枝,湮湖方可窥',先君诵之云尔。"其书批评《尚书·大禹谟》以《论语》"允执其中"补《尚书》之亡说:"'中'之言空也。空不可持,其'中'安在? 执之何法? 就令执之,当其舍时,顿放何处?"(以上转引自朱彝尊《经义考》卷九十)显然,罗敦仁是站在佛教禅宗的立场来批评《尚书·大禹谟》的,他将"中"解释为"空",应属于另类解释。他是以这种另类解释来消解儒家"中"的意义的。

综合比较以上各种解释，我个人以为，似宜遵从朱熹之见，释为"无过、不及"为宜。因为本体论虚玄缥缈，难以把握，若从"行事"中去体会，则较为切实可行。而"允执其中"的"中"加以概念性的意义也不容否认。

三　关于"允执其中"的意涵

通过以上对"允""执""中"三字的训诂，我们来进一步探讨"允执其中"一语的意涵。我将古今学者对此语的解读进行分析之后，发现他们主要是围绕以下三个问题来解读的。

（一）何以要执中

皇侃《论语集解义疏》解释"允执其中"一章时，特别强调了"执中"对于执政者的重要性。他说：

> 若内执中正之道，则德教外被，四海一切服化，莫不极尽也。……若内正中国，外被四海，则天祚禄位长卒竟汝身也。执其中，则能穷拯四海，天禄所以长终也。

皇《疏》从政治哲学的角度来凸显"执中"的重要性，如果执政者能够践行中正之道，其道德教化就会得到充分的外化，以至四海宾服，人心向善。这样一来，执政者就可以永久地拥有"天祚禄位"。宋代邢昺的疏文也是这个意思，他说：

> "允执其中，四海困穷，天禄永终"者，此尧戒舜以为君之法也。允，信也。困，极也。永，长也。言为政信执其中，则能穷极四海，天之禄籍所以长终。

邢昺并没有像后起的宋代理学家那样，把尧、舜、禹看作道统的开创和传承者。但是，从引文可见，邢昺首先要申明的是尧告诫舜的

"为君之法"：如能"允执其中"，即可使"天之禄籍所以长终"。

后世学者如朱熹等人当然也强调"允执其中"对于执政的重要性，但对于《论语》中"允执其中"其后两句"四海困穷，天禄永终"的解读，却与皇《疏》和邢《疏》相反。朱熹《论语集注》是这样解读的："四海之人困穷，则君禄亦永绝矣。戒之也。"认为这是尧给舜的一种告诫，如果不能"允执其中"，就会导致"四海困穷"，所继承的"天禄"也将会"永绝"。清儒孙奇逢（公元1584—1675年）说法与此大同小异：

> "中"无体，而四海皆其体；"执"无方，而四海皆其方。四海用"中"之实地也，能"允执"则四海时雍，不能"允执"则"四海困穷，天禄永终"。（《四书近指》卷十三）

孙奇峰认为，"中"是没有体的，到处都是"中"的本体；"执中"也没有具体的方向，处处都是方向。能"允执其中"，就会四海兴盛；反之，就会"四海困穷，天禄永终"。在对"四海困穷，天禄永终"的理解上，孙奇逢与朱熹是一致的。

上述两种解读方式，虽然对上下文意的理解有很大不同，但对"执中"的重要性，却都十分认同。就我个人而言，以为朱熹、孙奇峰等人对"四海困穷，天禄永终"的理解更为准确。

（二）如何执中

关于如何"执中"，朱熹的主张是"精一"。《朱子语类》载朱熹答林恭甫就伪《古文尚书·大禹谟》"允执厥中"所提的问题时说：

> 中只是个恰好底道理。允，信也，是真个执得。尧当时告舜时，只说这一句。后来舜告禹，又添得"人心惟危，道心惟微，惟精惟一"三句。是舜说得又较仔细。这三句，是允执厥中以前事，是舜教禹做工夫处。说道"人心惟危，道心惟微"，须是"惟精惟一"，方能"允执厥中"。……《论语》后面说"谨权

量，审法度，修废官，举逸民"之类，皆是恰好当做底事，这便是"执中"处。尧、舜、禹、汤、文、武治天下，只是这个道理。圣门所说，也只是这个。

为什么"舜告禹"时，一定要在"允执厥中"之上增益三句呢？朱熹说这是"舜教禹做工夫处"，其中最关键的就是"惟精惟一"，具体来说，便是《论语·尧曰》篇后面提到的"谨权量，审法度，修废官，举逸民"之类。由此可以看出，朱熹的"执中"工夫，落实在各种具体的行动上。而这与他从事用的层面来解释"中"的观点是相呼应的。

与之相类似的是明代永乐皇帝时期编修的《四书大全》所引用元代"新安理学"代表人物倪士毅的观点："'执'云者，非执一定之理，盖于事物上酌其中，而执以用之。《中庸》谓舜'用其中'，即用其所执之中也。"倪士毅对如何"执"作了透彻的分析，他认为，"执"的对象不是抽象虚空的"理"，而应该到各种具体事物上酌情考量"中"。清儒刘宝楠《论语正义》也说：

> 《礼·中庸》云：子曰："舜其大知也与！……执其两端，用其中于民。"执而用中，舜所受尧之道也。用中即中庸，故庸训用也。"中庸"之义，自尧发之，其后贤圣论政治学术，咸本此矣。

刘宝楠先引用《中庸》的话，并指出舜"执其两端，用其中于民"的做法，乃是受之于尧。再训"中"为"中庸"，训"庸"为"用"，其落脚点还是一个"用"字。

其实，早在宋代，张栻《癸巳论语解》不仅提出过"事事物物皆有中"，还特别重视从方法论的角度对如何"执中"进行探讨。他说："惟其心无所倚，则能执其中而不失。此所谓'时中'也。"而朱熹《四书或问》卷十二也提出："尧、舜、禹皆自诚而明者，而'允执厥中'，乃'时中'之中也。"张、朱二贤皆以"时中"来回答应该如何"执中"。因此，在"执中"的时候，不仅要有"中庸"的态度，更要认识到，不同事物有不同的"中"，同一事物在不同的时间中也有不同的"中"，这需要在具体实践中特别加以注意。

（三）"执中"的主体是谁

"允执其中"，出自《论语》的最后一篇：《尧曰》篇。按照古人的编书习惯，一部书最后一篇往往是最重要的。《论语》《孟子》《荀子》在最后的篇章中都有一个类似"道统"谁系的问题。所以邢昺于《论语注疏》：

> 此篇记二帝三王及孔子之语，兼明天命政化之美，皆是圣人之道，可以垂训将来，故以殿诸篇。

认为《尧曰》一篇，所记乃是"二帝三王及孔子"的话，皆是"圣人之道"，对后世帝王有重大的启迪作用，因而非常重要，放在全书的最后一篇。

宋儒蔡沉（公元 1167—1230 年）也有相似的观点，其代表作《书经集传》说：

> 尧之告舜，但曰"允执其中"，今舜命禹又推其所以而详言之，盖古之圣人将以天下与人，未尝不以其治之之法并而传之，其见于经者如此，后之人君，其可不深思而敬守之哉？

他认为，经书所载之尧、舜、禹三圣递相授受的"允执其中"，其实是圣人在禅让天下的同时，把治理天下的方法一并传授，而后世的"人君"，对于这些法则成例，不仅应该深入思考，仔细体味，还要敬遵恪守。这意味着，《论语》所讲的"执中"主体主要是指"人君"。虽然"允执其中"一语，适用于所有人，但"人君"为一国之主，其一言一行都可能关系一国之命脉，尤其是他所指定的政策法规关系国内各个阶层、各个群体，乃至各个家庭的直接利益，政策法规如何制定得恰到好处，那就是"执中"。所以"允执其中"一语，乃是千百世帝王所应牢记在心的执政箴言。其中的道理并不神秘，也不难理解。

诚如《四库全书总目·经部总叙》所言，"经秉圣裁，垂型万世"。经学思想与学说，形成于上古，又得到历代儒者的丰富与扩充，至今仍具有极强的生命力。毋庸置疑，先儒对"允执其中"所做的诠释，对于今天的人们来说，在修身养性、为人处世、治国理政等方面，都具有相当重要的借鉴意义。

第六讲

"君子有三畏"

吴国龙

在思想史领域中，思想家们往往会提出一些"人人心中皆有、人人口中却无"的道理。这些道理无时无刻不在影响着人们的生活，改变着人们的行为方式。孔子提出的"三畏"思想，即属于此类。《论语·季氏》载"孔子曰：君子有三畏：畏天命、畏大人、畏圣人之言。"现代西方存在主义哲学家往往把对畏惧、对死亡的忧虑等非理性的心理体验当作人本真存在的基本方式，认为只有揭示它们才能揭示人的真正存在。而在两千五百年前，孔子明确提出了"君子有三畏"的思想。

知道"畏惧"，这几乎是人与生俱来的天性，甚至动物出于自我安全保护的本能，都有某种"畏惧"感。哲学家所做的，不是有意去消除"畏惧"，而是教人什么该畏惧，什么不该畏惧，并且如何改变"畏惧"，使它升华为一种"敬畏"。孔子所提出的"三畏"思想，就是一种升华了的"敬畏"思想。

孔子的"三畏"思想，有这样两个特点：其一，它保留了"天"的神秘性，强调对"天"要"敬畏"，这就为人类可能的无忌惮行为构筑了一道最后的堤坝，即当人类的一切道德、法律约束不了人类自身的时候，还有一个外在的超越性的"天"作为最后的审判者；其二，孔子将自己文化担当的使命感与天命联系起来。① "大人""圣

---

① 孔子曾说："文王既没，文不在兹乎？天之将丧斯文也，后死者不得与于斯文也；天之未丧斯文也，匡人其如予何？"这就将自己的人文信仰融入了天命。

人"乃是人文信仰的倡导者、制定者、维护者和传播者。"天命"
"大人""圣人"共同成为构筑和保证社会共同体的道德屏障,只有
遵守它,社会共同体才能有秩序的运作。而在"畏天命,畏大人,畏
圣人之言"三者中,"畏天命"是更为根本的。今人也许要反问:孔
子所谓的"三畏"具体内容是否真的该"畏"?我们的回答是:孔子
思想的根本精神在于人应该有"敬畏"之心。人类在天地宇宙中毕
竟太过渺小了,因而必须要保持对天地宇宙的"敬畏"之心,不能
无所忌惮,为所欲为。"大人""圣人"的职责也在于看护人们不能
失掉这种"敬畏心"。今天的人类,恰恰是失掉和正在失掉"敬畏"
之心,而已将自己引向了危险的边缘。所以,在我们看来,重温孔子
的"三畏"思想,对于调整和矫正今人的思想或许不无裨益。

一 "君子有三畏"分述

(一)关于"君子"

萧公权先生曾说:"孔子言君子,就《论语》所见观之,则有纯
指地位者,有纯指品性者,有兼指地位与品性者。孔子所言君子之第
一义完全因袭《诗》《书》,其第二义殆出自创,其第三义则袭旧文
而略变其旨。旧义倾向于就位以修德,孔子则侧重修德以取位。"①
笔者认为,萧先生对《论语》中"君子"的解释甚为精当。而在
"君子有三畏"一章里所说的"君子",符合萧先生所说之第二义,
即对品性的要求。

(二)关于"畏"

南朝梁皇侃指出:"孔子有三畏者,心服曰畏"(《论语集解义
疏》卷八)皇侃认为,畏是从心中的敬服。宋代邢昺《论语注疏》
对此有进一步的解释:"此章言君子、小人敬慢不同也。君子有三畏
者,心服曰畏,言君子心所畏服有三种之事也。"(《论语注疏》卷十

---

① 萧公权:《中国政治思想史》(一),辽宁教育出版社 2001 年版,第 65 页。

六）按照《论语注疏》的解释，君子与小人对"天命""大人""圣人之言"这三件事或人的态度不同。君子对这三种事或人是心存一种"畏服"或"敬服"的态度。

宋代朱熹认为"畏者，严惮之意也"（《论语集注》卷八），"严"有严肃、郑重之义，"惮"有害怕、畏惧之义。

明代刘宗周则认为"畏即敬之所发也"（《论语学案》卷八），认为"畏"是敬的一种表现。清代乾隆十三年刊行的《钦定礼记义疏》则认为："畏而爱之，如'畏天命，畏大人，畏圣人之言'之'畏'，畏中有爱也。"认为畏有敬爱之义。

众家之说，皆在细辨此处"畏"字的意义，是偏害怕、严肃的意义多一点，还是偏敬爱、敬服的意义多一点。南宋真德秀曾辨析"畏"与"敬"的差异，他说：

> 此章专言"畏"。董铢子重问"敬"宜何训？朱子曰："是不得而训也，惟'畏'庶几近之。"勉斋黄氏则云："尝闻之师曰：'敬'之为义，惟'畏'足以尽之。"盖尝深思其故，则不易之论也。"敬"者，人心畏悚之名也。故字之从人从敬则曰"儆"，从言从敬则曰"警"，从手从敬则曰"擎"。无非畏悚戒惧之意。……而训义亲切，使人体而易知则未有易"畏"之一字也。……"畏"于敬虽最切，然其字有二义，若所谓"祇畏""抑畏""寅畏"皆"敬"之意也，至所谓"畏怯""畏懦"之属，又安得为"敬"乎？是又不容不辨。（《论语集编》卷八）

董铢，字叔重，是朱熹的学生，他向老师请教"敬"应当如何解释？朱子认为如果不得不解释的话，"敬"就是"畏"。黄榦也说，曾听老师（朱子）讲，敬之为义，只有"畏"可以表达彻底。真德秀认为朱子的这种解释是"不易之论"，他从汉字训诂的角度指出，"敬"字是人心中有所"畏悚"的意思。但他又进一步指出，朱子所说的"畏"，是在祇畏、寅畏等敬的意义下的"畏"。不是畏怯、畏懦之类的"畏"。这话也可套用在"孔子有三畏"的"畏"字上，这

里的"畏",显然是古人常用的"祇畏""寅畏"等"敬"的意义下
的"畏",不是"畏怯""畏懦"之类的"畏"。

综上所述,关于孔子"君子有三畏"的"畏"字应从敬畏、敬
重、敬爱的意思上去解释。

(三) 关于"畏天命"

魏何晏《论语集解》注曰:"顺吉逆凶,天之命也"(《论语集解
义疏》卷八)认为顺之则吉,逆之则凶,这就是"天命"的特性,
所以应当敬畏。南朝皇侃作《论语集解义疏》对此疏解说:

> "畏天命"者,一畏也,天命谓作善降百祥,作不善降百殃,
> 从吉逆凶是天之命,故君子畏之不敢逆之也。(《论语集解义疏》
> 卷八)

皇侃在《论语集解》解释的基础上指出,天命赏善罚恶,顺从天
命作善,则天降百种吉祥,违逆天命作恶,则天降百种灾殃。所以君
子要对能"赏善罚恶"的天命心存敬畏,而不敢有所违逆。

宋邢昺《论语注疏》引《尚书·大禹谟》云:

> "惠迪吉,从逆凶,惟影响。"孔安国云:"顺道吉,从逆
> 凶,吉凶之报若影之随形,响之应声,言不虚。"道即天命也,
> 天命无不报,故可畏之。(《论语注疏》卷十六)

邢昺《论语注疏》借孔安国的话指出,人顺道则吉,逆道则凶,
吉凶之报如影随形,如响应声。《注疏》进一步解释说:"道"即天
命,或者反过来说,天命即"道",天命无不报,所以要心存敬畏。

南宋李杞在解释《周易·震》卦时讲:

> 《象》曰:"洊雷震,君子以恐惧修省。"……盖天威之至,
> 乃君子修德之基。舜以洊水为警予,成汤以旱而自责,成王以雷

电之变为天之动威，而宣王亦遇灾而惧，因其恐惧而自修自省之，学愈增益其所未至，此君子所以为"畏天命"也。（《用易详解》卷九）

《震》卦上下两卦皆为《震》卦，"洊雷震"，"洊"即接连、屡次的意思。《大象传》讲天雷接连而至，如天之威怒，此时作为君子应当对天的震怒产生恐惧而反省自己的行为。李杞发挥这种思想，认为敬畏"天威"是君子修德的根基，并列举历史上曾发生的事情加以论证，如舜认为天降洪水是警告自己、商汤因为天降旱灾而自责，周成王以雷电的变化为天帝动威，周宣王也因遇天灾而感到恐惧，李杞认为上述王者皆能因天威而恐惧自省，增益其所不能，这就是君子"畏天命"的表现。

在古人心目中，"天命"是神圣的、至高无上的，也是大公至正的外在存在，因为人们相信它，才会有"善有善报、恶有恶报"的道德信念。这种天命观同世界上各大宗教和文明有着相似之处，它或以"人格神"的形式存在，或以"自然神"的形式存在。这是一种历史悠久的、朴素的思想，却有着巨大的价值，由它构成了人类道德和文明的最后防线。

但是这种防线在面对世俗中越来越被强化的皇权面前，似乎约束力越来越弱。葛兆光先生指出："直到（宋）熙宁十年（1077 年）张方平还在用'日食、星变、地震、山崩、水旱、疫厉，连年不解，民死将半'来说明'天心之所向背可以见矣'，不过尽管如此，皇帝还是'断然不顾，兴事不已'，在相信'天变不足畏'的时代，士大夫关于天地祥瑞灾异的解释，已经不能够制约无边的皇权了。"[1] 现实政治需要士大夫们提出一种拥有内在约束力的"天命"，这种约束力是一种内在的力量，它可以超越皇权，而成为整个自然、人类、社会的"真理"。

因此，在宋代，一种新的学术思潮正在产生，并最终成长为官方

---

[1] 葛兆光：《中国思想史》（第二编），复旦大学出版社 2001 年版，第 193—194 页。

主导的思想学说，为宋以后的政治、社会产生深远的影响，这就是"理学"。理学强调的是一种人文信念，在对经典的解释上强调人文的价值和意义。从以下诸条的解释中，我们可以感受到，在理学家眼里，"天命"更多的是一种人文信念的内化和追求。

朱熹说："天命者，天所赋之正理也。知其可畏，则其戒谨恐惧自有不能已者。"（《论语集注》卷九）朱熹认为，"天命"是天所赋予人的正理。知其可畏，则戒谨恐惧不敢有丝毫懈怠。朱熹《论语精义》引吕希哲之语云："心服曰畏。畏天命者，吾命之所由出。"将"天命"理解为人之为人的规定性。明代刘宗周亦指出："畏天命，畏其命我者也。"认为，人所当畏者，是"天命"已经赋予我的内在人性。（《论语学案》卷八）

理学家对"天命"的解释，与汉唐儒者的解释有很大的不同，它不再是外在于人的可以赏善罚恶的"天威"，而是内在于人的天所赋予的正理，包括世俗社会中拥有无边权力的皇帝也必须遵从于此正理。那么，天所赋予人的正理是什么？明代学者郑纪有比较详细、通俗的论述：

> 如何是"畏天命"？天命是天赋与我的正理，人有此生，便有此身，有此身，便有此理，即仁义礼智信是也。这个道理有生之初，天已赋于我身，就如命令分付我一般，我若放肆不谨，违悖了这道理，身虽为人，实则有愧于天矣。所以君子静而己身自处时，常存戒谨的心不敢有一毫放肆；动而与物相接时，常存恐惧的心，不敢有一毫轻易。就如天威咫尺真有鬼神在上、雷霆在前一般。如此则付畀之重，可以不失矣。这便是"畏天命"。（《东园文集》卷一）

依照郑纪的说法，"天命"即天赋予我的正理，是人之为人的原因，这个正理便是"仁义礼智信"，"仁义礼智信"的原则是人一生下来，上天就赋予人类的秉性，若人违背了这些做人的原则，则羞于为人，愧对于天。这就是"畏天命"。

（四）关于"畏大人"

《论语集解》指出，"大人即圣人，与天地合其德者也"。这里给"大人"一个至高无上但又虚着无物的定义，认为"大人"即是圣人，其道德可以比并天地。对于这个难以把握的概念，皇侃在《论语集解义疏》解释道：

> 畏大人者，二畏也。大人，圣人也。见其舍客而曰大人，见其作教正物而曰圣人也。今云畏大人，谓居位为君者也。圣人在上，含容覆焘，缺虽不察，察而君子畏之也。（《论语集解义疏》卷八）

皇侃所说的"大人"既是圣人，又是人君，那当然就是"内圣外王"的"圣君"了。从其宾客而言谓其"大人"，从其教化百姓而言则谓其"圣人"。这种观点实际上是继承了《周易》对"大人"的解释，《周易·文言传》讲：

> 夫大人者，与天地合其德，与日月合其明，与四时合其序，与鬼神合其吉凶，先天而天弗违，后天而奉天时。

《文言传》在解释《乾》九五爻"飞龙在天，利见大人"时说，像九五这样在位的君主，其道德像天地一样宽厚，其光明像日月一样光辉，其政事像四时运行一样井然有序，其判断像鬼神一样准确无误。他先天而动，天不违背他；后天而动，又能遵循天的变化规律。这里的"大人"即在位的"圣君"，他既是最高道德的化身，也是最高智慧的化身。他简直就是人间的神明，对于这样的"大人"，当然要敬畏。不过，先秦以至汉唐经学家眼中的"大人"，应该是被"神化"了。

在宋代学者的心目中，"大人"是指有尊贵地位的人。对有尊贵地位的人应该保持尊重。

北宋范祖禹说："大人者，王公卿大夫之在位者也，孔子见冕衣裳者，虽少必趋，故'畏大人'。"（《论语精义》卷八下）在范祖禹看来，王、公、卿大夫之在位者，都可以称为"大人"。朱熹综合诸家的说法提出"有位、有齿、有德者，皆谓之大人"。《朱子全书》卷十九载："问：'大人'是指有位者言之否？曰：不止有位者，是指有位、有齿、有德者，皆谓之'大人'。"就是说，"大人"称谓，可称有位者，也可称年长者和有德者。

而张栻在《论语解》卷八中回答学者的质疑说："或曰：'孟子曰：说大人，则藐之。'谓正当义以告之，不当为莫（慕）势位所动耳。若夫尊严之分，则固未尝不存也。"这意思是说，作为有位的"大人"，所代表的是一种公权力。君子对于公权力要有"敬畏"之心，但"大人"未非其人，作为君子不应因为羡慕其势位，而为其所动。不过《论语》所说不是指后一种情况。

而明代郑纪则认为，"大人"应"有位、有齿、有德"，三者俱尊，方为"大人"。他说：

> 如何是"畏大人"？大人是爵、齿、德俱尊的人，他于天命之理无分毫欠缺，于仁义礼智信之事都能体行，言足以为天下后世法，动足以为天下后世则，所以君子于这"大人"，敬之如大宾，尊之如严师，常存畏惮不敢怠慢，这便是"畏大人"。（《东园文集》卷一）

综上所述"大人"一词的指谓，在汉唐以前主要指道德与智慧至高无上的圣君，在宋以后，则可以指一般尊贵之人，具体而言，需要具备"有位""有齿""有德"的条件，但是需要具备其中一个条件呢，还是需要三个条件都具备呢，学者各自的宽严尺度又有所不同。

（五）关于"畏圣人之言"

魏何晏讲："畏圣人之言，深远不可易则，圣人之言也。"（《论语集解义疏》卷八）依照何晏的说法，圣人之言，道理精深而不容易效法，"则"即依据、效法。既然圣人所讲深远而常人难以效法，就把圣人之言说得比较神圣深奥。皇侃在《义疏》中解释道："畏圣人之言者，三畏也。圣人之言，谓五经典籍，圣人遗文也。其理深远，故君子畏之也。"（同上）

朱熹曾说："大人、圣言，皆天命所当畏，知畏天命，则不得不畏之矣。"（《论语集注》卷八）在朱熹的逻辑里，一个人知道畏天命，自然也会敬畏大人、圣人之言，因为大人、圣人之言皆是天命的体现。

南宋赵顺孙结合前人的观点，认为"圣人之言"即载之于经典者，是"圣人"感知"天命"发出来的，因而是"天命"的表达：

> 愚谓"大人"有德位者之称，是天命之所存；"圣人之言"谓方册所载，是天命之所发。（《论语纂疏》卷八）

而明代郑纪则进一步解释道：

> 如何是畏圣人之言？圣人的言语乃天命之所发，载之简册，义理无所不该，散于经书，体用无所不备，推而行之足以修身而齐家，举而措之足以治国平天下，所以君子于这圣人之言，敬之如神明，信之如蓍龟，常存严惮，不敢忽易，这便是"畏圣人之言"。（《东园文集》卷一）

郑纪认为，圣人能够认识到"天命"，"圣人之言"便是圣人对"天命"的体认而留下来的著述，义理完备，体用兼具。君子践履、推行之，足以修身、齐家、治国、平天下。正因为"圣人之言"是"天命"的体现，"畏天命"也自然要畏这"圣人之言"。

二　还原孔子的思想

我们了解了历史上诸家对于《论语》"君子有三畏"一段的解

释，现在要回到先秦孔子之时，结合孔子的时代背景和《论语》的整体思想，还原这句话在孔子心中的意涵。

孔子这段话以"畏天命"为核心，"大人""圣人"能够认识到"天命"，并且是"天命之所发"即"人文信仰"（礼乐文明）的制定者、实施者和传播者。因此，理解孔子的"畏天命"思想就成为理解孔子"三畏"思想的关键。

殷商之际，商纣王的那句名言"我生不有命在天"（《尚书·西伯勘黎》）可以说在一定意义上代表了殷商统治者的"天命"观，其中"天"是至高无上的存在，同时"天"又是被商王族所垄断了的，成为了商王族的私家保护神。

周族一方面继承了"天"的至高无上性；另一方面，又发展了殷商的"天命观"，强调"以德配天"，"惟不敬德乃早坠厥命"（《尚书·召诰》）"天非虐，惟民自速辜"（《尚书·酒诰》）"天"不再是专属某一王族的私家保护神，而是一个具有道德判断能力、能赏善罚恶的至上存在。应当说，孔子继承了周人这种"天命"观，并进一步发展了它。

在理解孔子"天命"思想之前，我们需要指出的是，"鬼神"与"天命"在孔子那里是两回事。

鬼神之事，孔子基本上继承了西周以来的思想，即"敬鬼神而远之"。这类话在《论语》里有很多。比如"季路问事鬼神，子曰：'未能事人，焉能事鬼。'敢问死。曰：'未知生，焉知死。'"（《论语·先进》）从内心说，孔子应该是不信鬼神的。但从"神道设教"的政治因素考虑，孔子又没有公开反对"鬼神"思想。

那么在孔子那里，"天命"是什么？以我个人的看法，是外在超越与内在超越的统一。牟宗三先生曾在《中国哲学的特质》中讲："天道高高在上，有超越的意义。天道贯注于人身之时，又内在于人而为人的性，这时，天道又是内在的。"[1] 这种外在超越与内在超越统一的观念是与西方的宗教观念有所不同的。在西方宗教观念中，

---

① 牟宗三：《中国哲学的特质》，台湾学生书局 1974 年版，第 30 页。

"上帝的归上帝，凯撒的归凯撒。"而在东方文化和宗教观念中，佛是佛，人也可成佛。从儒学自身讲，孔子的"天命"观既保留了"天"的至高无上的一面，又开创了一种人文的"宗教"，这种"宗教"不以外在的人格神为信仰的对象，而把人类所创立的"道德文明"作为信仰的对象，并认为这就是"天命"，人类可以认识之、扩充之、发扬之。要确认这一点，我们需要到《论语》中去寻找答案。

《论语》中关于"天"的观念，有多重含义，有时表现为至高无上的主宰之"天"，如：

王孙贾问曰："与其媚于奥，宁媚与灶，何谓也?"子曰："不然，获罪于天，无所祷也。"（《论语·八佾》）

"奥"指屋子的西南角，是一家主神的位置。"灶"是灶神，主管一家的饮食。奥神虽然尊贵，但是高高在上，灶神虽然不如奥神地位高，但是主管饮食事物，所以从实用主义的角度讲，献媚于奥神还不如献媚于灶神来得实惠些。王孙贾当时在卫国执政，以灶自比，因此那这句话是来试探孔子。孔子则贬斥这种行为，认为如果人做了坏事，得罪了上天，再怎么祷告也没用了。这里孔子主要是继承了宗周以来的"天命"观，即具有赏善罚恶的至上天。

《论语》中的"天"有时又变现为自然之"天"，如：

子曰：天何言哉！四时行焉，百物生焉。天何言哉！（《论语·阳货》）

显然，孔子这里所说的"天"又是自然之"天"。而当"天"和"命"二字相组合的时候，意义又有所不同。在殷周人那里，"天命"二字可以理解为"上天"的命令和安排，在孔子那里，"天命"的意思则表现为必然性、规律性和使命性，如：

子曰：吾十有五而志于学，三十而立，四十而不惑，五十而

知天命，六十而耳顺，七十而从心所欲，不逾矩。（《论语·
为政》）

孔子在回顾自己一生思想变化时，说自己到了五十岁时认识到了
"天命"，当然这个"天命"不等于那个能赏善罚恶的主宰天。而是
一种必然性、规律性的东西，其中蕴含着一种使命性。具体说，是一
种文化传承的历史使命性：

子畏于匡，曰：文王既没，文不在兹乎？天之将丧斯文也，
后死者不得与于斯文也；天之未丧斯文也，匡人其如予何？（《论
语·子罕》）

根据《史记·十二诸侯年表》记载，这一年是鲁定公十四年，孔
子 56 岁。孔子被匡地的人们所围困时，说周文王死了以后，周代的
礼乐文化不都体现在我的身上了吗？上天如果想要消灭这种文化，那
我就不可能掌握这种文化了；上天如果不消灭这种文化，那么匡人又
能把我怎么样呢？

很显然，孔子是把西周以来的礼乐文明传承作为自己的历史使
命，当仁不让。他说："不知命，无以为君子也。"（《论语·尧曰》）
所谓"知命"就是自觉地去践行、传播、扩充这种礼乐文明，人文
信仰。

后世儒家继承并发扬了孔子的这种天命观。《郭店楚墓竹简·性
自命出》说："性自命出，命自天降。"① 《中庸》讲："天命之谓
性。"孟子说："尽其心者，知其性也，知其性则知天矣。"（《孟子·
尽心上》）孟子等于把"天命"拉到了人们的心里，使人文信仰落地
生根。有了这个基础，所以我们看到孟子的思想更加勇猛精进，提出
"我善养吾浩然之气""大丈夫""虽千万人，吾往矣"等思想。如果

---

① 姜广辉先生在《中国新近出土战国楚竹书的思想史意义——以〈郭店楚墓竹简〉
为例》一文中指出，郭店一号墓出土的儒家著作有许多篇与子思有关，参见《中国文化的
根与魂》，辽宁教育出版社 2014 年版，第 327 页。

说，先秦儒家为这种内在超越性的天命观搭了一个宏观的框架的话，从上一节的描述中，我们可以看到，到了宋明理学家那里，这种"内在超越"的"天命观"阐发得更精微、更细致。

韩愈虽非理学家，但作为一个承上启下的人物，他在《争臣论》中的一段描述，仍可作为秉持"天命"观的儒家知识分子的一个注脚，他说：

> 自古圣人贤士皆非有求于闻、用也。闵其时之不平，人之不义，得其道，不敢独善其身，而必以兼济天下也。孜孜矻矻，死而后已。故禹过家门不入，孔席不暇暖，而墨突不得黔。彼二圣一贤者，岂不知自安佚之为乐哉？诚畏天命而悲人穷也。（《别本韩文考异》卷十四《争臣论》）

孔子以降的儒者那里，秉持"天命"观，即秉持中国文化的历史使命。他们已经把这种"天命观"内化为自身的追求与信仰，并为这种信仰"孜孜矻矻，死而后已"。

有了对孔子"天命"思想的认识，我们就比较好理解"畏大人""畏圣人之言"。"大人""圣人"是礼乐文明、"人文信仰"的制定者、实施者和传播者。对"人文信仰"的敬畏，自然也要敬畏大人、圣人。诚如明代郑纪所言：

> "大人""圣言"皆是天命所当畏的，知"畏天命"，则不得不畏之矣。孔子示人之意何其切！……是章三言之中，而"畏天命"一言最为紧要。（《东园文集》卷一）

三　王安石讲过"天命不足畏"吗?

北宋王安石变法，当时反对者大有人在。因而传出他讲过"三不足"的话，即所谓"天命不足畏，祖宗不足法，人言不足恤"。其实，这个口号不是王安石提的，而是当时反对派对他思想的概括，且提法也略有出入，苏东坡概括的是："天命不足畏，众言不足从，祖宗之法不足用也。"（《唐宋八大家文钞》卷一百十七）这应该是最初的概括。至于"天命不足畏，祖宗不足法，人言不足恤"三句如此整饬，应该是经过进一步加工过了。

后来变法失败，王安石招来众多的批评和骂声，其中很多批评是针对他的"三不足"论说的，如南宋戴溪讲："王氏曰：'天变不足畏，人言不足恤，祖宗不足法'，此所谓无忌惮者也。"（《石鼓论语答问》卷下）真德秀则说："王安石谓天命不足畏，祖宗不足法，人言不足恤，为世罪人，岂宜从祀。"（《大学衍义补》卷八十）戴溪认为王安石的这种主张是"无忌惮"的行为，真德秀则更进一步说王安石提出此说"为世罪人"，不应该从祀孔庙。

应该说，王安石是不会真正认为"天命不足畏"的，他在文集中讲道："臣闻叙有典，秩有礼，命有德，讨有罪，皆天命也。人君能救正则治，不能救正则乱。"（《临川文集》卷六十二）王安石认为，国家的典礼、道德、刑法秩序等皆是"天命"的体现。在它面前是不能不表现出敬畏的。因为开了这个口子的话，一切人伦都将受到破坏。而师从王安石的陈祥道则说：

> 古人有言曰：慎以"畏"为本，故士无畏则简仁义，农无畏则惰稼穑，工无畏则坏规矩，商无畏则货不殖，子无畏则忘孝，父无畏则废慈，臣无畏则勋不立，君无畏则乱不治。……君子之畏，小人之无畏，岂特三者而已哉，孔子之言举其大者言也。（《论语全解》卷八）

陈祥道认为，如古人所讲，立国之道应教导人民有所"敬畏"，如果知识阶层无所"敬畏"，就会简慢"仁义"；如果农民无所"敬畏"，就会惰废农事；如果工匠无所"敬畏"，就会坏了规矩；如果商人无所"敬畏"，就会经商失败。如果子女无所"敬畏"，就会不孝父母；如果父母无所"敬畏"，就会没有慈爱；如果官员无所"敬畏"，就会功业不立；如果君主无所"敬畏"，就会国乱不治。陈祥道这段话说得明白而恳切。生活在当今社会，我们的内心也深深与之产生共鸣。我们今天来认识这个问题，"天命"就是天所赋予人的责任和意义，不敬畏"天命"，也就丧失了人之为人的根本属性。孟子讲：

> 人之所以异于禽兽者几希，庶民去之，君子存之。(《孟子·离娄下》)

人与禽兽的区别很小，多的就是人有"天命"，不去敬畏它，存有它，也就与禽兽无异了。

这里，我们还需指出的是，"天命"还有一层意义在于，在皇权至上的古代社会，"天命"或许是人君为政的最后防线。北宋宰辅富弼就曾讲："人君所畏者惟天，若不畏天，何事不可为者?"① 作为位高权重的宰辅，尚有此言。富弼的这番话也道出了"畏天命"思想对于古代皇权的制约意义。

敬畏是一个古老而永恒的话题。孔子认为人应当敬畏天命、敬畏大人、敬畏圣人之言，基督教认为敬畏是美德之源，是道德的安全阀②。德国哲学家康德有句名言："有两样东西，我们愈经常愈持久地加以思索，它们愈使心灵充满日新月异、有加无已的景仰和敬畏：在我之上的星空和居我心中的道德法则。"③ "在我之上的星空"，充满了众多的未知和神秘，我们当然要对它心存敬畏；"居我心中的道德法则"，是人类文明成果中最灿烂的明珠，没有道德的自我约束，人类也就无区别于万物，这又如何不让我们心生敬畏？

古今中外，哲人们对"敬畏"的表述是何其相似！

近代以来，随着科学技术水平的不断飞跃。人类活动的范围和水平也在不断提升，然仍当有所敬畏：第一，应当敬畏自然。自然是人类赖以生存的根本，地球进化学说告诉我们，每次的气候大变化都伴

---

① 脱脱等撰：《宋史》，中华书局 2000 年版，第 8269 页。
② 曹建波：《基督宗教的敬畏观》，《中国宗教》2009 年第 5 期。
③ ［德］康德：《实践理性批判》，韩水法译，商务印书馆 1999 年版，第 177 页。

随着物种的大灭绝，现代工业的发展导致人与自然的矛盾在不断激化，恶劣的环境和极端天气的频繁发生都在威胁着人类生存。保护赖以生存的地球，对自然心存"敬畏"也应当是当今世界"人文"精神的题中之义。第二，应当敬畏历史。历史是人类自己书写的篇章，是人类文明的演化史，历史中有血腥、残酷、冷漠的一面，也有对真实、善良、美好的理想追求。敬畏历史，我们可以不再犯曾经犯过的错误，从而更加自信地走下去。

第七讲

"子不语怪力乱神"

禹　菲

《论语·述而》"子不语：怪力乱神。"文字至为简略，其中蕴含的意思是什么？需要经学家加以解释。经学家们的解释互不相同，其中某种解释能与孔子其他讲法相一致，才能获得大家的认同。

一　关于"子不语怪力乱神"的断句

首先是关于"子不语怪力乱神"的断句。何晏《论语集解》所收王肃注，是目前所见最早对"子不语怪力乱神"的注释，王肃对"子不语怪力乱神"断句为："子不语：怪、力、乱、神。"对"怪力乱神"四字，一字一断，每一个字都有解释，由此而成"怪""力""乱""神"四事。这四件事分别指的是什么，我们后面再说。但"怪力乱神"是指四件事，还是指两件事？学者是有不同意见的。

皇侃《论语集解义疏》记载了另一种断句方案，即将"怪力乱神"作"怪力""乱神"两件事来解释：

> 或通云："怪力"是一事，"乱神"是一事，都不言此二事也。故李充曰："力不由理，斯怪力也。神不由正，斯乱神也。怪力、乱神，有兴于邪，无益于教，故不言也。"①

---

① 皇侃：《论语集解义疏》，商务印书馆 1937 年版，第 94 页。

皇侃所引李充之言，将"怪力"作一词，将"乱神"作一词，以为没有道理支持的"力"就是"怪力"，不由正道的"神"就是"乱神"。这种解释很新颖，但不为大多数注家所认可。后世绝大多数注释都是将"怪力乱神"作为四件事的，如北宋儒者谢良佐说："圣人语常而不语怪，语德而不语力，语治而不语乱，语人而不语神。"① 他就是将"怪力乱神"作为四件事来看的。朱熹等人也是将"怪力乱神"作为四件事的，论见后。

二　对"子不语"一句如何理解

对于"子不语"一句，王肃认为很好理解，不需要解释。"子"就是孔子，"语"通常理解为"说"，其意谓孔子不讲说"怪、力、乱、神"之事。但孔子真的从来就不讲"怪、力、乱、神"之事，还是有时候也讲"怪、力、乱、神"之事？

（一）"言"同"语"的区别。皇侃的《论语集解义疏》对"言"和"语"二字作了区别。他说："发端曰'言'，答述曰'语'，此云'不语'，谓不诵答耳，非云不言也。"② 这里，"言"和"语"的意思有所不同，"言"是指他自己主动讲的，"语"是别人问他以后才回答的。孔子不是完全不说"怪力乱神"，他有的时候也是讲的。可是当别人就此事问他时，他往往不回答。换言之，孔子对"怪力乱神"之事是有看法的，但他不愿就此与别人讨论，这是皇侃的理解和解释。皇侃为什么要这样解释呢？这是因为确实有些史料证明孔子有时也是讲"怪力乱神"之事的。皇侃看到了这些材料，为了使他的解释更为圆通，所以对"言"和"语"的区别特别加以说明。

（二）"子不语"还是"子示语"？对"子不语"一句是否存在颠覆性的解释？乍看似乎是完全不可能的，但历史上真的有人作了一种颠覆性的解释。比如唐代顾况将"子不语"解释成"子示语"，其

---

① 朱熹：《四书章句集注》，中华书局 2011 年版，第 95 页。
② 皇侃：《论语集解义疏》，商务印书馆 1937 年版，第 94 页。

所作《戴氏广异记序》说：

> 欲观天人之际、变化之兆、吉凶之源，圣不可知，神不可测，其有干元气，泪五行，圣人所以示"怪、力、乱、神、礼、乐、刑、政"，著明圣道以纠之。古文"示"字如今文"不"字，儒者不本其意，云"子不语"，非观象设教之本也。[①]

顾况认为，古文字的"不"与"示"字形相近，"子不语"三字当为"子示语"，孔子是以"怪力乱神"为示例来解释"天人之际、变化之兆、吉凶之源"的。这样解释就与一般儒者的理解完全相反了。

这种解释对不对呢？首先来看孔子和儒者的一贯思想，儒者中虽然有董仲舒一类人通过讲"怪力乱神"来建立天命神学，推行教化，但孔子本人并没有这样做。其次，顾况为《广异记》作序，他自己相信"怪异"之事，却要找出根据，硬说孔子也相信"怪异"之事。在这一点上就不如清代的袁枚，袁枚著书，写了许多怪异之事，但他尊重孔子，认为这些都是孔子所不取的，因而名其书为《子不语》。由以上辨析，我们认为，顾况将"子不语"解释为"子示语"，并不能真正颠覆传统的解释。

三 对"怪、力、乱、神"四事的解释

王肃具体解释"怪、力、乱、神"四事说：

> 怪，怪异也；力，谓若羿荡舟、乌获举千斤之属；乱，谓臣弑君、子弑父；神，谓鬼神之事。或无益于教化，或所不忍言。[②]

---

① 顾况：《戴氏广异记序》，载董诰等编《全唐文》，中华书局 1983 年版，第5368 页。

② 皇侃：《论语集解义疏》，商务印书馆 1937 年版，第 94 页。

王肃的解释一方面为后世学者提供了一种理解的向度，另一方面也可能成为后人挑战的对象。那么，我们就来讨论一下他所曾经面对的挑战和批评。

（一）先说"怪"

按照王肃的说法，"怪"指怪异之事，从文字训诂来说，应该是对的。问题在于："怪异"之事究竟包括哪些事？按理对它应该举例加以说明，但王肃并没有加以说明。皇侃《论语集解义疏》补充说："怪，怪异也，谓妖孽之事也。"世界上本来没有什么妖孽，孔子是理性主义者，在历史文献中，我们的确看不到他讲妖孽之事。

然而后世也有学者如清人戴望认为："怪，如日食、星变、山崩之属。《春秋》志异而说不著，故不以为语。"① 就是把"怪"理解为"日食、星变、山崩"等反常之事。孔子作《春秋》之时记载了这些反常之事，并不加以解说。但是，日食、星变、山崩等皆属于自然现象，日食有日食之理，星变有星变之理，山崩有山崩之理，皆有研究和讨论之必要。如果说那时的科学水平不足以解释这些自然现象，是可以的。但若以"子不语"来封杀后人的研究，就不妥了。所以把"怪"解释为"日食、星变、山崩"等事，应该并不是孔子的本意。所以刘宝楠在其所著《论语正义》中批评了戴望的说法："至日食、地震、山崩之类，皆是灾变，与怪不同。故《春秋》记之独详，欲以深戒人君，当修德力政，不讳言之矣。"②

孔子是否真的不语"怪"呢？《史记·孔子世家》载：吴伐越，堕会稽，得骨节专车。吴使使问仲尼："骨何者最大？"仲尼曰："禹致群神于会稽山，防风氏后至，禹杀而戮之，其节专车，此为大矣。"《史记》这条材料说，有人在吴国会稽山挖出了一副很大的骨架，不知为何物，吴国派使者到鲁国问博学的孔子。孔子说当年禹召集涂山大会，防风氏迟到，禹就在会上杀了防风氏，这个骨架应该是防风氏

① 戴望：《戴氏注论语》，《续修四库全书》卷157，上海古籍出版社2002年版，第122页。
② 刘宝楠：《论语正义》，中华书局1990年版，第272页。

的骨骼。防风氏的骨骼有这么大吗？其实这很可能是某种动物的骨骼，如现代发掘的恐龙骨骼之类，孔子的这种解释就是一种"怪"。《史记》这个材料不知出于何处，司马迁未加辨析加以载录，其事未必属实，所以不能根据这样的材料来证明孔子是"语怪"的。

（二）再说"力"

王肃提出"力，谓若奡荡舟、乌获举千斤之属"，力即"勇力"。何晏《集解》引孔安国之语说："奡多力，能陆地行舟。"乌获是秦武王所宠用的大力士，据说能力举千斤。将"力"解释为勇力，历来注家多无异辞。但北宋儒者谢良佐说："圣人语常而不语怪，语德而不语力，语治而不语乱，语人而不语神。"是将"德"（德性）与"力"（力量）对言的。这就启示我们，可能王肃的解释太过局限了。

儒家德、力并提，"力"有时是指国家的实力、军力等。孟子所说的"以德服人""以力服人"就是在这个意义上讲的，实则孔子、孟子有重德轻力的思想。汉代王充《论衡·非韩》篇有一段话专门讲德和力的关系，提出德力并重的观点，批评重德轻力的思想，他说：

> 治国之道，所养有二：一曰养德；二曰养力。养德者，养名高之人，以示能敬贤；养力者，养气力之士，以明能用兵。此所谓文武张设，德力具足者也。事或可以德怀，或可以力摧，外以德自立，内以力自备。……夫德不可独任以治国，力不可直任以御乱也。[1]

王充的观点将德和力互相结合起来，这种理解是深刻的、全面的。孟子讲"以德服人"虽然也有道理，他没有给"力"以足够的地位。"力"还是应该有的，没有力量怎么去抗衡暴力呢。战国时期许多小国被打败了，就是因为它们实力弱，又不喜欢讲力。我们以

---

[1] 黄晖撰：《论衡校释》卷二，中华书局 1990 年版，第 438 页。

为，不提倡"暴力"，不等于说不要力量，"子不语：怪、力、乱、神"中的"力"，只能理解为"暴力"。正常的力量、实力还是要强调的。

（三）再说"乱"

王肃对"子不语：怪、力、乱、神"的"乱"作了这样一种简单的注解："乱，谓臣弑君、子弑父。"皇侃的《论语集解义疏》谓"乱，谓臣子弑害君父之事也"。皇侃《疏》与王肃《注》意见是一致的。"臣弑君，子弑父"，这是极端"乱"的例子，这是从大处说的。

孔子讲"乱"，有小有大，小至个人、家庭，大至社会、国家。如《论语》里多处说到"乱"。"唯酒无量，不及乱"（《论语·乡党》），喝酒喝多了会乱来，他是反对的，这是从小处说的。孔子又说："好勇疾贫，乱也。人而不仁，疾之已甚，乱也。"（《论语·泰伯》）意思是说，喜好勇敢而又厌恶自己贫穷，就会作乱，危害别人和社会；对于那些本来就不讲仁义的人，如果你对他嫉恶如仇，也很容易生出乱子来，危害自己。孔子教人平时注意道德修养与性格涵养。他说："巧言乱德。小不忍则乱大谋。"（《论语·卫灵公》）意思是说，花言巧语能败坏德行，小事不能忍耐也会败坏大事。孔子又说："危邦不入，乱邦不居。"（《论语·泰伯》）这些教导都有明哲保身的意思，看似个人的小事，小事也可能酿成大祸。

当然，凡牵涉到国家的"乱"，就都是大事了。孔子最不能容忍的是：政治人物对于礼制的僭越和破坏。《论语·八佾》记载："八佾舞于庭，是可忍，孰不可忍也！"季氏以鲁国大夫的身份僭用周天子礼乐，孔子认为这是极度的悖乱，绝不能容忍。

孟子曾说："孔子作《春秋》，而乱臣贼子惧。"所谓"乱臣贼子"就是"臣弑君、子弑父"之人。既然孔子一部《春秋》主要是批判"乱臣贼子"的，表明孔子对"乱"并不是避而不谈，而是积极防"乱"和批"乱"。所谓"不语"，是说"臣弑君、子弑父"那样的事，为世人所不齿，乃是人伦之大痛，如同王肃注说"所不忍言"。

虽然孔子所言之"乱",有小有大。《左传·宣公十五年》传："民反德为乱,乱莫大于弑父与君。"王肃注言其大而略其小,还是抓住了孔子思想的本质,讲出了"乱"的最主要意涵。

(四) 再说"神"

孔子到底信不信"神",这是孔子思想研究中的一个难点。《论语》中有好几条讲到"神"的材料,例如:

> 季路问"事鬼神",子曰:"未能事人,焉能事鬼?""敢问死?"子曰:"未知生,焉知死?"(《论语·先进》)
> 祭如在,祭神如神在。(《论语·八佾》)
> 樊迟问知。子曰:"务民之义,敬鬼神而远之,可谓知矣。"(《论语·雍也》)
> 子疾病,子路请祷。子曰:"有诸?"子路对曰:"有之。诔曰:祷尔于上下神祇。"子曰:"丘之祷久矣。"(《论语·述而》)

所有这些材料,都显示孔子对鬼神的态度比较模糊。应该说,孔子是一位现实的理性主义者,凡不能证实之事,他都保持一种理性、明智的态度,他尤其不愿讲那些讲不清的鬼神之事。"祭神""敬鬼神""丘之祷久矣"等,似乎对"鬼神"保持一种敬畏的态度,但他同时又强调先"事人"、先"知生",要"远"鬼神,以为现实的人的世界远比人死后的世界、鬼神的世界更重要。

孔子之时,"神"泛指天地、山川、祖先的神灵,对于这样的"神",孔子是不可能不讲的,不仅要讲,而且要参与祭祀。他所不讲的,应该是那种人死化为厉鬼的那一类鬼神传说,所以,清人戴望《论语注》对"神"字特别加以注释说:"神,如杜伯射王、伯有为厉。"这里所举杜伯和伯有的两个典故,都是说人死变为厉鬼的事。杜伯为周宣王时大臣,为周宣王错杀。一次,周宣王与诸侯在野外狩猎,日中,人见杜伯乘白马素车,着朱衣冠,执朱弓,挟朱矢,将周宣王射死于车上。春秋时期郑国大夫良霄，字伯有。他和贵族驷带发生争执被杀。传说他死后变为厉鬼作祟。孔子所不信且不讲的是这类鬼神传说。正因为如此，鲁迅在《坟·再论雷峰塔的倒掉》中说："孔丘先生确是伟大，生在巫鬼势力如此旺盛的时代，偏不肯随俗谈鬼神。"①鲁迅对孔子鬼神观的理解应该说是正确的。

孔子对待鬼神的态度，应该说是一种最明智的态度，因而也是中国知识分子处理鬼神问题的典型态度。《周易·观》卦象辞："圣人以神道设教，而天下服矣。"一方面统治者利用鬼神迷信作为教育手段；另一方面又对鬼神宗教持怀疑态度，保持一定距离，避免国家意识形态为鬼神宗教所控制。受孔子思想的影响，大多数中国人对鬼神有无持一种怀疑态度或无神论的态度。

以上我们就王肃对"子不语：怪、力、乱、神"的注释作了分析和疏解，其中"怪、力、乱、神"是作为四件事来说的。南宋朱熹的《四书章句集注》影响深远，其中有《论语集注》，朱熹在《论语集注》中说：

> 怪异、勇力、悖乱之事，非理之正，固圣人所不语。鬼神造化之迹，虽非不正，然非穷理之至，有未易明者，故亦不轻以语人也。②

朱熹也是将"怪、力、乱、神"作为四件事来看的。但他将前三件事与后一件事分开来说。怪异、勇力、悖乱这三件事因为不合正理，所以"不语"。他把"鬼神"与"造化之迹"连在一起说，赋予了"鬼神"的正当合理性。"非穷理之至"者不易明白，所以也不轻易去讲。他对后一条的解释显然与传统注家有所不同。相比之下，朱熹似乎更重视关于"鬼神"问题的理论探索价值。

综上分析，"子不语怪力乱神"，可以这样理解：孔子不讲说怪、力、乱、神之事。"怪"是指怪异妖妄之事，"力"是指武力暴力之

---

① 鲁迅：《鲁迅全集》卷1，人民文学出版社1973年版，第178页。
② 朱熹：《四书章句集注》，中华书局2011年版，第95页。

事；"乱"是指犯上作乱之事；"神"是指鬼神作祟之事。孔子认为讲说这四件事，对于教化没有益处。

回头再看王肃对"子不语：怪、力、乱、神"的注释："怪，怪异也；力，谓若乌荡舟、乌获举千斤之属；乱，谓臣弑君、子弑父；神，谓鬼神之事。或无益于教化，或所不忍言。"王肃于四事之中，将"力"解释为"若乌荡舟、乌获举千斤之属"有待商榷，实际上，"力"是指与"德"相对之"力"，即武力和暴力，而非仅指"勇力"。除"力"的解释外，对于其他三事的解释大体正确。

（本文已发表在《湖南大学学报》（社会科学版）2016 年第 1 期，发表时的题目是：《王肃注"子不语怪力乱神"辨析》，收入本书时有所删略）

第八讲

"德不孤，必有邻"

汪 俐

"德不孤，必有邻"出自《论语·里仁》，现代人一般将这句话理解为：有德之人不孤单，必有同德之人相应和、求德之人相追随。这是一句流传甚广的名言警句，历朝历代都有不同的学者对其进行过引用和诠释。从古至今，学者们对这句话有多少种不同的解释呢？《周易·文言传》中有"敬义立而德不孤"，它和《论语》的"德不孤"又有什么关系呢？

一 关于"德"的含义

要理解"德不孤，必有邻"的意涵，首先要弄清楚作为主体的"德"的含义。

"德"的古义为升、登①，取的是部首"彳"的行走、登高之义。"惪"古代写作"惪"（上直下心），《说文解字》解释为："惪，外得于人，内得于己也。从直，从心。"② 是指遵循本心、本性的行为，后人多理解为品行、道德。

"德"是中国传统文化的一个非常重要的概念。在先秦，"德"原本是一个中性的概念。比如说，君子之德与小人之德。这里的

---

① 许慎《说文解字》有："德，升也。从彳，惪声。"段玉裁《说文解字注》："升当作登。……今俗谓用力徒前曰德，古语也。"桂馥《说文义征》："古升、登、陟、得、德五字义皆同。"

② 许慎：《说文解字》，中华书局1963年版，第217页。

"德"字相当于"性"，以致后人有"德性"连用的习惯。后来，大家更趋向于将"德"字作褒义的理解，它大体相当于"善"字。宋代以前，学者大多在现实层面讲"德"，在他们那里，"德"可以区分为个人"私德"和社会"公德"，以及不同地位的人所具有的"德"，如"君德""臣德"和"民德"等。而宋代以后，儒者则重视从义理上去深入挖掘"德"的本原属性，他们把"德"纳入理学体系，与"理""性"等概念相结合，进行本体论和心性论等形上层面的阐发。

《论语》涉及"德"的条目总共有 31 条，这些不同语境中的"德"的含义也都不尽相同，有中性的"德"，也有褒义的"德"。褒义的"德"又可以分为个体层面的"君子之德"，社会层面的"恩德""政德""民德"，以及超越层面的"天德"。

（一）中性的"德"

这一类"德"的数量在《论语》中是很少的，如孔子讲"君子之德风，小人之德草"（《论语·颜渊》），这里的"德"相当于"性"。

（二）褒义的"德"

首先是个体层面的"君子之德"。在其他地方，孔子所讲的"君子之德"是描述君子美好的道德品质，如"君子怀德，小人怀土"（《论语·里仁》）"有德者必有言；有言者不必有德"（《论语·宪问》）等。"君子之德"所包含的内容是非常广泛的，仁、义、礼、智、信是"德"，温、良、恭、俭、让也是"德"，孝、友、悌、恭、敬还是"德"……而《论语》中讲"德"也基本没有特指某种具体的道德品质，而是一个包含各种品质在内的笼统概念，如"德之不修，学之不讲"（《论语·述而》）"志于道，据于德"（《论语·述而》）等，因此，我们在这里把它定性为儒家所崇尚和追求的君子型理想人格，包含上述诸多方面，是儒者修身的内容和所要达成的目的。依据个人成德的程度，可以分为"修德"者和"盛德"者两类。

其次是社会层面的"德"。《宪问》篇讲的是"恩德"："或曰：

'以德报怨，何如？'子曰：'何以报德？以直报怨，以德报德。'"
《为政》篇则主要讲"政德"："子曰：'为政以德，譬如北辰，居其
所而众星共之。'""子曰：'道之以政，齐之以刑，民免而无耻；道
之以德，齐之以礼，有耻且格。'"而"民德"则可见于《学而》篇：
"曾子曰：'慎终，追远，民德归厚矣。'"以及《泰伯》篇："周之
德，其可谓至德也已矣。"

最后是超越层面的"天德"。《述而》篇有云："子曰：'天生德
于予，桓魋其如予何？'"这里的"德"是联结天与人的媒介，因而
修德便成为了实现天人合一最高理想的必由之路。

二　关于"德不孤，必有邻"的几种不同解释

由于孔子所言之"德"有多层含义，而邻字又有邻近、亲附之
义，所以学者在体会孔子"德不孤，必有邻"这句话时，往往从其
中的一个侧面予以解释，因而也就有了不同的解释方向。

（一）从社会层面的"恩德"出发，解"邻"为"回报"

这种理解认为施予别人恩德，一定会得到对方报答。刘向（约公
元前 77—前 6 年）《说苑·复恩篇》认为"德不孤，必有邻"是讲恩
德必报的君臣关系，他说：

> 孔子曰："德不孤，必有邻。"夫施德者贵不德，受恩者尚必
> 报；是故臣劳勤以为君而不求其赏，君持施以牧下而无所德。故
> 《易》曰："劳而不怨，有功而不德，厚之至也。"君臣相与以市
> 道接，君县禄以待之，臣竭力以报之；逮臣有不测之功，则主加
> 之以重赏，如主有超异之恩，则臣必死以复之。①

其中"德"是恩德，"邻"是报答，皇侃（公元 488—545 年）

---

① 刘向：《说苑》，中华书局 1985 年版，第 49 页。

《论语集解义疏》中便列有此说："邻，报也。言德行不孤矣，必为人所报也。故殷仲堪曰：'推诚相与，则殊类可亲，以善接物，物亦皆不忘以善应之。'是以'德不孤焉，必有邻'也。"① 孔颖达（公元574—648年）《周易正义》中则说："敬义立而德不孤者，身有敬义以接于人，则人亦敬义以应之，是德不孤也。"② "敬义立而德不孤"一句出自《周易·文言传》，这里是用《论语》中"恩德必报"的解释，来阐发《文言》中这句话的含义。元代理学家许衡（公元1209—1281年）也采用这个说法："未有我为善而彼以不善报之也。"③ 刘宝楠（公元1791—1855年）《论语正义》也引皇《疏》中"以邻为报"的条目，并署之为"汉人旧谊"，可以看出这一说法在两汉之际颇为流行。

（二）从个体层面的"修德者"出发，解"邻"为"扶持"者

这种理解认为，一个人之所以能成德，一定不是孤立的个别的行为，必定会有道德高尚的人相助左右。《论语》在另一处说："子谓子贱，'君子哉若人！鲁无君子者，斯焉取斯'？"（《论语·公冶长》）是说宓子贱这个人善于尊贤取友，来成就自己的德业，所以孔子叹言如果鲁国无君子，那么子贱"何所取以成此德乎"？④ 以此说明鲁国多贤人君子，所以子贱才能经由他人的帮助修成己德。

因此，皇侃《论语集解义疏》说："人有德者……必有善邻里故也，鲁无君子者，子贱斯焉取斯乎？"⑤ 唐颜师古（公元581—645年）作注时沿用了这一说法，他说："邻，近也。言修德者不独空为之而已，必有近助也。"⑥《四书辨疑》中也有同样的说法："德不孤，必有邻，盖言人之德业不能独成，必有有德者居相邻近辅导之也，

① 何晏集解、皇侃义疏：《论语集解义疏》，中华书局1985年版，第52页。
② 孔颖达：《周易正义》，上海古籍出版社1990年版，第23—24页。
③ 许衡：《许衡集》，中州古籍出版社，第50页。
④ 朱熹：《四书章句集注》，中华书局1983年版，第76页。
⑤ 何晏集解、皇侃义疏：《论语集解义疏》，中华书局1985年版，第52页。
⑥ 颜师古：《汉书》，中华书局1964年版，第2500页。

'鲁无君子者，斯焉取斯'，义与此同。"①

元代戴表元（公元 1244—1310 年）说："乡里之故家遗俗，学校之明师良友，常隐然相与扶持之，或豪杰兴起，或闻见濡染，大抵俱为善人之归，无有有倡而无和者，此之为'德不孤，必有邻'，言其理势自当如此也。"② 明儒许敬庵（公元 1535—1604 年）则从社会交往层面上讲，反对修德而无邻，而要修德且不孤，他说："达则与天下之俊乂，师师济济共赞于朝，穷则与一方之英才，孜孜汲汲交修于野，夫然后可谓之有邻，非此子子以自好者可几耳，虽然君子固有'独立不惧，遯世无闷'者，唯德不修之患，而非孤之患，学者但反己求之。"③ 刘宗周（公元 1578—1645 年）也说："言不孤者，盖自学者修德言，谓不可孤而自足也，必有邻者，转就不孤而言，既不可孤而自足，则亲师取友之功自不容已矣。"④ 讲明这一观点的目的在于强调学者修德不能孤而自足，要重视他人的资益与帮助。

近代辜鸿铭将此种观点引申为："道德价值不是独立存在的，必然有成长的社会基础"⑤，这里的"社会基础"就不单单指个人了，还包括人所处之时代背景、地俗民风等能对人修德造成影响的诸多方面。比如太平之世更易使人修德成功，若处在乱世之中，身世飘零，颠沛流离，温饱尚成问题，又如何顾得上成就德业？这就是说，一个人处在民风优良、人人有德的环境中，成就德业的概率肯定比在民风粗鄙的地方要高得多。

（三）从个体层面的"盛德"者出发，解"邻"为"类从"者

这种理解则认为，有德之人必有类应、类从之人，意思就是道德品质高尚的人，自然会有同类聚集在一起，同时也会引来修德之人的仰慕和学习。桓宽（生卒年不详）在《盐铁论》中说："孔子曰：

---

① 陈天祥：《四书辨疑》，文渊阁四库全书本。
② 戴表元：《剡源文集》卷二十五，文渊阁四库全书本。
③ 许敬庵此言为陆陇其在《四书讲义困勉录》中所引。见陆陇其：《四书讲义困勉录》，文渊阁四库全书本。
④ 刘宗周：《论语学案》卷二，文渊阁四库全书本。
⑤ 辜鸿铭：《辜鸿铭讲论语》，北京理工大学出版社 2013 年版，第 76 页。

'德不孤，必有邻。'故汤兴而伊尹至，不仁者远矣。未有明君在上而乱臣在下也。"① 从君臣关系的角度阐发了这层意思。何晏（公元？—249 年）《论语集解》注云："方以类聚，同志相求，故必有邻，是以不孤"②，所秉持的也是这个观点，其中"方以类聚"出自《周易·系辞上》："方以类聚，物以群分，吉凶生矣。""同志相求"则出自《周易·乾卦·文言传》："同声相应，同气相求，水流湿，火就燥，云从龙，风从虎，圣人作而万物睹。"

邢昺（公元 932—1010 年）《论语注疏》也说："此章勉人修德也，有德则人所慕仰，居不孤，特必有同志相求，与之为邻也。"③ 宋代经学家陈祥道（公元 1053—1093 年）也说："《中孚》言：'鸣鹤在阴，其子和之。'荀卿曰：'木荫则鸟息，醯酸则蚋聚。'此'德不孤，必有邻'之谓也。"④ 游酢（公元 1053—1123 年）也说："敬以直内，义以方外，与德不孤一也，为善者以类应。有朋自远方来，充之至于塞乎天地，皆不孤也。"⑤ 朱熹（公元 1130—1200 年）的观点与何晏、邢昺基本一致，他在《论语集注》中说："邻，犹亲也。德不孤立，必以类应。故有德者，必有其类从之，如居之有邻也。"⑥ 他将"邻"字解作"亲"，表达了同德之人在距离上的亲近关系。张栻（公元 1133—1180 年）也说："如善言之集，良朋之来，皆所谓有邻也。"⑦ 宋人洪咨夔（公元 1176—1236 年）则说："'德不孤，必有邻'，修诸己者无阙，人将观而化慕而来，不期亲而自亲矣。"⑧ 表示"同气相求"也是别人因为仰慕其德行而自发出现的亲近、追随行为，并非有意招致的结果。

冯从吾（公元 1557—1627 年）解释时则引用了陆九渊"圣人同

---

① 桓宽：《盐铁论》，中华书局 1991 年版，第 139 页。

② 何晏集解、皇侃义疏：《论语集解义疏》，中华书局 1985 年版，第 52 页。

③ 邢昺：《论语注疏》，文渊阁四库全书本。

④ 陈祥道：《论语全解》，文渊阁四库全书本。

⑤ 游酢：《游廌山集》，文渊阁四库全书本。

⑥ 朱熹：《四书章句集注》，中华书局 1983 年版，第 74 页。

⑦ 张栻：《癸巳论语解》，中华书局 1985 年版，第 29 页。

⑧ 洪咨夔：《洪氏春秋说》，文渊阁四库全书本。

心同理"的说法：

> 问："德不孤，必有邻。"曰："象山不云乎？'东海有圣人出焉，此心同也，此理同也；西海有圣人出焉，此心同也，此理同也；南海北海有圣人出焉，此心同也，此理同也；千百世之上有圣人出焉，此心同也，此理同也；千百世之下有圣人出焉，此心同也，此理同也。'故曰：'德不孤，必有邻。'虽然，还多一'圣'字耳。"①

说明同德之人因其德性的相类而具有超越时间、空间的感召力，不管距离有多远、相隔多少年，其德性都能与天相通，从而使人实现跨越时空的互相感应，即"声闻则处异而相应，德合则未见而相亲。②"这种观点体现出一种有如"海内存知己，天涯若比邻"的悠远情怀和"四海之内，皆兄弟也"的旷达意境。

黄式三（公元 1789—1862 年）对朱熹的《论语集注》作了更为细致的阐释，他说："《集注》云：'德以类应'，言修德之士互相感召也。后世大儒有躬践仁义可为楷模者，有风鉴人伦可为评定者，有抱残守缺研究古制之因革，辨析习俗之是非而人翕然从之者，尤是古师儒以贤得民，以道得民之遗意也。"③

康有为（公元 1858—1927 年）在《论语注》中则说："邻，犹党也。"④ 把"邻"解释成"党"，带有亲附和蓄意招揽的意味。这种解释，与他所处之时代背景及其政治主张关系甚大。清末政局动荡、各派林立，派系之间斗争非常激烈，康有为在戊戌变法失败后一直坚持走改良和"保皇"的道路，这些经历和主张都体现在他的学术著作中，因此，他将"邻"解作"党"也就不足为奇了。

当代学者在解释"德不孤，必有邻"时，大多采用这一种说法。

---

① 冯从吾：《少墟集》，文渊阁四库全书本。
② 桓宽：《盐铁论》，中华书局 1991 年版，第 139 页。
③ 黄式三：《论语后案》，凤凰出版社 2008 年版，第 101 页。
④ 康有为：《论语注》，中华书局 1984 年版，第 54 页。

如杨伯峻《论语译注》:"有道德的人不会孤单,一定会有志同道合的人来和他做伙伴。"① 赵杏根《论语新解》:"有德者必不孤,必有与之相类者与比邻焉,相从焉。'物以类聚,人以群分',此之谓也。"② 再联系文章开头所给出的现代解释,可以看出,这种理解是自汉迄今关于"德不孤,必有邻"的一种最为主流的说法。

(四)从"君子之德"到"天德",解为"一德立而百善从"

这种理解的意思是,道德品质包含诸多不同的方面,某一种道德不会孤立地存在于一个人身上,必定会有其他品德与之共存。北宋程颐(公元 1033—1107 年)说:"德不孤,必有邻,一德立而百善从之"③"德不孤,必有邻,到德盛后自无窒碍,左右逢其原也"④,意思是"德"包含仁、义、礼、智、信,忠、孝、悌、恕、慈等诸多内容,如果能实现其中一项,那么其他百种德行都将顺势得以实现,待到所有德行集聚一身,即"德盛"之时,便达到"配天地"的"天德"的程度,自然万事皆顺,左右逢源。这个观点把个体层面的"君子之德"与超越层面的"天德"贯通了起来。

朱熹在训解此条时引入了理学中"理"的概念,将程颐的理解阐发得更为明晰,他说:"'德不孤'以理言;'必有邻'以事言。"⑤ 把"德不孤"中的"德"明确定性至"理"所在的超越层面,即《论语》中讲的"天德"。他还说:"德不孤,中德也。中必有邻,夫子之道至今天下宗之,非有邻乎?"⑥ 以孔子之道至今为世人所宗作为例证,把儒家道统的承续看成"理"(德不孤)在"事"(必有邻)上的体现。张栻在《癸巳论语解》中也沿用了程子的说法:"子曰:'德不孤,必有邻。'德立于己,则天下之善斯归之,盖不孤

---

① 杨伯峻:《论语译注》,中华书局 2009 年版,第 40 页。

② 赵杏根:《论语新解》,安徽大学出版社 1999 年版,第 73 页。

③ 程颢、程颐:《二程集》,中华书局 1981 年版,第 371 页。

④ 同上书,第 42 页。

⑤ 黎靖德编:《朱子语类》卷二十七,中华书局 1986 年版,第 707 页。

⑥ 朱熹:《晦庵集》卷四十一,载《朱子全书》第 22 册,上海古籍出版社 2002 年版,第 1869 页。

也。……至于天下归仁，是亦不孤而已矣。"① 元代理学家许衡（公元 1209—1281 年）则说："德不孤，必有邻，处事接物只要于德性上发出，不要气血为主，既是德性上发出，则无不善，此既善则彼善，亦应无所往而非善，德不孤矣。一有不善，于血气上发出，则彼亦动，其血气以不善相应，沦胥于凶祸而不悟也，未有我为善，而彼以不善报之也，感应之理如此。"② 在已发的"事"的层面上，他结合了前文所述"恩德必报"的观点来作说明。

对于这种不同于前人的新的理解，王夫之（公元 1619—1692 年）在《读四书大全说》中有过详尽总结：

> "德不孤"是从原头说起，朱子所谓以理言是也。唯有其理，斯有其事。不然，则古今俱为疑府，如何孔子之门便有许多英材？事既良然，而所以然者不易知也，则唯德之不孤也。至于德之所以不孤，则除是孔子见得亲切，说得如此斩截；不但有上观千古、下观万年识量，而痛痒关心之际，直自血脉分明。'邻'者，"如居之有邻"，偶然相遭而遂合，非有心招致之也。其为德先于天则志动气，其为德后于天则气动志，特不可为无德者道耳。所以《集注》云"故有德者必有其类"。于"德不孤"之下添个"有德者"，《集注》之补帖精密如此类者，自不可粗心看过，方信得有德者必有邻之上，有德本不孤的道理。……
>
> 《论语》中，唯言及德处为不易知。"为政以德"，则"譬如北辰，居其所而众星共之"，此又蓦地说个"德不孤"，皆夫子搬出家藏底珍宝，大段说与人知。知者知其所以然，不知者可以知其必然而已。呜呼，难言之矣!③

他继承了朱熹的观点，将"德不孤，必有邻"一句拆分成前后两个层面来解释，意即"理"的层面——"德本不孤""事"的层

---

① 张栻：《癸巳论语解》，中华书局 1985 年版，第 29 页。
② 许衡：《许衡集》，中州古籍出版社，第 50 页。
③ 王夫之：《读四书大全说》，中华书局 1975 年版，第 259—260 页。

面——"有德者，必有邻"。"理"是"事"的内在根本，"事"是"理"的外在体现。他强调宋儒对"德不孤"的这种解释是一种穷根究底、追本溯源式的形上思考，是要"知其所以然"，就是在前人多探讨"德不孤，必有邻"的个体和社会层面的"用"的含义的基础上，去深入发掘"德为何会不孤""如何才能德不孤"等更为本质的"体"的含义。

唐末宋初，为了对抗日渐强势的佛学，儒家士大夫力图建立起一个囊括宇宙论、本体论、心性论、工夫论的完备的学术体系，以解决先秦及两汉儒学缺乏系统性和思辨性的问题，于是理学应运而生。因此，这种由"事"至"理"的关注层面的转向，是理学家在诠释经典时重视义理阐发、追求形上建构的必然体现。

三 "敬义立而德不孤"与"德不孤，必有邻"的联系

《周易·文言传》中有"君子敬以直内，义以方外，敬义立而德不孤"一句，后世学者，尤其是理学家，在解释《论语》中的"德不孤，必有邻"时，往往把两者结合起来进行阐发。有用《周易》解《论语》的，也有用《论语》解《周易》的。

用《周易》解《论语》，如宋人郑汝谐（公元1126—1205年）在所著《论语意原》中说："子曰：'德不孤，必有邻'，谓之独行无徒者，必非可传可继之行。德者人心所同然，安有德立而无亲近之者乎？敬以直内，义以方外，必以其类应也。"[①] 他用《周易》的"敬以直内，义以方外"解释《论语》中的"有德者必有类应"。朱熹在《朱子语类》中答林熙之时也说："《易·文言》'德不孤'，正是发明'大'字意思。谓德盛者，得之矣。然'与物同'，亦是此意。试玩'敬义立而与物同'之意，当得之，恐不可云只是说与物同也。"[②]

---

① 郑汝谐：《论语意原》，中华书局1985年版，第18页。
② 朱熹：《晦庵集》卷四十九，载《朱子全书》第22册，上海古籍出版社2002年版，第2267页。

用《周易》的"大"来描述《论语》"天德"所达到的"盛"的状态。

用《论语》解《周易》，如孔颖达的《周易正义》："敬义立而德不孤者，身有敬义以接于人，则人亦敬义以应之，是德不孤也。"① 这里是用《论语》中"恩德必报"的解释，来阐发《文言》中"敬义"的含义。又如杨时（公元 1053—1135 年）在《龟山集》中所说："东坡言直方大。云：'既直且方，非大而何？'曰：'直、方，盖所以为大'，然其辞却似不达。孔子云：'敬义立而德不孤'，'德不孤'乃所谓大德不孤，则四海之内皆兄弟之意。夫能使四海之内皆兄弟，此所以为大也。"② 他用《论语》中"有德者必有类从"的说法，来解释《周易》中的"大"字。

这两句话虽然出自不同的经典，但从学者常用它们互相阐发来看，它们在内涵上应该存在一定的联系。《易·文言传》或许为汉代学者读了《论语》之后，受到启发而作。因此，《文言》中"敬义立而德不孤"实际上是扩展了《论语》"德不孤，必有邻"的内涵，它探讨的是"如何做才能德不孤"这一工夫论层面的问题。

理学家们认为，修德包含"敬以直内""义以方外"两个方面的内容，《伊川易传》有云："直，言其正也；方，言其义也。君子主敬以直其内，守义以方其外，敬立而内直，义形而外方。"③ 敬是反求诸己，去往内部探求天理、洞察心性的内求工夫；义则是外制其身，在具体的事上践行儒家伦理道德的实践工夫。

"敬"在《论语》中出现过多次，有表示恭敬之意的"敬不违"，敬畏之意的"敬鬼神而远之"，也有不囿于一义的"居敬而行简""敬而无失""修己以敬"等。将"敬"当成一门修养德性的工夫并加以重视，则是在宋代，是为始于二程、成于朱熹的"主敬"工夫。程颐用"主一""无适"来解释"敬"："所谓敬者，主一之谓敬；

---

① 孔颖达：《周易正义》，上海古籍出版社 1990 年版，第 23—24 页。
② 杨时：《龟山集》，文渊阁四库全书本。
③ 程颢、程颐：《二程集》，中华书局 1981 年版，第 712 页。

所谓一者，无适之谓一。"① 朱熹则说："敬之一字，真圣门之纲领，存养之要法"②，对"敬"的重视不言自明，他还继承并发展了程颐的说法，将"主敬"工夫发散为"主一无适""常惺惺""其心收敛不容一物""整齐严肃"等具体条目，形成了理学自身的"工夫论"体系。"义"被《中庸》解为："义者，宜也"（《礼记·中庸》），指凡事适宜，后人多因《论语》中"君子喻于义，小人喻于利"这一经典命题，而将之与利益的"利"相对，理解为做人应当遵循的伦理道德的总和。

"敬以直内"的对象是心："君子用敬以直内，内谓心也，用此恭敬以直内心"③，"直内"可以看作"正心"，是使心"无纤毫私意，胸中洞然，彻上彻下，表里如一"④。因为它是往内部心上探求的工夫，相较于约束外在具体行为的"义以方外"工夫，具有根本性和首要性⑤，所以程颐说："惟恐不直内，内直则外必方"⑥，朱熹也说："程子以为操之之道，惟在'敬以直内'而已。如今做工夫，却只是这一事最紧要"⑦"'敬以直内'，便能'义以方外'，非是别有个义。敬譬如镜，义便是能照底"⑧，他们都将"敬以直内"看成"义以方外"的根本前提和必要条件。然而，"义以方外"对于修德来说，也是不可或缺的，程颐说："敬只是持己之道，义便知有是有非。顺理而行，是为义也。若只守一个敬，不知集义，却是都无事也。"⑨"敬"与"义"须得两相并行，"敬义夹持，直上达天德自此"⑩。

---

① 程颢、程颐：《二程集》，中华书局 1981 年版，第 169 页。
② 黎靖德编：《朱子语类》卷十二，中华书局 1986 年版，第 210 页。
③ 孔颖达：《周易正义》，上海古籍出版社 1990 年版，第 23—24 页。
④ 黎靖德编：《朱子语类》卷六十九，中华书局 1986 年版，第 1739 页。
⑤ 翟奎凤：《程朱论"敬以直内，义以方外"——兼谈理学对经学的选择性凸显及其自我建构》，《中国哲学史》2013 年第 3 期。
⑥ 程颢、程颐：《二程集》，中华书局 1981 年版，第 185 页。
⑦ 黎靖德编：《朱子语类》卷五十九，中华书局 1986 年版，第 1403 页。
⑧ 同上书，第 1739 页。
⑨ 程颢、程颐：《二程集》，中华书局 1981 年版，第 206 页。
⑩ 同上书，第 78 页。

"敬义既立其德盛矣，不期大而大矣，德不孤也。无所用而不周，无所施而不利。"① 敬、义并立，内外兼修，众德集于己身，是为"德盛"，"德盛"便是"德不孤"。他们还用"不孤"来对应《周易》中坤卦六二爻"直方大，不习无不利"的"大"："《易》中'德不孤'，谓不只一个德，盖内直而外方，内外皆是德，故'不孤'是训爻辞中'大'字。若有敬而无义，有义而无敬，即孤矣。"② 并以此讨论理学中的修养途径和修为次序等"工夫论"方面的问题。"大"是在"内直"与"外方"都实现以后，所达到的德性充盈的状态："今既有敬以涵义之体，又有义以达敬之用，则内外夹持，表里互养。日用之间，莫非天理之流行，德自充满，盛大而不孤矣"③，从这个意义上来看，它与"德不孤"中的"不孤"所体现的"盛"的状态可以等同。因此，为了达到"盛德不孤"的高度，必须按照"自直与方，以至于大"④ 的修为次序、以及"敬以直内"和"义以方外"，缺一不可的修养工夫进行修炼，"有敬而无义不得，有义而无敬亦不得。只一件，便不可行"⑤ "敬而无义，则做出事来必错了。只义而无敬，则无本，何以为义？皆是孤也"⑥，只有"敬义夹持"⑦ "内外兼全，体用俱尽"⑧ 才能"直上达天德"⑨，最终实现成德的目标。

可以看出，"敬义立而德不孤"中的"德"相当于《论语》中的"天德"，而"直方大"的"大"字可以解释为"不孤"所描绘的"盛"的状态，这同《论语》中"一德立而百善从"所最终达到的"德盛"是一致的。至此，"敬义夹持"的"工夫论"便经由《易传》中的"敬义立而德不孤"，与《论语》的"德不孤"联系起来，

---

① 程颢、程颐：《二程集》，中华书局 1981 年版，第 712 页。
② 黎靖德编：《朱子语类》卷二十七，中华书局 1981 年版，第 707 页。
③ 来知德：《周易集注》卷一，上海古籍出版社 1990 年版，第 86 页。
④ 黎靖德编：《朱子语类》卷六十九，中华书局 1986 年版，第 1711 页。
⑤ 同上书，第 1741 页。
⑥ 同上。
⑦ 程颢、程颐：《二程集》，中华书局 1981 年版，第 78 页。
⑧ 吴宽：《家藏集》卷三十六，文渊阁四库全书本。
⑨ 程颢、程颐：《二程集》，中华书局 1981 年版，第 78 页。

实现了依托于儒家经典的理论建构。

四 "德不孤，必有邻"的《论语》
原义探究及其现代价值

宋以前，儒者对"德不孤，必有邻"的关注主要集中在后半部分的"必有邻"上，对于"德不孤"的理解则基本框定在"有德者不孤独"这一具体现实情境中，已经把"有德者"预设为主体。宋及以后，随着理学的兴起，儒者开始留意前朝学者所未曾留意，或者说未加着力的"德不孤"部分，把文句的主体转移到"德"本身，并用以传解经的方法对其展开了义理层面的论证，同时阐发《易传》中"敬义立而德不孤"一句的意涵。那么，以宋为界，对"德不孤"由具体的"以事言"转向抽象的"以理言"的解读路径，是否如陆九渊所说"六经注我"一般，离经典原义越来越远？

实际上，朱熹等理学家虽然重视"德不孤"的"理"的层面的解读，但他们对《易传》中的"敬义立而德不孤"和《论语》中的"德不孤，必有邻"，在主体上作了非常明确的区分。如朱熹在《朱子语类》中就专门列有"德不孤章"，以答问的形式讲述了这种区别，其中说道：

> 《论语》中"德不孤"是"同声相应，同气相求"，吉人为善，便自有吉人相伴，凶德者亦有凶人同之，是"德不孤，必有邻"也。《易》中"德不孤"，谓不只一个德，盖内直而外方，内外皆是德，故"不孤"是训爻辞中"大"字。若有敬而无义，有义而无敬，即孤矣。①
>
> 问："德不孤，必有邻。"曰："此处恐不消得引《易》中来说。《语》所说'德不孤，必有邻'，只云有如此之德，必有如此之类应。如小人不为善，必有不善之人应之。《易》中言'敬

---

① 黎靖德编：《朱子语类》卷二十七，中华书局1981年版，第707页。

以直内'，须用'义以方外'，'义以方外'，须用'敬以直内'。孤，犹偏也。敬义既立，则德不偏孤，言德盛。若引《易》中来说，恐将《论语》所说搅得没理会了。"①

　　在上文中，朱熹说二者"各有所指，不可兼用"②，并在《论语集注》中只列出了他所认为的《论语》中"德不孤"的含义："德不孤立，必以类应。故有德者，必有其类从之，如居之有邻也。"③ 他认为孔子讲"德不孤，必有邻"是落实到具体的人的日常生活情境中，而《易传》说"敬义立而德不孤"是从抽象的修身工夫理论层面来讲。因此，朱熹虽然就着程颐的话头更加深入地思考了《易传》中"敬义立而德不孤"的含义，在讲"德不孤"的时候理事兼言，但他仍然认为《论语》中的"德不孤"应以"有德者"为主体，即解《论语》时还是应该以事为主。

　　蔡清（公元 1453—1508 年）和吕柟（公元 1479—1542 年）也都有类似的说法，蔡清在《四书蒙引》中说："'德不孤'是泛论其理，'必有邻''必'字是实迹也。"④ 吕柟则说："不孤者论其理，有邻者指其事。"⑤ 可见后来的理学家在解释"德不孤"时，大多同朱熹的观点一致，也就是说，他们在解释《论语》的"德不孤，必有邻"时，都主张从"事"上去理解，采用现实层面的前三种说法，而第四种的超越层面的说法则很少提及；解释《易传》"敬义立而德不孤"时，则只从"理"上去阐释，不再像孔颖达那样，将《论语》中"事"的层面与《易传》杂糅在一起。

　　再者，《论语》中讲"德"，无论是个人层面的"君子之德"，还是社会层面的"政德""民德"，都是就现实层次的"事"上讲，涉及形上层次的"天德"则非常少见。因此，探寻"德不孤，必有邻"

① 黎靖德编：《朱子语类》卷二十七，中华书局 1981 年版，第 708 页。
② 朱熹：《晦庵集》卷五十六，载《朱子全书》第 23 册，上海古籍出版社 2002 年版，第 2665 页。
③ 朱熹：《四书章句集注》，中华书局 1983 年版，第 75 页。
④ 蔡清：《四书蒙引》，文渊阁四库全书本。
⑤ 吕柟：《四书因问》，文渊阁四库全书本。

的《论语》原义，只需从前三种"以事言"的理解来入手。那么究竟哪种解释更切近原意？对此，我们不妨结合《论语》原典，同时深入孔子所处之时代背景，来进行一番考察。

第一种解释"恩德必报"是把"德"作"恩德"，"邻"作"报答"，我们可以看到，《论语》中确实有把"德"解作"恩德"的例子，是孔子说要"以直报怨，以德报德"，但是把"邻"解释成"报答"却略显牵强。因为孔子如果想表达"报答"之意，何不直接说"德不孤，必有报"，就像"以德报德"一样，而要换个说法，用"邻"来代指呢？此其一。其二是《论语》中讲"恩德"确实很少，论"德"的 31 条中只有一条是在讲"恩德"，说明这层意思并不是《论语》中"德"的主要含义。所以这个解释不具备太大合理性。

第二种解释是"德不孤，必有邻（助之）"，而第三种解释则是"德不孤，必有邻（应之、从之）"，两者对"德"与"邻"的释义基本一致，"德"都解作"有德者"，"邻"则是"近、亲"的意思，区别在于前者强调周围人和环境对君子成德的帮助，后者则把重点放在个人修德的社会影响上。两个观点也都能在《论语》原文中找到意思相近的说法："必有邻（助之）"见于《公冶长》篇"子谓子贱"章"鲁无君子者，斯焉取斯"；"必有邻（应之、从之）"则可与《宪问》篇"修己以安人"、《学而》篇"有朋自远方来"、《颜渊》篇"四海之内，皆兄弟也"互为印证。那么这两种说法究竟哪一种更接近孔子原意呢？

我们注意到，孔子生活在诸侯争霸、战火纷飞的春秋末年，其时"王道衰，礼义废，政教失，国异政，家殊俗"（《毛诗序》），在这样的时代背景中，他抱持的是一种希冀重振纲常伦理的力挽狂澜的士大夫心态。因此，他提出"德治"的政治观点，希望通过建立伦理道德的价值体系的方式实现"人人有德"的社会理想，使社会恢复良好秩序。可是因为时代的局限，最终他的政治理想和抱负并没有实现。可以想见，这样的一个朝野倾敧的昏乱之世，似乎并不足以使孔子发出"德不孤，必有邻（助之）"的歌颂明治之世所缔结出的高尚民风的感慨，相比之下，他更容易以"德不孤，必有邻（应、从）"

的观点来聊以慰藉，勉励君子虽身处乱世，仍要努力修德。

因此，本文认为第三种解释，即"有德之人不孤独，必有类应、类从之"最为接近孔子本意。

"德不孤，必有邻"作为千古传颂的名句，在现代社会也有重要的道德宣传和教育价值。对领导干部来说，要做到修身养性、以身作则。"为政以德，譬如北辰，居其所而众星共之"（《论语·为政》），只有自身拥有美好的品德，才能对人民群众起到模范带头作用；常怀律己之心、重视自身道德修养，才能让群众受到感召从而紧密团结在周围。而对个人来讲，则是勉励人在日常生活中讲道德、讲原则的时候，不要孤芳自赏，也不要顾影自怜。"古来圣贤皆寂寞"，品德高尚的人在生活中因为知音难觅，而难免有感到寂寞的时候，如果总是自命清高，一味地"关起门来"专注于自我修炼，"各人自扫门前雪，休管他人瓦上霜"，或者因为得不到别人的支持，而对自己的道德行为产生怀疑和沮丧的情绪，都是不可取的。孔子告诉我们，修德之人不孤单，一定有同道中人在身边，他们可以是受到道德感召和教育而走上君子之路的人，比如孔子座下的许多英才，也可以是逐渐聚集在一起的同德之人，不管是哪种方式，都需要主动的接触和宣传，故步只能自封，也违背了孔子"修己以安人""修己以安百姓"的德治思想。

"德不孤，必有邻"的词句看似简单，却蕴含丰富的哲学内涵，不仅有现实层面的含义，也有超越层面的含义。我们在日常生活中要牢记来自两千多年前圣人的教诲，做到现代意义上的"敬以直内，义以方外"，也就是对宇宙、社会、他人和自己都心存敬畏，同时处事有正义感、坚持原则，为共同建设和谐社会贡献自己的力量。

第九讲

"不学礼，无以立"

陈　雄

中国传统的礼文化从上古开始萌芽，历经三皇五帝、唐、虞、夏、商这段萌芽与发展的漫长时期，至西周，以周公"制礼作乐"为标志，传统礼制大体成型，真可谓"郁郁乎文哉"！到了东周时期，社会发生了深刻的变革，周天子的地位逐步下移，愈遭冷漠，用孔子的话讲"君不君""臣不臣"，整个社会呈现出"礼崩乐坏"的混乱局面，孔子为此而担忧，怀着"礼乐人和"的"大同"理想身体力行、周游列国，他的目的很明确——"复礼"，"复礼"的核心是"为国以礼"，映射到社会成员身上就是要学"礼"。《论语·季氏》篇中，孔子教子曰："不学礼，无以立。"但若以现代的目光来看，不学习"礼"就不能够"立"，这又让我们觉得不可思议，那么，孔子为什么说这句话？这句话在当时社会真的成立吗？如果放在当今，这句话还有无价值可言？要理解这句话，首要的工作就是弄清楚名词之"礼"究竟指什么？而动词之"立"究竟又是"立"什么？

一　"礼"的涵义以及"立"的对象

"礼"的涵义有广狭之分："就广义说，凡政教刑法、朝章国典，统统称之为礼；就狭义说，则专指当时各级贵族（天子、诸侯、卿、大夫、士）经常举行的祀享、丧葬、朝觐、军旅、冠昏诸方面的典礼。"① 一般而言，我们所讨论的礼指狭义的层面。即便"狭义"的"礼"亦有本质与表象之分，从本质层面讲，礼有其所要表达的旨向，比如吉礼是表示自己对天地神鬼的敬畏之情，其目的是"事神致福"；凶礼则是表达自己对逝去亲人的依恋之情，同时反映出亲疏差等的血缘关系；我们把与此相关的"礼"的活动所要表达意思称为"礼义"。而从表象上讲，礼又分两个方面：一方面，物质方面，礼必须要有表现"礼义"的载体，比如祭祀要有神主、祭品、祭器等，我们称其为"礼物"；另一方面，礼要有文饰，单是把冷冰冰的礼器放在那里不叫作"礼"，不足以将礼的表象与本质联系起来，其间必须要有一个能动性的"桥梁"，也就是说，人的"揖让周旋"所表现出来的仪容、动作等便是对"礼义"的文饰，我们称其为"礼仪"②。

"礼仪三百，威仪三千"（《礼记·中庸》）可以说是周礼这个文明体系的承载者，它基本反映到了社会生活的方方面面，事无巨细，皆有礼可循。孔子对之加以肯定，《论语·八佾》说："周监于二代，郁郁乎文哉！吾从周。"而且，从《论语·乡党》篇中孔子的仪容动作来看，他对"礼仪"的坚守几乎是无时无刻的。其他如《八佾》篇中子贡想要取消"告朔之饩羊"，孔子说："尔爱其羊，我爱其礼。"再如《阳货》篇中宰我认为三年之丧太久，而且也说出了较为合理的依据，③ 但却遭到了孔子的反对，三年丧制为周代凶礼的核心内容之一，所以孔子选择保留。

不过，我们留意到，孔子之所以坚持三年丧制的出发点不是单纯保守"旧制"，他说："子生三年，然后免于父母之怀。"也就是说，三年丧制缘"情"而立，所以，为父母守丧最初是一种人的情感，是对失去父母的悲伤之情的一种表现，丧礼的本质即在于此。因此，从

---

① 沈文倬：《菿闇文存》，商务印书馆 2006 年版，第 902 页。

② 《先秦礼制研究》之"绪论"部分对"礼意""礼具""礼文""礼物""礼仪"等概念皆有叙述和创见，笔者此处略有发挥。

③ 《论语·阳货》：宰我问："三年之丧。期已久矣。君子三年不为礼，礼必坏。三年不为乐，乐必崩。旧谷既没，新谷既升，钻燧改火，期可已矣。"

另一层面看,孔子也十分重视"礼"的根本,即"礼义"。如《论语·八佾》中林放问"礼之本"时,他说:"大哉问。礼,与其奢也,宁俭;丧,与其易也,宁戚。"凡礼皆应以"尚俭"为本,奢靡的文饰只能是"华而不实",所以孔子舍"奢"而取"俭";而丧礼除了以"尚俭"为本之外则主要表达了对亲人的恋恋不舍,其礼义是因亲人的离去感到忧戚,而不在于丧礼的豪华,所以孔子舍"易"取"戚"。孔子还说:"麻冕,礼也;今也纯,俭,吾从众。拜下,礼也;今拜乎上,泰也;虽违众,吾从下。"(《子罕》)按:麻冕由奢入俭符合礼义,故孔子从之,而拜礼是宗法在礼仪上的映射,体现尊卑有序的礼义,"拜下"("堂下拜",即拜于阼阶之下)正是表示对国君的尊重,现在"拜乎上"不仅是对国君的无视,更是对"宗法"的一种无形的破坏,这显然违背了"礼义",所以孔子选择"违众"。由此看来,孔子认为"礼"绝不仅仅是"玉帛"之类的器物,也不仅仅是"礼仪"之类的文饰,它还包括有"礼"的本质即"礼义"。

通过以上对"礼"的含义的分析我们看到,孔子对"礼"的表里两方面都重视,孔子说:"质胜文则野,文胜质则史,文质彬彬,然后君子。"(《雍也》)我们认为,这便是礼的"中庸",过分注重"礼仪"的文饰而轻视对"礼义"的探索就是"文胜质",懂"礼义"却不注重"礼仪"又不免"野",只有两者恰到好处的配合才是君子的中庸之道,才是真正的"礼"。而我们探讨"立什么"的思路亦在于此:从"表"的层面讲,"立"的对象是"身",不学礼仪则无法立身;从"里"的层面讲,"立"的对象是"德",不学礼义就无法立德;从整体层面讲,"礼"是"礼仪"与"礼义"的统一体,"立"既指"立身"还指"立德",它们具有本质上的同一性。

二 "不学礼"则无以立身—— 礼仪(礼制)之"立"

(一) 礼俗互补、礼缘于俗的自然法性质

从认识和改造世界的过程来看,原初人类的智力水平有限,由于

他们在自然界中极其低下的地位，所以，在不断探索生存方式的过程中，他们选择群居生活，因为这样可以借助集体的力量保护个体。[①]在这样一个集体中，由于自然资源和社会资源有限，必然会激发出人天生的物欲而引起争夺，"礼"的起源即在于此：

> "礼起于何也？曰：人生而有欲，欲而不得则不能无求，求而无度量分界则不能不争，争则乱，乱则穷。先王恶其乱也，故制礼义以分之，以养人之欲、给人之求，使欲必不穷乎物，物必不屈于欲，两者相持而长，是礼之所起也。"（《荀子·礼论》）

由此看来，荀子认为人天生的贪欲会逐渐演变为争乱，"礼之所起"就是为了防止争乱，《礼记·经解》也说："夫礼，禁乱之所由生。"我们认为，原初的人类社会就类似于动物界的狼多肉少的现象，多少含有一些"弱肉强食"的味道，毕竟，人亦是从动物界走出来的。所以，原始社会的人类在相互的争斗中会有一个"选择"的过程，强者战胜弱者、智者战胜愚者，而胜利者就会成为这个群体的首领。而且，部落首领一旦确立之后必定会通过一系列方式来"管理"部落成员，他可能还会让与他关系亲密的人共同参与管理，这种管理主要是对生产生活资料的分配，最集中的体现就是对食物的分配，分配自然不可能完全平均，从某种程度上讲，原始部落酋长的产生就意味着部落内部有一个尊卑次序的产生。实际上，这种尊卑次序的确定就是要防止争乱，礼的最初起源就在于此。

那么推而广之，各个部落之间为争夺有限的领土、资源等也会有战争，战争的结果定然是强者称霸，而强者胜利之后不免将胜败的结果以己尊彼卑的方式确定下来，这便是等级，这种等级观念与血缘观念的融合便是"宗法"的萌芽，这种萌芽逐渐发展久而久之就会成为一种固定的思维方式即习惯，习惯进而会演变为风俗。周公将这些约定俗成的风俗习惯进行规范、整理，使其成为统一的典章规矩，上

---

① 孟德斯鸠指出："人类一有了社会，便立即失掉自身软弱的感觉。"见孟德斯鸠《论法的精神》，商务印书馆 1991 年版，第 5 页。

升为国家的上层建筑,形成了对各阶层社会成员具有约束性的礼仪制度。同时,这些被固定化的典章制度反过来又对社会及社会成员的风俗和习惯产生影响。所以,中国传统礼制的形成有一个漫长的过程,这个过程是自然而然的,是一种"自然法"的建立过程。如此,由习惯到风俗再到礼制,最后由礼制反作用于风俗习惯的过程是一个辩证的发展过程,也就是说,随着礼乐文明的向前迈进,"礼"与"俗"的界限将会变得愈发模糊。

(二) 约定俗成之"礼"对社会成员具有广泛的规范性

约定俗成之"礼"是一个社会共同体的行为规范,虽无"成文法"之名却有"自然法"之实。《诗经·鄘风·相鼠》曰:

> 相鼠有皮,人而无仪,人而无仪,不死何为?相鼠有齿,人而无止,人而无止,不死何俟?相鼠有体,人而无礼,人而无礼,胡不遄死?

这是一首西周时期流行于今河南新乡一带的民歌,虽带有寓言的性质,但却从侧面反映出礼仪规范的深入人心,它所引申出来的含义是,人与动物区别就在于礼的文饰,如果人丢弃了礼,那就连老鼠都不如,连老鼠都不如的人活着还有什么意义?正如《礼记·曲礼》所说:"君子恭敬、撙节、退让,以明礼;鹦鹉能言,不离飞鸟;猩猩能言,不离禽兽;今人而无礼,虽能言,不亦禽兽之心乎?"也就是说,在西周至春秋时期,不懂礼往往被视为禽兽之行,受人非议,知礼与否甚至直接关系到生死存亡:

> 晋师将盟卫侯于鄟泽。赵简子曰:"群臣谁敢盟卫君者?"涉佗、成何曰:"我能盟之。"卫人请执牛耳。成何曰:"卫,吾温、原也,焉得视诸侯?"将歃,涉佗捘卫侯之手。及捥。卫侯怒……乃叛晋。晋人请改盟,弗许。(《左传·定公八年》)
> 反役,晋人讨卫之叛故,曰:"由涉佗、成何。"于是执涉

佗，以求成于卫，卫人不许。晋人遂杀涉佗，成何奔燕。君子曰："此之谓弃礼，必不钧。《诗》曰：'人而无礼，胡不遄死？'涉佗亦遄矣哉！"（《左传·定公十年》）

按，赵简子当为晋国执政大臣，涉佗、成何为晋国大夫。① 卫国虽小，但卫君却是诸侯。依周代宾礼，主持会盟者当为地位高的一方，"执牛耳"之"执"若理解为"主持"则应为卫君"执牛耳"。② 但此二人仗着晋国的大国地位，说："卫，吾温、原也"，将卫国与晋国温、原二县相比实为非礼之言，更为甚者，涉佗在将要饮牲血盟誓之时，竟推挤卫侯的手以致牲血溅到卫君的手腕上，这显然是对卫君以至卫国的侮辱，非礼已甚。两人的非礼之举引起了整个卫国的不满，于是背叛晋国，后不到两年，晋人追究起卫国叛乱的原因，涉佗被处死，成何奔逃燕国，应了上文所引《诗经》中"人而无礼，胡不遄死"之谶。

《左传》中这一事例说明，在春秋时期，非礼之举小则引起人们的非议，大则可能丢掉性命，甚至挑起两国的反目与战争。所以，对于立身而言，确实是"不学礼，无以立"。程颐（公元1033—1107年）解释说："礼者，人之模范，守礼所以立其身也。"（《论语精义》卷四）戴溪（公元1141—1215年）也说："有得于礼则能立身，谓其有持守处也。"（《石鼓论语答问》卷中）按，周代礼制分吉、凶、军、宾、嘉五大类，每一类都有大大小小纷繁的项目，"礼仪三百，威仪三千"便是这些项目的承载者，如前所述，它反映到社会生活的各个方面，事无巨细，皆有礼可循。正如辅广所说："礼有三千三百之目，其序截然而不可乱。"（赵顺孙《论语纂疏》卷八）

换言之，礼仪的设立对社会成员而言就如同一个范本，什么时间

---

① 注本多以涉佗、成何为晋国大夫，如孔颖达《春秋左传注疏》卷五十："涉佗，晋大夫"；湛若水《春秋正传》卷三十五："涉佗、成何，晋大夫"。愚按，涉佗、成何此时并未在晋国朝廷担任重要职务（未见于史料），可能是赵鞅的家臣或谋士（据赵鞅直呼"群臣"），故二人很可能为下大夫或士。

② 郑玄曰："礼，尊者莅牛耳。"孔颖达曰："盟用牛耳，卑者执之，尊者莅之。请执牛耳，请使晋大夫执牛耳。"见《春秋左传注疏》卷五十五。

该做什么、站哪儿、朝哪儿都有规定，穿什么颜色的衣服、走路的姿势等，哪怕是极小、极细微之处也都有规定。比如《论语》中孔子入公门时的"鞠躬如"、不以红紫为亵服，子鱼的"趋而过庭"① 皆是合礼之举。但并不是所有人都能如此的：

> 邾隐公来朝，子贡观焉。邾子执玉高，其容仰；公受玉卑，其容俯。子贡曰："以礼观之，二君者，皆有死亡焉。夫礼，死生存亡之体也，将左右、周旋、进退、俯仰，于是乎取之；朝、祀、丧、戎，于是乎观之。今正月相朝，而皆不度，心已亡矣。嘉事不体，何以能久？"（《左传·定公十五年》）

诚如子贡所说，"礼"是生死存亡的根本，就行为举止而言，什么时候该左、什么时候该右，揖让周旋、俯仰进退皆取法于"礼"；就吉凶军宾而言，朝会、祭祀、丧葬、军事皆从行礼的过程中观其是非。上引材料中，朝聘之礼为天子之礼，诸侯必执玉而朝。（孔颖达《春秋左传注疏》卷五十六）鲁国为邾国的宗主国，依周礼，邾国不能直接朝觐天子而应朝觐鲁君。此事例中邾隐公所行朝聘之礼将玉举得过高，而且仰着头，太过傲慢，与觐礼不合；鲁定公却低头受玉，容貌谦卑，亦与觐礼不合。基于此，子贡说他们"嘉事不体，何以能久"。

（三）礼制的核心是维护宗法血缘的尊卑秩序，保障社会安定

如前所述，"礼"由约定俗成而来，是一个社会共同体的行为规范。古代中国是宗法社会，每个人都是其宗族的成员。一个没有任何宗族身份之人是不被社会认可的。吕思勉先生说："古无所谓国与家也，人类之抟结，族而已矣。"而且，他还分析了宗与族的区别："族但举血统有关系之人，统称为族耳。其中无主从之别也。宗则于亲族之中，奉一人焉以为主……宗又有大小之分。宗法之传于今者，

---

① 见《论语》"乡党""季氏"等篇。

惟周为详。"① 这里面值得注意的就是大宗、小宗之分,这种观念的基础是嫡长子继承制:一个家族,嫡长子一系就是大宗,非嫡长子就是小宗,大宗小宗之间地位悬殊。整个西周社会的上下等级就是由此建构的:周天子对于各地诸侯、诸侯对于大夫、大夫对于士而言,就是大宗;也就是说,天子是天下的大宗、诸侯是方国大宗、大夫是家族的大宗;而周王室、各诸侯公室、各大夫家族内部亦有严格的大宗小宗之分,"君臣、父子、上下,莫不由礼而定其位"(《东坡全集》卷四十),这就叫"等衰":

> 国家之立也,本大而末小,是以能固。故天子建国,诸侯立家,卿置侧室,大夫有贰宗,士有隶,子弟庶人工商各有分亲,皆有等衰,是以民服事其上而下无觊觎。(《左传·桓公二年》)

所以,在那样一个宗法等级森严的社会中,首先要做的就是明确自己的身份,是嫡子还是庶子、是妻还是妾,有没有爵位、爵位是高是低,确定了自己的身份就要知道自己该做什么,不该做什么。与人相处亦有上下次序,自己的一言一行、一举一动皆要符合自己的身份,见比自己高贵的人就要极力表现出自己的卑贱,但如果像前文所举例子中的鲁定公那样接受与自己地位相当(实际上应该是低一等)的诸侯的觐礼时却表现出了谦卑的容貌则是不合礼法的。

同样的事情还发生在郑襄公与晋景公之间:

> 郑伯如晋拜成,子游相,授玉于东楹之东。士贞伯曰:"郑伯其死乎!自弃也已。视流而行速,不安其位,宜不能久。"(《左传·成公六年》)

按,周代宾礼之聘礼有受玉之仪,郑伯当行此仪于东两楹(堂上立柱之间)②,但郑伯却在东楹的东边受玉,显然,襄公此举是对自

---

① 吕思勉:《中国社会史》,上海古籍出版社 2007 年版,第 243、239 页。
② 郑玄说,见孔颖达:《春秋左传注疏》卷二十六。

己的不尊重,并未把自己置于与晋侯对等的位置上,在诸侯的位置上
却不行诸侯之礼,由此招来了士贞伯"不安其位,宜不能久"的非
议。所以,每个宗法社会成员的身份、地位决定了他所行之礼,不合
身份的失礼之举是不被认可的。正因为如此,孔子在获知季氏"八佾
舞于庭"时发出了"是可忍也,孰不可忍也"的感叹。在孔子眼中,
不安其位的非礼之举不仅是对周礼本身的破坏,更是对维系封建社会
上下秩序的宗法制的无形破坏,所以他要"正名",也就是"君君,
臣臣,父父,子子",各安所在之位、各行当行之礼,否则就会走向
"虽有粟,吾得而食诸"的危险境地。①

　　正因为"礼"是维系封建社会宗法秩序的基础,如《左传·隐
公十一年》所谓:"礼,经国家,定社稷,序民人,利后嗣者也。"
所以,从某种程度上讲,礼制是宗法社会意识形态的一种特殊表现方
式。这还不够,先秦典籍对礼的地位进行了提升,如《左传·文公十
五年》载:"礼以顺天,天之道也。"直接将礼说成"天之道",这对
后世的影响不可谓不深。比如明代胡俨(公元 1360—1443 年)说:
"经礼三百,曲礼三千,皆天典……此规矩之能循其常者也,故曰:
'不学礼,无以立'。"(胡俨《颐庵文选》卷上)所以,不论将
"礼"提升多高,其出发点还是为了维护宗法统治、保障社会安定。

　　正如姜广辉先生所说:"礼是为防止人们纷争而制定的,它是宗
族安全、社会稳定的一种保护机制。"② 换言之,在尊卑上下的等级
社会中,知礼、守礼就是维护宗法秩序,反之就会引起争乱,导致社
会动荡,因此,"不学礼"就无法立身。朱熹(公元 1130—1200
年)、吕祖谦(公元 1137—1181 年)解曰:"礼,所以叙人伦而施之
家国者皆有法度以为据依,故能有立也。"(《近思录》卷十一)明代
丘濬(公元 1418—1495 年)也说:"苟无礼焉,则强将恃其力以陵
弱,众将恃其势以暴寡,富将恃其财以吞贫,智将恃其能以欺愚,则
是天下之人皆将惟其势、力、财、能之是恃,而不复知有尊卑上下之

---

① 见《论语》之《颜渊》《子路》篇。
② 姜广辉:《儒学是一种"意义的信仰"——儒家礼仪与礼义关系再认识》,《传统文
化与现代化》1997 年第 3 期。

分矣。"（《大学衍义补》卷三十八）若没有了礼的约束，人便会受本性的驱使，众侵寡、富吞贫、智诳愚，凭借自己的"强"而欺"弱"，又重新回到了如自然界一般"弱肉强食"的混乱局面，所以，天下不可"一日无礼"，人也不可以"一日不学礼"。

三　不学礼则无以立德——礼义之"立"

（一）礼主敬，"敬"即"礼义"

中国古人认识到一个问题，即人性的尊严，每个人活着都要享有属于自己的尊严，古人要解决这个问题，他们给出的方法就是"敬"，以"相互尊敬"为原则来设置礼。古人的思维十分缜密，考虑非常细致讲究、极为周道，每一项礼仪，每一个动作，每一个细节都有规定。现实生活中经常有因为一言不合就大打出手的例子，所以礼的设计就是要防止自己的某一种行为给别人带来了不好的感受而让人觉得自己太过傲慢，这样才能体现出两个人之间的平等。我们总是强调说"人人平等"，殊不知，平等是建立在相互尊敬的基础之上的。"敬"表现于人与人之间就是"让"，也就是恭敬、谦让，所以不敬、不让就是"非礼"，这是不容于社会的。《国语》《左传》中记载了内史过批评晋惠公非礼的事：

> 襄王使召公过及内史过赐晋惠公命，吕甥、郤芮相晋侯不敬，晋侯执玉卑，拜不稽首。内史过归以告王曰："晋不亡，其君必无后，且吕郤将不免。"（《国语·周语上》）
>
> 天王使召武公、内史过赐晋侯命，受玉惰。过归，告王曰："晋侯其无后乎？王赐之命，而惰于受瑞，先自弃也已，其何继之？礼，国之干也；敬，礼之舆也；不敬，则礼不行；礼不行，则上下昏，何以长世？"（《左传·僖公十一年》）

按，宾礼之赐命一般是赐命于朝，只是由于春秋时期周天子的地位下降，所以多数情况下是周天子派大臣到诸侯国去"赐命"。依赐命礼，诸侯接受天子所授的物品当举过"衡"（眉目之间），行稽首礼（拜礼的一种），拜谢时头应着地，[①] 上引材料中吕甥、郤芮这两位晋国大夫辅助晋惠公接受天子赐命时的所作所为显然是不合礼的，这是对天子的不敬，由此引来了内史过的非议。

《礼记》开篇即说："毋不敬"，将"敬"放在整本书的开篇，其重要性可想而知。《论语·为政》篇中孔子说："诗三百，一言以蔽之，曰：'思无邪'。"宋代学者以此类推，认为既然《诗》可以一言以蔽之，那么"礼"是否也可"一言以蔽之"？朱熹引范祖禹（公元1041—1098 年）注曰："经礼三百，曲礼三千，亦可以一言以蔽之，曰：'毋不敬'。"（《四书章句集注·论语集注》）据上，我们可以说，"礼"的本质就是"敬"，具体的礼仪都是以"敬"为原则设立的，换言之，如果"经礼三百，曲礼三千"代表了具体的礼仪制度的话，那么，他们的"礼义"便是"敬"。正是因为"礼主敬"，所以，从"礼义"层面看，"不学礼，无以立"可等价为"不敬，则无以立"。皇侃（公元488—545 年）说："礼主恭俭庄敬，为立身之本，人若不知礼者，无以得立其身于世也。"（《论语集解义疏》卷十）刘宗周（公元1578—1645 年）亦说："立于礼，立于敬也。"（《论语学案》卷四）

（二）"不学礼""不敬"则无以"立德"

孔子认为，君子要"修己以敬"（《论语·宪问》），这里所说的修己当是指《大学》所说的修身，[②] 也就是自身道德的修养。而"敬"又是"仁"的基础，[③]"仁"本身是孔子道德体系中最核心的概念，所以，我们需要对以敬为核心的"礼"与以仁为核心的"德"略作分析。从社会层面讲，"礼"体现在人际交往中，表现为人与人

---

① 见三国吴人韦昭（204—273）《国语注》卷一："礼，执天子器则上衡；稽首，首至地也。"

② 采陈祥道等人说，分别见《论语全解》《论语解》《论孟精义》《论语学案》之卷七、卷七、卷七、卷六。

③ 《论语·颜渊》："樊迟问仁。"子曰："居处恭，执事敬……"

之间的关系，不懂礼便没办法在人际关系中生存，古代是这样，今天也是如此。德可以是自我的，不一定表现出人与人之间的关系，[①] 他强调的是主体，不一定强调对象。而"礼"与"德"相比更具直接性、紧迫性，而且，前面我们提到，"礼"有"自然法"的性质，因此就带有强制性，不论内心有没有道德、情不情愿，在表面上必须这么做。

基于对"礼""德"关系的考量，我们认为，"不学礼，无以立"之"立"可理解为"立德"，扬雄（公元前53—18 年）解释说："礼，体也，人而无礼，焉以为德？"（《扬子法言》卷三）清代惠士奇（公元1671—1741 年）也有类似的解释，他说："忠而无礼则愿也，信而无礼则谅也，愿则愚，谅则贼，不学礼而忠信丧其美也。"（《礼说》卷十四）换句话说，"礼"对"德"具有规范性，离开了"礼"，"德"便不再是原来的那个"德"了，《论语·泰伯》中孔子说：

> 恭而无礼则劳，慎而无礼则葸，勇而无礼则乱，直而无礼则绞。

"恭"即肃敬、谦恭，邢昺（公元932—1010 年）疏曰："劳谓困苦"（《论语注疏》卷八），张栻（公元1133—1180 年）曰："恭而无礼则自为罢劳"（《论语解》卷四），恭敬如果没有节文便会过度，太过恭敬只会增加自己的劳苦，所以"恭"符合礼。"慎"即细致、谨慎，邢《疏》曰："葸，畏惧之貌。"张栻曰："慎而无礼则徒为畏惧。"行事太过谨慎，处处如临深渊，这会错失很多时机，应以"礼"为准则，凡事虽曰三思而行，但如孔子所谓"再，斯可矣"（《论语·公冶长》）。"勇"即胆量、勇气，邢《疏》曰："乱谓逆

---

① 这里要表达的意思是："德"是内在的。不是说"德"就是孤立，孔子说："德不孤，必有邻"（《里仁》），比如它与外在的"礼"就有关系，真正有德的人表现出来的礼才是真实的，但"礼"的要求是这样的，不管你内心怎么样，你表面上一定要符合礼（详后）。

恶。"张栻曰："勇而无礼则流于陵犯。"有胆量固然是好事，但必须合于礼，否则就是妄为，甚至会走向悖逆父、君，这就是罪恶了。"直"即坦率、正直，邢《疏》曰："绞谓绞刺也。"张栻曰："直而无礼则伤于讦切。"我们都喜欢坦诚的人，但是，如果正直太过分，有时就会造成对别人的诋毁。所以，"直"更需要以"礼"为法则。综上，正如钱时（公元1175—1244年）所说："恭、慎、勇、直，皆德也，无礼以节之则未免有弊。"（《融堂四书管见》卷四）美德若不以"礼"节度，就会走向其反面。也就是说，"礼"为忠、信、恭、慎、勇、直这些道德设立了一个能动范围，一旦超出了这个范围便不再是"德"了。

但同时我们也要看到礼、德关系的辩证性，孔子说："仁者爱人。"又说："仁者，人也。"（《礼记·中庸》）又说："为仁由己，而由人乎哉?"（《论语·颜渊》）这意味着许多具体道德的中心是"人"，这就不同于周代的"皇天无亲，惟德是辅"（《尚书·蔡仲之命》）的"以德配天"，孔子在这里赋予"德"以人的主观能动性，是由西周的天命神学向人文主义迈进的一大尝试[1]。前面我们提到，人也是联系"礼义"与"礼仪""礼器"的能动性的"桥梁"，而人的能动性便是"礼"与"德"的相通之处，通俗讲，"德"与"礼"具备"合一"的可能性，这种"可能性"的结点就在于"人"。意识到这一点，孔子十分重视以"礼""德"互补的方式来教化民众。他说：

> 道之以政，齐之以刑，民免而无耻；道之以德，齐之以礼，有耻且格。（《论语·为政》）

"道"即引导、引诱，齐是"齐整"，政治管理如果只是法律和

---

[1] 天命神学发源于上古时期的原始宗教（关于"礼"的起源亦有"宗教说"），到殷商时期发展到了高峰（大量甲骨文的卜辞说明殷人凡事都要向鬼神卜问吉凶），周人虽将"以德配天"引入神学，但并未像孔子那样赋予人以较大的能动性，所以我们说孔子的观点是天命神学向人文主义迈进的一大尝试。

刑罚，那么民众惧怕威严，所谓"上有政策，下有对策"，他们会想出各种巧妙的方法去逃脱、规避罪责，如果这种"对策"被成功运用之后，那么，从心理上讲，他们甚至会觉得自己很高明，此时，哪里还有什么羞耻心可言？当民众再无羞耻之心时，那么反过来，对社会和国家而言，这里便隐藏着更大的威胁，这种威胁不免降临到统治者自身。反过来，如果管理者用道德来教化、引导民众，用礼制来规范、齐整民众，使民众有羞耻之心，让他们自觉规范自己的行为，这样的话，相比于纷繁的强制性措施则更为高明。

那么，具体怎样引导和规范民众呢？孔子的办法就是在上位者的"以身作责"，他说：

> 君子之德，风；小人之德，草；草上之风，必偃。（《颜渊》）
>
> 上好礼，则民莫敢不敬。（《子路》）

在一个宗法血缘的社会，"上行下效"是普遍存在的，在上位者的日常言行对社会成员而言无疑有着教化作用，甚至对于整个社会的风气都有直接或间接的影响，这就如同草上的风一样。所以，如果在上位者能够"好礼"的话，民众必定也能够以"礼"来自律，自然相互亲敬，这便是"礼"的教化作用。

前面我们分别介绍了不学"礼仪"便无法"立身"，不学"礼义"便无法"立德"，而事实上，这两个方面统一于"不学礼，无以立"这句话，对此，刘宝楠（公元 1791—1855 年）的解释甚为精当，他说："恭敬辞让，礼之实也；动容周旋，礼之文也；冠、昏、丧、祭、射、乡、相见，礼之事也。事有宜适，物有节文，学之而德性以定，身世有准，可执可行，无所摇夺，礼之所以主于立也。"（《论语正义》卷九）其实，"立德"本身也就包含有"立身"之意，而"礼义"与"礼仪"本身就是表里的关系，所以，"礼义"与"礼仪"、"立德"与"立身"具有同一性，总之，一句话，起码在西周至春秋时期，"不学礼"的确"无以立"。

四 对当代社会的启示

几千年来,中华民族创造了世界上独一无二未曾间断的文明体系,"礼文化"是这个体系最为核心的部分之一,可以说,中国传统的"礼文化"是中华民族的根干。然而,自近代以来,传统文化遭受了一次又一次毁灭性的打击,时至今日,我们把以前一些好的礼仪都丢掉了。当今的国人如同"无本之木",没有树立起合理的价值观和人生观,而这与一个人的身心素质密切相关。大声说话、不爱排队、乱刻乱画,中国人"礼"的缺失现象比比皆是,近些年来,随着中国游客海外旅游的激增,"失礼"的低素质现象已延伸到了国门之外。因此,提高国人的整体素质已到了刻不容缓的境地,这既是社会主义精神文明建设的迫切任务,也是实现中国梦的内在要求。所以,我们有必要在这里深入谈一下"不学礼,无以立"对于当今社会的借鉴意义。

(一)"礼仪""礼义"不可偏废,避免只重"礼文"的形式主义

我们在第一部分提到,"礼"有"礼仪"也有"礼义",孔子认为此两者不可偏废,"礼仪"如果不能正确表达"礼义",只会流于形式化,不仅无益,反而不免劳民伤财。举例来说,比如隋朝的"搜狩"之礼,隋文帝尚俭倡约,未闻其有"蒐狩"之举,其子杨广则喜好奢靡淫侈、追逐虚名浮华,其所行搜狩之礼绝不亚于汉武、魏文,其间虽有合礼的成分,但总体讲:炀帝之有"蒐狩"倒不如文帝干脆不行! 诚如孟子说:"以若所为求若所欲,尽心力而为之,后必有灾"(《孟子·梁惠王上》),历史上夏桀、殷纣、周幽……隋炀帝等,皆是其例。这些人都难逃"贪欲"二字。欲望人人都有,关键是对欲望必须要有节制。

当今中国社会中,不择手段、无视底线、唯利是图、欲壑难填的事例随处可见,见怪不怪。这就需要我们的各级主管部门有应对的措施。

孔子说："礼云礼云，玉帛云乎哉？乐云乐云，钟鼓云乎哉？"（《论语·阳货》）其引申含义是：不要只讲形式，要实事求是。当今中国的形式化问题严重，最明显的就是教育。国内大部分高校以学生发表论文的级别和数量作为学生素质的核心评价体系。以这种评价体系得出的是一个个数据，这些数据成了学生评优、评奖、升学的决定性因素。但问题是，这一个个具体的数字就能代表每个学生的素质吗？这种量化和数据化的评价直接导致了整个中国学术界的浮躁风气。所以，当今中国的教育界必须要有一剂猛药来定心。

（二）传统礼仪规范中的部分内容对当今社会具有借鉴意义

我们在前面已经谈到，"礼"的设置是为了对人的贪欲起到节制作用，防止人们因天生的贪欲而相互争夺最终导致社会动乱。在古代，由于礼的最初渊源是"约定俗成""俗而为礼"，具有"自然法"的性质，因此对社会成员具有广泛的规范作用，具有"强制性"。当今我们国家具有强制性的意识形态就是法律法规，但要知道，法律是不可能面面俱到的，比如人们的行为规范，世界上没有哪个国家把"有序排队""文明用语""举止端庄"列入法律，然而此类问题在当代中国已经相当严重。中国古代除了刑罚之外还有礼仪规范，中国古代的教育从小就训练人们懂"礼"，其目的就是让人们习惯成自然，孔子说他七十岁时"从心所欲不逾矩"，如果从"礼"的方面来理解这句话，可以这样讲：长期的"守礼""行礼"就会养成一种习惯，久而久之就会达到一种"不逾矩"的自然而然的境界。日本人对传统的"礼"还有保留，他们所遵守的基本上是中国唐代以前的古礼，最简单、最明显的，如果到日本朋友家里做客，他能给你鞠躬多次，在那种情况之下，作为"礼仪之邦"的我们反倒觉得不自在，也连连鞠躬还礼，总之，我们在和日本人交往时总能感觉到对方的彬彬有礼，为什么是这样，他们对下一代的教育就是沿用中国古代的教育之方，懂礼的习惯是长期养成的。

所以，传统礼仪的价值有待我们去发掘，其中有很多并不是糟粕，比如古代关于"尊老""尊师""相见"之礼皆有现代价值，我们要做的就是把它们重新拾起,以期对社会的安定有序起到维护作用。此外,由于"礼"的规范性,它对社会成员的思想、情感等就会有一定的引导作用,无形中加强了中华民族的凝聚力。举例来讲,比如古礼中的"吉礼",祭祀这种行为本身虽没有什么现代价值可言,但当人们在春节、清明、中元等特定的节日共同祭祀自己的祖先,尤其是来自世界各地的华人华侨共祭中华民族的始祖黄帝之时,这便体现出一种凝聚力。

(三)"礼"的道德教化作用至今仍有实践意义

前面我们还谈道,古代以"敬"为基础的"礼"的设置,是为了照顾到每个人的尊严,在这方面仅仅靠法律是不行的。我们讲中华民族的复兴,不只是讲经济的增长,说到底,是要让中国人都能够有尊严的活着,有尊严的立足于社会。只有每个人有自己的尊严才能够树立起民族的自信心、增强民族的凝聚力。而一个民族只有具备了强大的凝聚力才有可能兴旺不衰。

在前面我们还谈道,"不学礼"则无以"立德"。古人从小就被灌输"礼"的教育,这在无形中起到了道德教化的作用。"礼"的习惯的养成过程同时也是一个道德培育的过程。回观当今社会,已经接受过初等和中等教育的学生,在道德礼仪方面依然是那么不堪。真实的情况是:他们接受了十多年的教育却连一些基本的道德都没能够培养起来。我们一直在提倡素质教育,多年来的结果却又着实令人可悲,根本原因就在于从小忽视了最本质东西的树立!

我们对下一代的教育,从小就是怀着一种"成才"的心理,而不是一种"成人"的观念,只注重对他们的学习和各项才能的培养,让他们补课、学舞、练琴、画画等,把他们的时间安排得严严实实,留不出多少自由的时间,这些才能虽也是重要的但却不是首要的。道德的和"成人"的教育,应该放在基础性的地位(这也不能怪诸位家长,大的政治、教育环境造就了这一切)。我们认为,礼的道德教化的功能对于提高社会成员的思想素质无疑有着促进作用,因此,应当从小学就开设一些关于中国古代礼文化的课程,讲古礼的"仪"

（古代礼仪规范中的合理成分）与"义"（古代礼义道德的精华），以求对学生们的身心达到潜移默化的引导作用，这才是"成人"的素质教育。

（四）以今之"德"制今之"礼"："礼""德""法"三位一体，互补互依

前面我们提到以"法律"对人们的欲望和行为进行节制和规范的片面性，中国古人早就意识到了"刑法"的缺陷，所以设置了"礼制"对其进行补充。而且，从"礼义""礼仪"的总体上看，中国古代礼制最突出的特点就是其道德性，甚至可以说，中国传统的礼制正是伦理道德在具体行为准则上面的落实，而且，基于伦理道德的礼制与法律的关系是互补的，以礼制法，以法护礼是中国传统社会的最为显著的特点，如《唐律疏议》《宋刑统》《大明律》《大清律》皆是如此。孔子以道德和礼仪引导、管理民众的方法虽未被后世的统治者全盘接纳，但古代中国德、礼、法三位一体的上层建筑自有其合理性，那么，落实到当前，传统礼制对于当今中国的最大价值莫过于此。

我们的看法是：重新制定一整套符合中国国情的礼仪规范。我们的依据是：礼的因循普遍存在。孔子说："殷因于夏礼，所损益，可知也；周因于殷礼，所损益，可知也。其或继周者，虽百世，可知也。"（《论语·为政》）的确，五四以来的中国发生了天翻地覆式的变化，传统礼制的基础——血缘宗法制已被打破，但是，传统的伦理道德并不能全盘废弃。诸如"男尊女卑""三从四德"之类当然要废弃，但"父子有亲""朋友有信""仁义礼智信"之类的道德准则仍有存在的必要。

换言之，古代有古代的道德准则，但不是说今天就没有今天的道德规范，我们何不以当今中国之道德规范制定符合中国当前国情的"礼仪规范"，礼法互补呢？当然"制礼"过程绝非易事，没有深厚的哲学、历史学、伦理学、礼学基础，没有一个强大的学术团队，没有社会、政治力量的支持作后盾，恐怕是极难完成的！

第 十 讲

"吾其为东周乎"与"吾从周"

张子峻

孔子之政治取向，最为鲜明地呈现于《春秋》一书。解释《春秋》的主要有《春秋左氏传》《春秋穀梁传》《春秋公羊传》三派。汉代公羊学派有"黜周王鲁"之说，历代学者对于此说多有争讼。"黜周"，抑或"宗周"，遂成为学术史上的一段公案，从汉代一直争论至今。若能从《春秋》经传的视域中跳出，此一问题或可以得其确论。爬梳文献，可知《论语》"吾其为东周""吾从周"的诠释史上，亦有此争论。究其争论的焦点，大致有两点：（一）"吾其为东周乎"一语，孔子是否表达了"黜周王鲁"之意；（二）"吾从周"又是否表达了"宗周"之意。围绕这两个问题，诠释者发表了不同的观点。探析文本，《论语》为孔子与门人对答之辑录，最能反映孔子真实思想，从《论语》本文来检视孔子的政治取向，更有典据意义上的说服力。本讲立足历代《论语》研究之诠释史，对"吾其为东周乎""吾从周"加以梳理，又撷拾于他经，在经典互证的基础上，突破"以经证经"的诠释传统，试图以史、子、集证经，以期实现经、史、子、集间的对话，以求孔子所言之本意，解决孔子宗周，抑或黜周的经学问题。

一 《论语》"公山弗扰"章歧解：
"宗周"与"黜周"

"吾其为东周"出自《论语·阳货》篇："公山弗扰以费畔，

召，子欲往。子路不悦，曰：'末之也已，何必公山氏之之也。'子曰：'夫召我者，而岂徒哉？如有用我者，吾其为东周乎？'"这是"公山弗扰"全章的文字。本章大意是：费邑宰公山弗扰是季氏家臣，发动叛乱，想召孔子过去，孔子也打算去，但门人子路表示反对，孔子做了解释以答复子路。

公山弗扰即《左传》中的公山不狃。依《左传》，公山氏于鲁定公十二年叛乱，其时孔子任鲁大司寇，且下令讨伐之，公山氏以叛臣身份召朝臣，不知其目的何在，也不知孔子为何欲从其召。因此，孔子所说"吾其为东周乎"一句，才引发了历代儒者众说纷纭的诠释，分歧主要在于对"东周""其""乎"等字的解释，大致形成了两类意见：宗周说与黜周说。

（一）宗周说

"吾其为东周乎"的"为"字解释较一致，大体与"为国以礼"（《论语·先进》）"为政以德"（《论语·为政》）的"为"字同义，是治理之意。争论点在"其""乎"的不同训释。

"其"字有两种意见。一种认为"其"与"乎"字是照应关系，"乎"字表反问、质疑之意。宋人孙奕说："乎，反辞也。言公山氏如用孔子，则必兴起西周之盛，而肯复为东周之衰乎？"[1] 以致宋人陈天祥（公元 1230—1316 年）释"其"为"岂"，以此反问，此则暗示：

> 凡其召我者，岂虚召哉！必将听信我言，用我之道耳。譬如今此东方诸国，有能信用我者，我必正其上下之分，使之西向宗周而已，我岂与之相党，别更立一东周乎？[2]

这样看来，"为东周"实是"不为东周"，即不另立一东周。依陈氏之意，两周代表截然相反的政治环境，"东周"上下之分混乱，

---

① 孙奕：《履斋示儿编》卷六，中华书局 1985 年版，第 52 页。
② 陈天祥：《四书辨疑》卷八，文渊阁四库全书第 202 册，第 442 页。

不为东周即欲正其名分,使"西向宗周",进而复归西周之序,表达出"宗周"之意。对于"东周"的解释,朱彝尊(公元 1629—1709年)认为:"周平王,东周之始王也。"① 显然,东周已区别于西周。程树德(公元 1877—1944 年)也认同此观点,他说:"东周句指衰周,吾其为东周乎,是言不为衰周也。"② 在这里,"东周"一词,具有后世历史分期意义,其以平王迁都洛邑为标志。但这种时代分期观是"后司马迁时代"才有的③。故孔子所说"东周",非历史分期意义而言。

细析文献,孔子说召我者"岂徒哉",这透露出孔子欲有所作为,故说"有用我者,吾其为东周乎"。从语义分析看,《论语》本章以一设问,意指如我得用,则必定有所为,"吾其为东周乎"即表达了有为之意。若以"东周"为"衰周",孔子不治衰周,显与历史事实相去甚远。况且,其时周室虽微弱,但周祚尚在,自名分论,孔子也断不会出此语。究其原因,乃后世学者将孔子所云之"东周",混淆为历史分期之"东周",其意也就差之毫厘,谬以千里。

但陈天祥解不为"东周",实际是说"西向宗周",孔子之所以最终不应公山氏之召,正在于孔子欲复兴周室,故不与东周之乱臣"相党",更非"更立一东周",这实际是"宗周"之意。

(二)黜周说

元人刘因(公元 1249—1293 年)提出相反的意见。他说:"吾其为东周乎,'其'字、'乎'字只是闲字,与'吴其为沼乎'同,不当作不为东周之事说。"④ 他认为"其""乎"二字,与"吴其为沼乎"类似,并无实意。那么,"吾其为东周乎"实质表达孔子欲"为东周"。在这里,"其""乎"为陈述语气。从语境分析,孔子先以"岂徒哉"反问子路,那个召我去的人,难道只是白白召我去吗?

---

① 朱彝尊:《经义考》卷一百七十三,中华书局 1998 年版,第 895 页。
② 程树德:《论语集释》,中华书局 1990 年版,第 1196 页。
③ 李纪祥:《从宗周到成周:孔子与司马迁的周史观》,《历史研究》2014 年第 2 期。
④ 刘因:《四书集义精要》卷二十四,文渊阁四库全书第 202 册,第 294 页。

言下之意，断非如此，他必有所作为。因此，后文"吾其为东周乎"，则是孔子所欲有为的内容，即"为东周""兴周"。

那么，这里的"东周"到底所指何意呢？刘因虽是元人，且为亡金遗民，但就其学术渊源来看，实是朱子后学，或许可在朱熹（公元1130—1200 年）的诠释中找到答案。翻检文献，《论语集注》说："'为东周'，言兴周道于东方。"①《论语集注大全》又补"东鲁"二字。朱注所本乃何晏（公元？—249 年）成说，何氏注："兴周道于东方，故曰东周。"梁皇侃（公元488—545 年）疏解何氏注说："鲁在东，周在西，云东周者，欲于鲁而兴周道，故云'吾其为东周也'。一云：'周室东迁洛邑，故曰东周。'王弼曰：'言如能用我者，不择地而兴周室也。'"②宋邢昺（公元932—1010 年）疏从何《注》皇《疏》："如有用我道者，我则兴周道于东方，其使鲁为东周乎，吾是以不择地而欲往也。"③

何晏注"东周"以孔子所待治之地在周朝的东方，故曰"东周"，而皇侃所引三说，第一说其根于何注，意较何注更进一步，指明孔子兴周道在鲁，此说近于公羊学家的"王鲁说"，且为后儒所接受，如清儒惠栋（公元1697—1758 年）就指明："'吾其为东周乎'，何晏注云：'兴周道于东方，故曰东周。'此与《公羊》黜周王鲁之说合。"④第二说从具体地理意义上而言，其意最浅。第三说王弼"不择地"之说，大概最得孔子之意，但是否合本章文意⑤，"兴周室"又是否合孔子本意，则需斟酌。

---

① 朱熹：《四书章句集注》，《朱子全书》第 6 册，上海古籍出版社；安徽教育出版社2002 年版，第 178 页。

② 何晏注、皇侃疏：《论语集解义疏》卷九，商务印书馆 1936 年版，第 243 页。

③ 何晏注、邢昺疏：《论语注疏》，北京大学出版社 2000 年版，第 234 页。

④ 惠栋：《九经古义》卷十六，文渊阁四库全书第 191 册，第 500 页。

⑤ "不择地"之说大概最得孔子本意，原因在于，孔子周游列国，往来天下，于南子则见之，佛肸、公山召则欲往，耳顺之年尚欲远游楚国，可见其欲得行道之行迫切，真不择地。但以"不择地"释"东周"，则不合文意。贺卓君认为，"东周"只是泛指言，"东周"就如俗语"西施捧心，东施效颦"一样，"东"与"西"只是便于区别而意指不同的两人，非真有西施、东施，但回到本章，这里并未出现"东"与"西"、"南"与"北"的相对应的词语。因此，这里的"东"应当还是特指方位而言。见贺卓君《释"如有用我者，吾其为东周乎"》，《史学月刊》1980 年第 11 期。

历史上,公羊家的"王鲁"说即同"黜周"之意,在理学家那里,亦有类似议论。张载(公元1020—1077年)曾说:"仲尼生于周,从周礼,故公旦法坏,梦寐不忘为东周之意,使其继周而王,则损益可知矣。吾其为东周乎,兴周公之治也。"①"继周而王"实际就是"黜周"之意,所兴之者,非周室,而是"兴周公之治"。朱熹论"公山弗扰"章,也认为"为东周"当从齐、鲁做起,然而齐、鲁兴,如何对待周室与鲁,朱熹认为:"这般处难说,只看挨到临时事势如何。若使天命人心有个响合处,也自不由圣人了,使周家修其礼物作宾于王家。"②可见,朱熹也认同"兴周道于东方",其深意暗含有取代周祚的可能。若鲁能兴周道,则继周统,周室只能"作宾于王家","王家"就指新王,而周则退为"国宾"。明儒蔡清(公元1453—1508年)认为丰镐在西,鲁国在东,"使孔子用于鲁,则周道其东矣。言使鲁为东周也"。何为"东周"呢?蔡氏说:"毕竟是鲁,然兴之者孔子也。"③鲁为东周,意即鲁继周之道统。继周道而兴邦,即继周以德取邦、以德治邦的政治理念,以"大德必受命"(《中庸》)的儒家政治伦理传统而言,显见,周室是定要退出天下共主之位。无怪乎惠栋评何注,近于公羊家"黜周王鲁"说。同时,清儒牛震运(公元1706—1758年)就认为"为东周"是"兼兴周道、继周统言之"④,"继周统"实质即"黜周"之说。

特需注意,张载以"使"字为假设,而非实指;朱熹认为"作宾于王家"关乎时势,系于"天命人心"。这即说,张载、朱熹皆认为,孔子本人并不黜周,而是宗周,但现实之"时""势"的变化,却不是孔子可以主导的。

张载是理学的奠基人之一,朱熹是理学的集大成者,二人都认为"为东周"有使周室被取代的可能,今人亦有此类猜测⑤。这与孔子

① 朱熹:《论孟精义》卷九上,《朱子全书》第7册,第572页。
② 黎靖德编:《朱子语类》卷四十七,《朱子全书》第15册,第1627页。
③ 蔡清:《四书蒙引》卷八,文渊阁四库全书第206册,第369页。
④ 牛震运:《论语随笔》卷十七,嘉庆四年空山堂刊本,第6页。
⑤ 林义正:《孔子晚年心志蠡测——并为〈莫春篇〉作一新解》,《周易研究》2003年第1期。

一贯尊奉周礼，强调"名分"，存在巨大出入，孔子作《春秋》，在于以微言阐发名分大义，以反对春秋中晚期的子杀父、臣弑君的政治现状。若孔子本人提出"黜周王鲁"，岂不与孔子之旨趣肝胆楚越吗？基于此，我们有必要对"黜周王鲁说"这一理论进行历史性梳理。

二　"王鲁黜周说"辨析

"王鲁黜周说"最早见于汉代经师，实质上，经师把这种理论的渊源溯及先秦儒经。通过阐发《春秋》经旨，建构了一个由"《春秋》当新王"到"王鲁说"的动态过程。因此，欲明此说，须首先对"《春秋》当新王"进行检视。

（一）由"《春秋》当新王"到"王鲁说"

历史地看，"王鲁说"产生于《春秋》新王说，《春秋》新王说源于对《孟子》的发挥。《孟子·滕文公下》载："世道衰微，邪说暴行有作，臣弑其君者有之，子弑其父者有之。孔子惧，作《春秋》。"孟子认为，有鉴于乱臣贼子横行，孔子作《春秋》，寓褒贬于其中。但据儒家仪法，"非天子，不议礼，不制度，不考文"（《中庸》），针砭乱臣贼子，是天子之权，孔子"虽有其德，苟无其位，亦不敢作礼乐焉"，只得修（孟子曰"作"）《春秋》，以《春秋》褒贬代行王之法，回应失序的政治现实。故司马迁说："故因史记作《春秋》，以当王法。"[1]"以当王法"的"当"字，即充任、担任之意。这就是《春秋》当新王的理论来源。

"《春秋》当新王"是"王鲁说"的理论根据。周室虽有其位但实失其势，已不能发挥天子的权威，以致天下大乱。而《春秋》之微言大义则如同一新王，能够"寓褒贬，别善恶"，如用"弑""诛""篡"等字，以见褒贬，发挥了"天子"的作用。但《春秋》只是书

---

① 司马迁：《史记》卷一百二十一，中华书局 2012 年版，第 3115 页。

册，并非真实的国、人，故必须托之于国、人，加之《春秋》以鲁十二公为线索，这就产生了王鲁说。汉董仲舒（公元前 179—前 104 年）说："《春秋》应天作新王之事，时正黑统。王鲁，尚黑，黜夏，亲周，故宋。"[1] 董仲舒"黜夏，亲周，故宋"即"三统说"。所谓"三统"，即"天子存二代之后"（《礼记·郊特牲》），新王朝自觉地存前二王朝之后，以周为例，周朝建立，存夏、商之后，夏之后为杞，殷商之后为宋。若鲁国取代周室，"三统"就变为"商""周""鲁"，"夏"则退出三统系统，即所谓"黜夏，亲周，故宋"，这里的"亲"，即"新"之意，这就是"王鲁说"。鲁尚黑，周尚赤，实是改正朔，易服色，董仲舒《三代改制质文篇》云：

> 汤受命而王，应天变夏作殷号，时正白统。亲夏故虞，绌唐谓之帝尧，以神农为赤帝。……文王受命而王，应天变殷作周号，时正赤统。亲殷故夏，绌虞谓之帝舜，以轩辕为黄帝，推神农以为九皇。[2]

据董仲舒之说，作下表：

三统序列变化表（每列由左及右）		
列1	唐（尧）	虞（舜）	夏（禹）
列2	虞（舜）	夏（禹）	商殷（汤）
列3	夏（禹）	商殷（汤）	周（文王）
列4	商殷（汤）	周（文王）	鲁

依董仲舒之意，周王天下时（参看上表列 3），三统当是夏、商、周；而《春秋》当新王时（参看上表列 4），则三统应为商、周、《春秋》之王，显然，他认为《春秋》之王要取代周祚，而夏则退出

---

① 董仲舒：《春秋繁露·三代改制质文》第二十三，中华书局 2012 年版，第 229 页。
② 同上书，第 227 页。

三统的循环序列。董仲舒说："故曰绌夏存周，以《春秋》当新王不以侯。"① 何休说："孔子以《春秋》当新王，上黜杞，下新周而故宋。"（《春秋公羊传解诂》卷十六）董仲舒说"存周"，何休说"新周"，实同刘逢禄（公元 1776—1829 年）"黜周"说，即周室失去了王者地位。

（二）辨"黜周王鲁说"

那么，当如何理解"黜周王鲁"？从语意上看，认为"王鲁"即鲁国为天下共主吗？东汉经学家何休解释说："《春秋》托王于鲁，因假以见王法"。（《春秋公羊解诂·成公二年》后引同此书）又，"《春秋》假行事以见王法"。（庄公十年）"《春秋》王鲁，……亦因都以见王义。"（宣公十五年）"假"即"借"意。何氏之意显然清楚明白，《春秋》所以有王鲁之意，乃假借之以见王之法。可知，依何休之意，《春秋》王鲁说，并非在现实层面而言，只是诠释孔子作《春秋》之微言大义，其如为王之立法而已。唐孔颖达（公元 574—648 年）在答黜周王鲁时认为，鲁用周历（"周正"），是"鲁事周"之意，《春秋》中仍称周室为"王"、诸侯为公侯，名号未变，若其黜周王鲁，则"鲁宜称王，周宜称公"，而《春秋》称"周王而鲁公"，知无黜周王鲁之意。因此，孔子作《春秋》本欲兴周，并非黜周②。清人刘逢禄也认为《春秋》以周王号令甚多，书中所引年号，"仍系于周"，又"挫强扶弱，常系于二伯"，故"何尝真黜周哉？"③ 同时，鲁十二公僭越悖乱，"皆在诛绝之列"，如何当王？④ 刘氏是清代今文学家，主黜周说，何故有一番与公羊学家法看似抵牾的话呢？

---

① 董仲舒：《春秋繁露·三代改制质文》第二十三，中华书局 2012 年版，第 227 页。

② 左丘明传、杜预注、孔颖达疏：《春秋左传正义·序》，北京大学出版社 1999 年版，第 29 页。

③ 皮锡瑞：《经学通论》，中华书局 1998 年版，第 22 页。

④ "桓宣之弑君宜诛，昭之出奔宜绝，定之盗国宜绝，隐之获归宜绝，庄之通仇外淫灭同姓宜绝，闵之见弑宜绝，僖之僭王礼、纵季姬、祸郎子，文之逆祀丧娶不奉朔，成襄之盗天牲，哀之获诸侯、虚中国以事强吴，均宜绝。"曾亦：《内外与夷夏——古代思想中的"中国"观念及其演变》，《原道》第 17 辑，第 116 页。

原来，《春秋》三传本是圣人"立法垂教"之书，鲁已僭越，本是"大恶"，"王鲁"说仅托名而已。我们还可从皮锡瑞（公元1850—1908年）的解释得到启示，皮氏认为，鲁隐公非"受命"，但"《春秋》始于隐"，哀公也不曾"致太平"，但"《春秋》终于哀"，托名二人实现这一目标，这样，尽管《春秋》未载"鲁为王"，儒者"据鲁史成文以推其义"则称"王鲁"。如同孔子"修"《春秋》，本是王者之事，而孔子为之，后儒"据《春秋》立一王之法以推其义，则曰'素王'"[1]。但孔子并不"王鲁"，更非欲作"素王"，这些说法是后儒的诠解与发明，所谓变法改制，亦即"损益四代"而已[2]。欧阳修（公元1007—1072年）认为《春秋》不仅不黜周，还是"正统"之说的肇始之书，他鲜明地指出：

> 仲尼以为周平虽始衰之王，而正统在周也，乃作《春秋》。自平王以下，常以推尊周室，明正统之所在，故书王以加正月，而绳诸侯。王人虽微，必加于上；诸侯虽大，不与专封。……而后之学者，不晓其旨，遂曰黜周而王鲁，……殊不知圣人之意在于尊周，以周之正而统诸侯也。至秦之帝，自为五胜之说。汉兴诸儒，既不明《春秋》正统之旨，又习秦世不经之说，乃欲尊汉而黜秦，无所据依，遂为三统五运之论，诋秦为闰而黜之。夫汉所以有天下者，以至公大义而起也。[3]

欧阳修从两个层面剖析了"黜周王鲁说"的谬误。其一，黜周王鲁是对《春秋》的误读和成说的盲从，所引例证，实是杜预（公元222—285年）、孔颖达之成说，兹不赘述。其二，作为一位严肃的史学家，他对"黜周王鲁说"产生的历史背景加以剖析，认为此一学说立足于"尊汉"，但无所据依，于是诉诸神学，"遂为三统五运之论"，孔子本无"黜周王鲁"之意，汉朝政权获得的合法手段只"至

---

① 转引自蒋庆《公羊学引论》，辽宁教育出版社1995年版，第104页。
② 皮锡瑞：《经学通论》，中华书局1998年版，第12页。
③ 欧阳修：《原正统论》，《欧阳修全集》，中华书局2001年版，第276—277页。

公"而已。

显而易见，汉儒的问题意识所及，是立意解决政权继承的合法性问题。汉统受命，本是汉立国初期政治思想的重要内容。汉景帝（公元前187—前141年）年间，黄生与辕固生关于"汤武革命"定性为"弑"还是"诛"的大讨论①，实质是"为汉制作"的缩影，以明君主统治的正当性。因此，汉儒为证明刘氏的统治合法性，即以三统五德终始之说为佐证，黜周王鲁就在此历史循环的序列之中，这一点，前文论析董氏学说已经论及。

细研历史，孔子从无废黜周室之意，他周游天下，游说诸侯，正是为了复兴周道，匡扶周室。以至"环车接淅，席不暇煖"，"于南子、阳货则见，于佛肸、公山则欲往""吾其为东周乎"是其"汲汲于行道"的表现②。元人朱公迁说此是："圣贤行道之心"③。明儒高拱（公元1513—1578年）认为"为东周"，是孔子"欲见诸行事"，明确认为"为东周"是"行周公之道以兴东周之治"，并非"于文武之政之外别立一代之制。④"《日讲四书解义》更是开宗明义说"吾其为东周乎"章"见孔子有振鲁兴周之意"，孔子欲应公山氏，是"为鲁也"，非为公山弗扰。如孔子得行其道，"必以政在大夫者"，还政诸侯，"政在诸侯者"，还政天子⑤。

那么，据《孟子》阐发出来的"《春秋》新王说"，当如何理解呢？察孟子之意，面临礼崩乐坏的政治现实，其意乃欲重建礼乐文明和秩序。然而，孔子有德无位，只能作《春秋》以为王法，代行赏罚褒贬之权。换言之，《春秋》一书，恰如一个赏善罚恶的"新王"，并非在现实存在意义上立一位新王。所以，应当把《春秋》理解为一个被赋予了意义的符号。这一符号，本身并非现实的王者，更非改朝换代的新王，而是一规范人伦家国的"规则或理则"。董仲舒把

---

①　司马迁：《史记》卷一百二十一，中华书局2012年版，第3123页。

②　陈祥道：《论语全解公冶长第五》卷三，文渊阁四库全书第196册，第96页。

③　朱公迁：《四书通旨》卷六，文渊阁四库全书第204册，第659页。

④　高拱：《春秋正旨》，文渊阁四库全书第168册，第327页。

⑤　库勒纳：《日讲四书解义》卷十一，文渊阁四库全书第208册，第292页。

"《春秋》当新王"纳入三统，从而把一个符号意义、理论意义上的、虚设的"规则"作为现实义的王者，这种故意曲解孟子原意的做法，实际是为解决汉代统治者的合法性危机提供策略与资源。

翻检《孟子》，可知他明确反对僭越、悖乱。他尝言："五霸者，三王之罪人也；今之诸侯，五霸之罪人也；今之大夫，今之诸侯之罪人也。……五霸者，搂诸侯以伐诸侯者也，故曰五霸者，三王之罪人也。"又说"今之事君者曰：'我能为君辟土地，充府库。'今之所谓良臣，古之所谓民贼也。……由今之道，无变今之俗，虽与之天下，不能一朝居也。"（《孟子·告子下》）由于礼崩乐坏导致的这种混乱的"不能一朝居"的世道，正是他所要反对的。那么，王鲁黜周这种大逆行为，更是其归为的"罪人"，可知，孟子亦从无黜周之意。

（三）孔子和《公羊传》均无"黜周王鲁"之意

由此观之，孔子没有提出废黜周室而王鲁的意见，《春秋》一书寄托着孔子对于现实政治秩序的关切，现实政治秩序的主导者当是周室。所以宋儒赵鹏飞（公元1124年中进士）认为"吾其为东周"乃是振兴西周，即周室，他说：

> 兴西周之志不得行于时，而寓于《春秋》，……则《春秋》者，中兴周室之书也。①

南宋留梦炎（公元1219—1295年）为之序："木讷（赵鹏飞）所著《诗故》《经筌》二书，有功于圣经甚大。"②称有功圣经甚大，源于赵氏对孔子作《春秋》的初衷做了恰切的揭示。明儒姜宝（约公元1513—1593年）亦说："当是时诸侯强，大夫僭，不复知有周矣。夫子于是作《春秋》，以诛僭乱，尊王室而已。"③清儒陆陇其（公元1630—1692年）径引吴省庵言，云："吾为东周，非欲使鲁

① 赵鹏飞：《春秋经筌》卷十五，文渊阁四库全书第157册，第5页。
② 留梦炎：《春秋经筌·序》，文渊阁四库全书第157册，第3页。
③ 姜宝：《春秋事义全考》卷九，文渊阁四库全书第169册，第317页。

为天子也。使文武之道得行于鲁，便是东周，即'鲁一变，至于道'意。"①

历史上认为，黜周王鲁之说本自《公羊传》，后代学者对何休提出诸多批评。晋人王接（公元 268—306 年）批评说："任城何休训释甚详，而黜周王鲁，大体乖缪。"（《晋书·王接传》卷五十一）杜预也说："所用之历，即周正也，所称之公，即鲁隐也。安在其黜周而王鲁乎？"② 啖助（公元 724—770 年）说："吾观三家之说，诚未达乎《春秋》大宗……《春秋》者，救周之弊，革礼之薄。"③"救周之弊"暗示出《春秋》兴周之本意。清人姜宸英（公元 1628—1699 年）甚至认为当夺其祀、废其书，他说：

> 其解传不由传意，凿空立义，辞晦意滞，凡一例而前后矛盾不可通者，难以枚举。……故谓何氏之从祀，不可不废，而十三经注家，唯《公羊传》不可存也。④

那么，《公羊传》是否真有"黜周"之意呢？宋代学者王应麟（公元 1223—1296 年）曾考《公羊传》之说，以之"谶纬之文"与"黜周王鲁之说"并非"公羊之言"，认为是何休强加于《公羊传》，并引苏、晁之说，指何休乃"公羊之罪人，负公羊之学"⑤。那么，"黜周"之说来自何处？

实际上，在王应麟之前，宋人李如篪已详考是说之所自：

> 《春秋》书"成周宣榭火"，《公羊传》曰"新周也"。黜周王鲁之说，盖启于此。新周者，盖谓王者必存二王之后。周有天下，则宋、杞为二王之后。今王鲁，则以周、宋备二王之后，是

① 陆陇其：《四书讲义困勉录》卷二十，文渊阁四库全书第 209 册，第 464 页。
② 杜预注、孔颖达疏：《春秋左传正义·序》，北京大学出版社 2000 年版，第 1 页。
③ 唐顺之编：《荆川稗编》卷十一，文渊阁四库全书第 953 册，第 229 页。
④ 姜宸英：《湛园札记》卷四，文渊阁四库全书第 859 册，第 634 页。
⑤ 王应麟：《困学纪闻》卷七，上海古籍出版社 2015 年版，第 232 页。

新周而故宋也。其说从此滥觞。①

《春秋·宣公十六年》载："成周宣谢灾。"《公羊传》释为："成周宣谢灾，何以书？记灾也。外灾不书，此何以书？新周也。"何休解"新周"曰："新周，故分别有灾不与宋同也"，认为孔子以《春秋》当新王，"上黜杞，下新周而故宋"，以"示周不复兴，故系宣谢于成周"，故"黜而新之，从为王者后记灾也"（《春秋公羊传解诂》卷十六）。

"新周"何意？有人认为，"新""亲"互通，故"新周"即"亲周"。但何休释为"黜而新之"，周室既被黜，则须另立新王。如何有新王呢？何休认为"《春秋》当新王"。但《春秋》是书非国，他进而提出"王鲁"说，以为《春秋》以鲁当新王，以鲁统代周统。②

同时，细绎《论语》，不难发现，孔子谨信于周礼，遥怀文武之治，反对"犯上""作乱"（《论语·学而》），反对僭越，于"八佾舞于庭""三家者以雍彻""季氏旅于泰山""观禘礼"（《论语·八佾》），无不否之。孔子认为为政之道在"君君、臣臣、父父、子子"（《论语·颜渊》），强调上下名分，对于春秋中晚期政治上的礼乐崩坏，提出"必也正名乎"的主张（《论语·子路》），认为"不在其位，不谋其政。"（《论语·泰伯》）"克己复礼，天下归仁。"（《论语·颜渊》）孔子说："邦有道，危言危行。邦无道，危行言孙。"（《论语·宪问》）他从不主张革命，歌颂上古三代以贤让国的圣王，认为国祚在十"大命"，君子三畏，首畏"天命"（《论语·季氏》）。受命于天则在德，"大德者必受命"（《中庸》），提出"吾从周"，要求"齐一变，至于鲁；鲁一变，至于道"。很显然，齐、鲁之政，各有美恶，"齐俗急功利，喜夸诈，乃霸政之余习。鲁则重礼教，崇信义……但人亡政息，不能无废坠尔"③。所以，都需经由"变"之方，

---

①　李如簇：《东园丛说》卷上，中华书局 1985 年版，第 4 页。
②　吕绍刚：《何休公羊"三科九旨"浅议》，《人文杂志》1986 年第 2 期。
③　朱熹：《四书章句集注》，《朱子全书》第 6 册，第 116 页。

由此提升到"先王之道"。

总而言之，无论外证，抑或从《论语》内证，孔子本人本不黜周王鲁。孔子曾说："述而不作"（《论语·述而》），事实上，任何"述"中都有"作"，"作"是为了"述"，又超出了"述"①。孔子所作所述，就是为了发扬西周的礼乐制度，复兴西周礼乐文明，故提出"吾从周"。

三　"吾从周"即损益以"兴周"

受历史语境的限制，以往对孔子"吾从周"的诠释存在诸多误读，如把"吾从周"和"吾从先进"与孔子文质之辨联系②，抑或认为"宗周"即守旧之明证。加之，孔子歌颂文武周公，遥怀上古圣王，于是将孔子漫画化为一位历史复古主义者。事实上，深入原典，仔细审视"吾从周"一章，"吾从周"体现出孔子损益革新制度的历史进化观。

《论语·八佾》："周监于二代，郁郁乎文哉，吾从周。""监"字有两义。一释为"鉴"，意指周代的典章制度是对前代的借鉴、损益。日本汉学家竹添光鸿（公元 1842—1917 年）就说："监，鉴同。言观而取法焉。有此比拟参伍而斟酌损益之意。监而折衷，是以备矣。"③ 第二义释为"视"。孔安国（约公元前 156—前 74 年）注："监，视也。言周文章备于二代，当从之。"唐颜师古（公元 581—645 年）说："周追视夏、殷二代之制而损益之。"（《汉书》卷八十八）这两种诠释，都有借鉴、损益以推陈出新之意。

既然"监"字有借古之教训，观今之得失之意，也正是"监"二代文物典章，才有周之"郁郁"之文。那么，我们不禁反问，孔子提出"吾从周"的目的何在呢？我们认为，孔子正欲以这种损益

---

① 李泽厚：《论语今读》，上海三联书店 2005 年版，第 188 页。
② 崔海东：《〈论语〉"吾从周""吾从先进"两章旧诂辨误》，《江南大学学报》2015 年第 4 期。
③ ［日］竹添光鸿：《论语会笺》，凤凰出版社 2012 年版，第 195 页。

的精神复兴周室。

分析可知，所"监"不仅是周代礼乐文化、典章制度完备的前提，更是沟通"古""今"的枢纽。剖析孔子"从周"的深意，从逻辑分析看，"周监二代"是因，"郁郁文哉"是果，孔子是周民，无人要求他在周与其他朝代间作出选择时，他为何说出我主张周代的？①前文言周"监"二代，故有郁郁之文，这郁郁之文即全然在"监"，"监"之损益于社会进步之重要可见一斑。孔子说"从周"，从的是周朝不断损益，不断革新的做法，"周虽旧邦，其命维新。"（《诗经·大雅·文王》）这是由于夏、商的典章文物仍有其生命力，孔子说"吾从周"其本意乃是立足于对历史不断损益中演进的认同，诚如宋儒杨时（公元1053—1135年）所说："'吾从周'，非从其文也，从其损益而已。"②

质言之，"监"即损益之义，"吾从周"实质蕴含着历史进化论思想，是一历史进化观。同时，也是孔子如何"兴周"的具体精神所在。显非简单地尊奉周礼，更非开历史倒车，欲返归唐虞三代③。可见，"吾从周"的本意即是认同历史是不断革故鼎新，日新交替，不断发展进化，其间，朝代的变化自然也包含于其中。孔子认为有所谓"继周者"，但这并不意味着孔子主张革周之命，而是用这一损益的历史进化观来复兴周室。他答复弟子"为邦"之问时说："行夏之时，乘殷之辂，服周之冕，乐则《韶》《舞（武）》。放郑声，远佞人。郑声淫，佞人殆。"（《论语·卫灵公》）刘宝楠（公元1791—1855年）将此章归为"'为邦'者，谓继周而王，以何道治邦也"④。程树德先生认为刘注"最为得之"⑤。钱穆先生认为此章"盖制作礼

---

① 赵又春：《我读论语》，岳麓书社2005年版，第24页。
② 杨时：《龟山集》卷十一，文渊阁四库全书第1125册，第214页。
③ 尽管孔子在许多场合盛赞三代圣王，细究孔子之意，所赞仅是圣王的德行与功业。相反，孔子反对"贵古贱今"，他说："生乎今之世，反古之道。如此者，灾及其身者也。"（《中庸》）反，即返。由此知他的反对"返古"的主张。
④ 刘宝楠：《论语正义》，中华书局1990年版，第621页。
⑤ 程树德：《论语集释》，中华书局1990年版，第1077页。

乐、革命兴新之义""与普通问治国之方有辨"①。诸先生实未理解这是孔子为兴周道、扶周室所列之方案。因为，周弊已深，非损益不能去弊，因循守旧，是取亡之道。故损益三代之礼，并非为"继周者"立法，乃为兴周而发。基于此，宋人洪咨夔（公元 1176—1236 年）早已说明：

> 东周果何道哉？行夏之时，乘殷之辂，服周之冕，乐则韶舞，此圣人兴周之规模，而绥来动和，特其末效余功也。②

行夏时、乘殷辂、服周冕、乐则韶舞，这种择优而取的损益手段，正是兴周之方。阎若璩（公元 1638—1704 年）也说"为东周"是孔子为见诸行事，"止是行周公之道""非欲于文武之政之外别立一代之制，如行夏之时云者，而后为见诸行事也"③。

在这里，孔子将"常"与"变"统合，贯穿对"今—古"的双重审视，体现为孔子对"时"的把握。他曾言："君子之中庸也，君子而时中。"（《中庸》）所谓"时中"，就有合乎时宜、应时变通，随机取舍之意。落实于具体治事，就是"吾从周"体现的损益精神。孟子曾言："伯夷，圣之清者也；伊尹，圣之任者也；柳下惠，圣之和者也；孔子，圣之时者也。孔子之谓集大成。集大成也者，金声而玉振之也。"（《孟子·万章章句下》）所谓"圣之时者"，即言其能不拘于成规，可相机行事、与时偕行。

因此，孔子并不盲目守旧地复古"从周"（若依过去的诠解），更不会冒大不韪"黜周"，而是遵从周公"制作礼乐"的损益的方式来"兴周"，这就是孔子说"吾从周"的深意。而汉代的公羊学家所倡"张三世""通三统"，实是出于"为汉制作"的政治考量④，而

---

① 钱穆：《论语新解》，上海三联书店 2005 年版，第 404 页。
② 洪咨夔：《春秋说》卷十七，文渊阁四库全书第 156 册，第 591 页。
③ 阎若璩：《四书释地三续》卷上，文渊阁四库全书第 210 册，第 440 页。
④ 这一点，晚近的学者亦有说明，皮锡瑞《经学通论·春秋》著《论三统三世是借事明义，黜周王鲁亦是借事明义》条，同书《论春秋改制犹今人言变法损益四代孔子以告颜渊其作春秋亦即此意》条，都是阐发此意。

发展到清代中晚期，更有其意义和价值，正如姜广辉先生指出的，公羊学宣扬"张三世""通三统"，实际是告诉执政者，"社会是不断进步的，是需要不断进行变革和改革的。春秋公羊学传递了这样一种观念。①"《论语》中这两章的宗旨，与孔子重视"常"与"变"之易学精神是吻合的，这亦恰恰说明，孔子"吾从周"既是"兴周"，更重要的，是在不断损益、不断与时俯仰中"兴周"。经由对这两章的诠释史的审视，这种不断损益、不断革新的精神，或于深化改革的当下不无裨益。

（本文荣获 2016 年全国高校国学论坛主题征文研究生组三等奖，并已发表在《原道》2016 年第三辑，第 172—185 页。发表时的题目是：《"宗周"抑或"黜周"——〈论语〉"吾其为东周乎""吾从周"析论》）

---

① 姜广辉：《晚清公羊学案》，《光明日报》2008 年 8 月 18 日第 12 版。

第十一讲

"政者，正也"

王　琦　朱汉民

《论语·颜渊》载："季康子问政于孔子。孔子对曰：'政者，正也。子帅以正，孰敢不正？'"[1] "政者，正也"，此语一出，便成为中国治国理政的基本原则与理念，历史上许多学者认为这是对为政者的品德要求，体现了孔子的政治伦理诉求，这无疑有其正确的一面。但是"政者，正也"仅仅只是对执政者道德品质的要求吗？"正"是否还包含着其他丰富的内涵？什么样的"政"才是真正符合"正道"之"正"呢？这就需要我们回到原典，回到经典注释，一一剖析。

一　"政"与"正"之字义解释

要正确地理解"政者，正也"，首先必须回顾一下前人对"政"与"正"的字义解释。"政"字该如何理解呢？《说文解字》："政，正也。从攴从正，正亦声。"[2] 可见"政"为会意字兼形声字。通过历代学者对"政者，正也"的注释，我们发现，"政"之为"正"蕴含着以下几种含义。

（一）"政"包含"征"，有"平正"之义。《周礼·夏官司马》记载："惟王建国，辨方正位，体国经野，设官分职，以为民极，乃

---

① 朱熹：《四书章句集注》，中华书局 2011 年版，第 130 页。
② 许慎：《说文解字》，岳麓书社 2006 年版，第 67 页。

立夏官司马,使帅其属而掌邦政,以佐王平邦国。"① 汉郑玄注:
"政,正也。政所以正不正者也。《孝经》说曰:'政者,正也,正德
名以行道。'"唐贾公彦疏:"为政者取平正之义。大司马主六军,所
以正诸侯违王命不正者,故郑云'所以正不正'。②"明王志长《周礼
注疏删翼》载曰:"潜溪邓氏曰:夏官法火德,取其明以为政,征
者,正也,遏乱略于微,止危机于萌伏,至险于大顺,非洞天地之化
几者,宜莫能与于此矣。"③ 可见,"政"包含"征","政"与"征
伐"有关。《尚书·周官》中有"司马掌邦政,统六师,平邦国"④
的记载,明王樵解曰:"天子六军,司马掌之。平谓使强不得凌弱,
众不得暴寡,邦国各得其平也,莫非政也。而独兵事谓之政。政者,
正也,征伐所以正人之不正,政之大者也。"⑤ 由此可知,"征伐"是
国家之"政"中的必有之义,一个国家政权的稳定,离不开军队的
保护与遏乱,但是军队征伐的目的不是侵犯别的国家,而是平定天
下,"使强不得凌弱,众不得暴寡,邦国各得其平",而归之于
"正"。所以明柯尚迁云:"政者,正也。政所以平诸侯、正天下
也。"⑥ "政"就是用来"平正"天下、诸侯的,以正"不正",实现
天下大治。以"正"训"政(征)",体现中国古圣先贤在治国理政
方面对武力使用的慎重与对国家长治久安的关切。

(二)"政"为"法度纪纲",有正理、正道之义。宋戴侗(公元
1200—1285 年)说:"政者,正也。法度纪纲,政之大者也。"⑦
"政"之为"正",乃是因为其是国家"法度纪纲",体现了国家的大
政方针、政策纲领,直接决定着国家的兴衰存亡与百姓的福祉。这种
"法度纪纲"是天之"正理"所在、"正道"所存,蕴含着人类社会

---

① 陈戍国点校:《夏官司马第四》,载《周礼·仪礼·礼记》,岳麓书社 1989 年版,
第 74 页。
② 郑玄注、陆德明音义、贾公彦疏:《周礼注疏》卷二十八,文渊阁四库全书本。
③ 王志长:《夏官司马第四》,《周礼注疏删翼》卷十七,文渊阁四库全书本。
④ 王世舜、王翠叶译注:《尚书·周官》,中华书局 2012 年版,第 469 页。
⑤ 王樵:《周官》,《尚书日记》卷十四,文渊阁四库全书本。
⑥ 柯尚迁:《夏官司马第四》,载《周礼全经释原》卷九,文渊阁四库全书本。
⑦ 戴侗:《六书故》卷十五,文渊阁四库全书本。

发展运行的规律与经验。明刘宗周（公元 1578—1645 年）说："政者，正也。凡纪纲法度皆是此理，只行之有本，为人上者亦以身帅之而已。"① 纪纲法度就是"理"，无论何人，都必须遵循既定的规则法度而行，即使"为人上者"也不可随意凌驾于国家政策法令之上，而是要以身作则地遵守与执行。明崔铣（公元 1478—1541 年）也说："政者，正也。正之道，试功而已矣。试之道，求其真而已矣。"政，就是"正道"，是在实际的政治运作中试其功、求其真中体现出来的，如果遵循正道，那么为政便可以"众正积于上，万事实于下"，实现像先王一样的美政。②

（三）"政"之为"正"，有"公正""公平"之义。明柯尚迁（公元 1528—1583 年）说："政者，正也。所以正人之不正者。正则平矣，物各当其分之谓平，平则均矣，均齐方正之谓均。故整齐天下，修饬百度，使天下截然齐一，政之事也。"③ 为政之道，就在于依据公正的原则来"整齐天下"，因为"公正"而后能"公平"，做到了"公正""公平"，则可以使万事万物"各当其分"，依其本来的秩序、位分各行其是，各成其成，达到"均齐方正"，天下截然齐一，万民归心。所以宋司马光（公元 1019—1086 年）说：

> 是故政者，正也。为政之道，莫若至公。臣愿殿下熟察群臣之中，有贤才则举之，有功则赏之。虽贱如厮役，憎如仇雠，远在千里之外皆不可弃遗，如此则人谁不劝矣。群臣之中，职事不修则废之，有罪则刑之，虽贵为公卿、亲为兄弟，近在耳目之前，皆不可宽假，如此则人谁不惧矣。夫为善者劝，为恶者惧，

---

① 刘宗周：《颜渊第十二》，《论语学案》卷六，文渊阁四库全书本。
② 崔铣云："政者，正也。正之道，试功而已矣。试之道，求其真而已矣。德必核其真，然后授之位。能必核其真，然后委之事。行必核其真斯贵之，言必核其真斯信之，物必核其真斯用之，工必核其真斯程之。一不真，则荣辱赏罚从而绳之勿惑、浮议勿采，虚称而高下其施。是故众正积于上，万事实于下，故曰：'先王之道斯为美'。"（《雍集》，《洹词》卷四，文渊阁四库全书本）
③ 柯尚迁：《天官上》，《周礼全经释原》卷二，文渊阁四库全书本。

百官称职, 万民乐业, 天下之安犹倚泰山而坐平原也, 尚何忧哉![①]

在为政的具体运作中, 要秉持"公正", 举贤授能、赏善罚恶、公私分明, 举贤不避仇, 刑罚不避亲, 公平公正地对待群臣、公卿及兄弟, 才能使文武百官各安其位, 各称其职, 老百姓各尽其能, 安居乐业, 大家各当其分, 各展其才, 井然有序, 治天下则如同倚泰山而坐平原般的安稳与容易了。

(四)"政"之为"正", 有"中正""齐正"之义。如梁皇侃(公元488—545年)《论语集解义疏》说: "云孔子对曰: '政者, 正也'者, 解字训以答之也。言所以谓治官为政者, 政训中正之正也。云'子帅而正孰敢不正'者, 又解政所以训正之义也。言民之从上, 如影随身表, 若君上自率己身为正之事, 则民下谁敢不正者耶?"皇侃认为"正"是要求"治官为政者", 秉持"中正", 不偏不倚地立身处世, 端正自身的行为, 身体力行地做"正"事, 那么老百姓也会跟从他, 不敢做"不正"之事, 这就是以"正"训"政"的意义之所在, 其实质就是要求为政者修身立德, 做好臣民的表率, 所以宋邢昺(公元932—1010年)《论语注疏》说: "此章言为政在乎修己。对曰'政者, 正也'者, 言政教者在于齐正也。"[②]为政就在于修己, 并通过政治教化, 克制私欲、整齐端正个体的行为, 使之符合国家社会治理的需要。程树德(公元1877—1944年)《论语集释》说: "《论语稽》: 惟孔子言字义最切, 以'正'训'政', 不待别诂, 只一言而政之名已定矣。'正'即大学'修身'之义。一身正而后一家正, 一家正而九族之丧祭冠昏皆正, 由是而百官以正, 吉凶军宾嘉官守言责亦正, 而万民亦无不正矣。"[③]由此可见, "正"意味着对个体的修身立德的要求, 秉承"中正"以"正身", 而后正家、正九族、

---

① 司马光:《上皇太后疏》,《传家集》卷二十七, 文渊阁四库全书本。

② 黄怀信主撰、周海生、孔德立参撰:《论语汇校集释》下册, 上海古籍出版社 2008 年版, 第 1118 页。

③ 程树德:《论语集释》下, 中华书局 2013 年版, 第 996 页。

正百官、正万民，以此修身、齐家、治国、平天下。

综上所述，以"正"解释、限定"政"之"名"，体现了中国先贤为政的理念与原则。只有符合"正理""正道"之政，才是真正的美政，即使包含武力的征伐之"政"，也必须归之于"正"。为政之道要求，不仅要秉承"中正"以正己而正百官、正万民，并且在具体的政治运作中，要"公平""公正"地选贤授能，各尽其能、物当其分，才能够真正地维护国家的稳定与社会的秩序，最终实现平正天下、"博施于民而能济众"①的政治理想。这既是孔子"政者，正也"的应有之义，也是历代贤哲的为政追求。

二　"正"之主体

"政"之"正"蕴含着"平正""中正""公正"的含义，"政者，正也"的主体又是谁呢？"正"是对君主、公卿大臣做出的限制，还是对普通老百姓的要求？要正确地理解这个问题，首先就必须回到孔子提出"政者，正也"的时代背景，才能还原其本来意蕴。

孔子之时，已是"礼崩乐坏"的春秋末期，礼乐征伐自诸侯出，陪臣执国政等僭越现象层出不穷，各国统治者为一己之私利，不惜穷兵黩武，以致征伐战乱不断，社会动荡不安，人民生活困苦，即使作为当时周礼保存得最为完整的国家鲁国，也概莫能外。鲁国从季武子开始专国政，至季康子，已历悼、平、桓子凡四世，鲁国公室衰微，以季氏为首的"三桓"强盛。鲁僖公十一年（公元前562年），季武子作三军，季孙氏、叔孙氏、孟孙氏"三分公室，各有其一"②，表面上是扩充了鲁国的军队，实际上"三军"成了"三桓"的私有财产。到了鲁昭公五年（公元前531年），三家"四分公室，季氏择二"，其他两家各得一份，③季氏的势力愈加强大。鲁昭公二十五年（公元前517年），孔子三十五岁时，季平子与郈昭伯的斗鸡事件，引

①　朱熹：《四书章句集注》，第88页。
②　杨伯峻编著：《春秋左传注·襄公十一年》，中华书局1990年版，第987页。
③　杨伯峻编著：《春秋左传注·昭公五年》，第1261页。

起了鲁昭公与季氏的斗争,"平子与孟氏、叔孙氏三家共攻昭公,昭公师败",逃到了齐国,"其后顷之",客死乾侯,"鲁乱"。[①] 以一国之尊,被臣子打败,赶到了国外,客死异乡,甚是可悲可叹。这种臣下越位的现象一开,上行下效,鲁国的政治秩序越发混乱。在季桓子执政之时,因其嬖臣仲梁怀之事,为阳虎所因,"与盟而醳之。阳虎由此轻季氏。季氏亦僭于公室,陪臣执国政,是以鲁自大夫以下皆僭,离于正道。[②]"而这一切产生的根源,孔子认为就是因为以"君君,臣臣,父父,子子"[③] 为核心的等级名分制度的破坏,礼乐失去了对人心世道、社会秩序的维系作用,是作为执政者群体的君主、公卿大臣其"身"不"正"产生的后果,从而导致臣下侵权犯分,臣弑君、子弑父的现象屡见不鲜。所以当季康子问政时,孔子以"政者,正也。子帅以正,孰敢不正"的言辞予以回答,希望其作为执政者,能够根据自己的职分要求,带头遵守应有的礼仪规范,提升修养,正其位,谋其政,以身作则,造福百姓。清孙奇逢(公元1584—1675年)《四书近指》对"苟正其身章"注解道:

> 从政,所以正人,自正身始,下二句足上意。或曰:对康子"政者,正也"一节,为正卿执政者言,故曰帅大臣。表,帅也。"其身正,不令而行"一节,为君上主政者言,故曰令君令臣共也。此节为家宰而同升诸公及士初试为大夫者言,故曰:从政,从柄政之大夫,而后也责有重轻,其不可不正身以正人一也。[④]

依孙奇逢的意见,"政者,正也"的规范主体是君主、卿相、士大夫等执政群体,但是这种"正",并不是整齐划一的,而是有着从高到低的先后顺序。由于君主权系天下之重,其言行举止直接关系到国家的兴衰存亡与百姓的安危福祉,所以为政之"正"首先就是要

---

① 司马迁:《史记·孔子世家第十七》,岳麓书社1988年版,第409页。
② 同上书,第410页。
③ 朱熹:《四书章句集注》,第129页。
④ 孙奇逢:《子路第十三》,《四书近指》卷十,文渊阁四库全书本。

求君主"自正身始",如《大戴礼·哀公问篇》所载:"公曰:'敢问何谓为政?'孔子对曰:'政者,正也。君为政,则百姓从政矣。君之所为,百姓之所从也;君所不为,百姓何从?'"又《主言篇》:"上者,民之表也。表正,则何物不正?故君先立于仁,则大夫忠而士信,民敦,工朴,商悫,女憧,妇女倥倥。"① 君为民表,君当最先为正,而后公卿士大夫们亦根据自己的职责轻重、位置高低,相与为正,最后带动、影响百姓跟从为正,孙奇逢的这种注解是符合孔子原意的。所以戴氏说:"执政者正,则外内莫敢不正。"② 由此可见,在中国的政治治理理念中,"正"首先是对执政者的要求,但是并非意味着对普通老百姓没有为"正"的要求,只不过它更强调的是执政者,首先是君主,其次是其他公卿将相士大夫等执政群体的道德品质、行为表率作用,其正"己"的目的,最终还是正"人"(民),而正"人"的目的则是使之归于为政之"正道",实现政权的稳定、政治的清明和社会的有序。通过对"政者,正也"的主体对象的探究,我们可以看出中国政治的德治主义、人本主义倾向以及道德与政治之间的贯通。

三 "正"之层次

宋戴溪(公元 1141—1215 年)说:"为政甚易,只须正己便是正人。为政甚难,不先正人却先正己。政者,正也。不正,不足以谓之政。"③ "政者,正也"的关键就在于"正己正人",然"人"与"己"无论是指执政者,还是普通老百姓,无论是在国家治理中,还是在立身处世中,其"正"都指向对"人"之个体的一种修身立德、推己及人的要求,那么这种"正"又包含哪些具体的层次呢?

(一)正名。任何个体都是处在社会之中,都要受到社会的礼仪制度、道德规范的约束与制约。而在中国古代社会,这种规范与制

---

① 刘宝楠:《论语正义》下,中华书局 1990 年版,第 505 页。

② 黄怀信主撰、周海生、孔德立参撰:《论语汇校集释》下册,第 1118 页。

③ 戴溪:《子路第十三》,《石鼓论语答问》卷下,文渊阁四库全书本。

约,主要体现在对"礼"的遵守与践行上。因为在中国古代社会"礼"被视为"天之经也,地之义,民之行也","天地之经,而民实则之。则天之明,因地之性,生其六气,用其五行"①。由于礼是天经地义的规律与法则,具有"经国家,定社稷,序民人,利后嗣"的功能与作用②,因此,孔子在《论语》中特别强调"礼",不仅在治国理政中,要求"以礼让为国"③,"君使臣以礼"④,而且在立身处世、社会交往中处处依"礼"而行,强调"立于礼"⑤。而"礼"之核心内容就是"正名",也就是对"君君,臣臣,父父,子子"⑥为内容的人伦关系、等级名分制度的维护与遵从。所以,宋戴溪在《石鼓论语答问》中解"季康子问政"与"季康子患盗"说:

> 此一段见圣人功用妙处。阴有以转季康子之心,而使不忌。季氏在鲁无复君臣之礼,鲁之臣子其不正者,孰有大于季氏?盖鲁之巨盗也。观圣人"子帅以正"与"苟子不欲"两语,若委重于季康子之意。然观其意,虽《春秋》之严不过是也。昔仲弓为季氏宰,问政,子曰:"先有司。"夫鲁之乱,正是君臣侵权犯分,无复常职。若使卿大夫各有司存,则三威退听于家,三军不作,八佾不舞,泰山不旅,田赋不用。鲁之君臣岂不大治。今使康子一旦有感于圣人之言,反而求之吾身,感悔震惧,其功用当何如?此圣人之旨意也。

戴溪的解读是紧密联系孔子所处的时代背景与当时鲁国的政治实际而发的。正是由于季氏在鲁国专权,"君臣侵权犯分,无复常职",从而导致了鲁国的内乱,这种对"名分"的僭越既是鲁国也是春秋之时其他诸侯国政治混乱、民不聊生的根源之所在。所以孔子提出了

---

① 杨伯峻编著:《春秋左传注·昭公二十五年》,第1457页。
② 杨伯峻编著:《春秋左传注·隐公十一年》,第76页。
③ 朱熹:《四书章句集注》,第71页。
④ 同上书,第66页。
⑤ 同上书,第100页。
⑥ 同上书,第129页。

"正名"① 的要求，希望君臣、父子、夫妇、兄弟等各安其位，各尽其职，和睦共处，其实质就是要用礼义来规范个体在社会中的身份地位、名分等级与伦常关系，它是对处于社会关系、政治生活中的个人立身处世的规范与要求。所以当季康子问政时，孔子以"政者，正也。子帅以正，孰敢不正"的言辞回答时，也必然包含了"正名"的诉求。所以，戴溪认为这段话是体现了孔子"阴有以转季康子之心"，欲使季康子有感于此言而"反而求之吾身"，依"礼"而行，恪守君臣名分，做到名实相副，位称其职，从"在鲁无复君臣之礼"之"不正"回归正常的君臣之位，这也是孔子"政者，正也"思想中所应含之义。

（二）"正身"。朱熹《论语精义》载："扬雄曰：'政之本身也，身立则政立矣。'孟子曰：'君仁莫不仁，君义莫不义，犹之表正则影无不正也。'《书》曰：'表正万邦。君相者，天下之表也。'"又载"杨曰：'子帅以正，教之以德，为政也。民不正则有礼以齐之，孰敢不正？'"② 正身就是要求个体在立身处世、待人接物等实践活动中端正自身的行为，使之符合一定的礼仪制度、社会规范、伦理道德等要求，从而在社会上能起到表率与示范作用，并进而正家正国，身立而政立。即使不在位的普通百姓，只要遵守社会规范，端正自身，以此治家，孝顺父母，友爱兄弟，也是一种"为政"。所以朱熹《论语精义》载："范曰：'政者，正也，正身而已。未有不正身而可以正家，不正家而可以正国者也。故孝于父母，友于兄弟，施之于家而有政，是亦为政矣，岂必在位乃为政哉。'"③ 国是由家组成的，家又是由个体组成的，只要从日用常行做起，时时"约之以礼"④，处处依

---

①　朱熹：《论语集注·子路第十三》："子路曰：'卫君待子而为政，子将奚先？'子曰：'必也正名乎？'子路曰：'有是哉，子之迂也！奚其正？'子曰：'野哉由也！君子于其所不知，盖阙如也。名不正则言不顺；言不顺，则事不成；事不成则礼乐不兴；礼乐不兴，则刑罚不中；刑罚不中，则民无所措手足。故君子名之可言也，言之必可行也。君子于其言，无所苟而已矣。'"（《四书章句集注》，第 134 页）

②　朱熹：《论语精义·颜渊第十二》，朱杰人等主编《朱子全书》第 7 册，上海古籍出版社；安徽教育出版社 2010 年版，第 432 页。

③　同上书，第 91 页。

④　朱熹：《四书章句集注》，第 131 页。

礼而动,以此正身,则自然身正,而后施之于家,则自然家正,每家
"正",则自然国"正"。由此可见,"正名"与"正身"是孔子"政
者,正也"思想蕴含的必有之义。"礼"需要通过"身"之"正"来
落实,"身"之"正"需要通过"礼"来规范,个体始终处于社会、
政治之中,并受到礼的规范与影响。所以,"约之以礼"是"正身"
的必然要求。但是为什么在"修身"中要"约之以礼",其立论的依
据是什么?孔子并没有做出明确的答复,这一任务最终是由后儒来完
成的。

(三)正心。清顺治皇帝《御定资政要览·后序》曰:"皇上,
主政者也。王公,佐政者也。卿大夫,从政者也。士庶人,禀政者
也。然则政者统乎天下之辞也,抑曷言乎政尔?政,正也。内正心,
外正身,近正家国,远正天下,百官万民罔不敬应以底于正,斯政成
焉。"(《御定资政要览·后序》)如果"正身"是个体对外在的社会
礼义规范、道德伦理原则的遵守,那么"正心"则是对个体的内在
要求。因为"心"在先贤的观念中是身之主宰,支配着人类的精神
与行为活动,它是"形之君也,而神明之主也,出令而无所受令。自
禁也,自使也,自夺也,自取也,自行也,自止也"①,如果在个体
的修身立德中,仅仅只是以礼"正身",那只是外在的、被动的行
为,缺乏主动性。只有从内心真正的认同并践履,充分地发挥主体的
自觉性与主动性,所谓的修身才能真正落实到位,所以,宋林之奇
(公元1112—1176年)说:"身之正然后可以求民之正尔。心之中然
后可以求民之中。身诚正矣,心诚中矣,则其教化之所渐摩,道德之
所鼓舞,其孰有不中不正者乎?……既以身之正为政,则必以心之中
为德矣。殊不知心正、身修,岂有二道哉?"②"正心"与"正身"是
个体修身立德之不可或缺的两个方面,包含着自律与他律的统一,只
有身正才能求民之正,心正才能求民之中,臻于至善,达于大治。清
人周祖荣说:"故王道以正为主。政者,正也。诚得其正而用之,则
吾之心正,而天地之心亦正;吾之心正而气顺,而天地之气亦顺。由

① 王先谦:《荀子·解蔽篇第二十一》,中华书局1988年版,第397—398页。
② 林之奇:《周书·君牙》,《尚书全解》卷三十八,文渊阁四库全书本。

是以正朝廷，正百官，正万民。"① "心正"乃是正天地万物、正朝廷、正百官、正万民的根本。虽然，孔子在言及修身时，并没有明确提出"正心"的概念，但是，他在《论语》中却提出了"仁"的理念，认为"为仁由己"②"我欲仁，斯仁至矣"③"回也，其心三月不违仁"④。在成就仁德与"心"之间，留下了可以拓展的空间。

（四）正性。元初刊行的《周礼集说》载："刘氏曰：政者，正也。所以正天下之性，而不敢任情邪，以乱邦之典法也。故先之以治典，次之以教典，次之以礼典，又次之以政典者，一其民于治教而安于礼乐也。九州岛之诸侯、四海之夷狄莫不循乎教治而安于礼乐。"⑤所谓的"政"就是用来"正天下之性"，使人不得因个人之私心邪情，扰乱正常的国家秩序与典章制度，从而使得老百姓遵循教化而安于礼乐，天下归心。正如《管子》所说："政者，正也。正也者，所以正定万物之命也。"⑥ 包括"人"在内的天地万物均具有其特定的性命，这是天之所与，是"使民物各得其正"⑦ 的内在本质属性，"天下无无性之物。盖有此物，则有此性；无此物，则无此性"⑧。作为维系人类社会稳定发展的政治治理活动，必须顺从、遵循天地万物之"性"，才能够使其不脱离"正道""正理"而归之于"正"。所以董仲舒说："明于性情，乃可与论为政。不然，虽劳无功。"⑨ 在中国的政治治理结构中，对人性民情的认识是政治方略制定的逻辑起点，只有基于人性的政治才是有效的、合理的政治，符合"正道""正理"的政治。虽然孔子关于"性与天道"的问题语焉不详，"不可得

---

① 蒋溥等编：《御览经史讲义》卷二十二，文渊阁四库全书本。
② 朱熹：《四书章句集注》，第 125 页。
③ 同上书，第 96 页。
④ 同上书，第 84 页。
⑤ 佚名：《夏官司马》，载《周礼集说》卷六，文渊阁四库全书本。
⑥ 房玄龄注：《管子·法法第十六》，文渊阁四库全书本。
⑦ 胡瑗：《周易口义》卷一："夫天下既有乐以和之，礼以节之，刑以治之，不以正道终之则不可。故政者正也，使民物各得其正，故为政也。"（文渊阁四库全书本）
⑧ 黎靖德：《朱子语类》，中华书局 1986 年版，第 56 页。
⑨ 张世亮、钟肇鹏、周桂钿译注：《春秋繁露·正贯第十一》，中华书局 2012 年版，第 159 页。

而闻也"①,但是却系统地提出了"性相近,习相远"的人性论②,为后儒探索人性、修身、为政等问题,留下了较大的诠释空间。③

由上述可见,"正"包含着"正名""正身""正心""正性"等丰富的层次与内涵。"正名"体现了社会礼仪规范、道德伦理原则对个体的约束与限定,而"正身""正心""正性"则体现了个体修身立德,归之于"正"的路径:政之本在人,而人之本在身,身之本在心,心之本在性,而性之本在天。正身是修身立德的外在要求,正心则是修身立德的内在动力;而人之所以能够正心正身,乃在于天命所予的固有之"性"。只有"性正"才可能"心正","心正"而后才能"身正",只有身、心俱修,才可能最终达到正己正人、修己安人、知性知天的目标。明湛若水(公元 1466—1560 年)在《格物通》中所言即对身、心、性、天(理)之间关系的最好注解,他说:

> 政之为言,正也,所以正人之不正也。然欲正人之不正,必先自正其身,盖必自其念虑之微以至于号令之发,念必正念,言必正言,行必正行,有端庄方直之公,而无偏倚反侧之私,则所谓正矣。然此正乃人心之本体天理之极致也。子既帅以正,则有以感其同然之心,兴其固有之善,孰敢有不正乎?故无反无侧,会极归极,自有不能已者矣。④

人因其有"本体天理"之善性,而能"感其同然之心",从而做到正念、正言、正行,公而无私,归之于"正",从而"正人之不正",体现了个体修身立德的丰富性与层次性。

由上可知,人始终处在个体发展与社会规范的纵横坐标之中,需依礼而立,依"分"而行,立身行事,同时个体又是有着鲜活生命

---

① 朱熹:《四书章句集注》,第 77 页。
② 同上书,第 165 页。
③ 对孔子人性论的具体论证与阐述请参看王琦《善乎?恶乎?——论孔子人性论所蕴涵的两级趋向》,《湖南师范大学社会科学学报》2007 年第 3 期。
④ 湛若水:《学校二》,《格物通》卷五十九,文渊阁四库全书本。

的丰富整体，被动地接受外在的规范，远远不能满足人内在的精神需要，不断地向内反省、探求，并将人放在天地之间，追问其价值的最终来源，则是推动人类自身不断进步的动力源泉。正名、正身、正心、正性问题的探讨，体现了中国哲人在修身问题上从外向内，从人至天的终极探寻，为个体安身立命、正己正人提供理论依据的努力。

四 "政"之实现

"政者，正也"关键在于正己、正人，正己、正人的核心在于执政者及其众庶百姓的修身立德，而个体的修身立德又蕴含着正身、正心、正性及正名等层次与内涵，其最终目的都是实现"正人"之政。那么什么才是政之"正道"呢？为政之"正"实现的途径是什么呢？孔子对此有何认识？

《论语·为政第二》曾记载过孔子这样两句话："为政以德，譬如北辰，居其所而众星共之。""道之以政，齐之以刑，民免而无耻；道之以德，齐之以礼，有耻且格。"朱熹《论语集注》解"为政以德"说："政之为言正也，所以正人之不正。德之为言得也，得于心而不失也。"又解"政刑德礼"说："愚谓政者，为治之具。刑者，辅治之法。德礼则所以出治之本，而德又礼之本也。此其相为终始，虽不可偏废，然政刑能使民远罪而已，德礼之效，则有以使民日迁善而不自知。故治民者不可徒恃其末，又当深探其本也。"① 由此可见，在孔子的心目中，德政礼治才是为政之道之根本与"正道"，而作为为政之具的刑罚政令则只能是一种辅助手段。所以徐复观先生说："儒家的政治思想，从其最高的原则来说，我们不妨称之为德治主义。"② 这种德政礼治的政治理想，正是"正己"而后"正人"的为政原则的自然延伸，体现了由道德而政治，由"内圣"而"外王"，由修身而齐家、治国平、平天下的一以贯之之道。因此，这种为政之

---

① 朱熹：《四书章句集注》，第55页。
② 徐复观：《儒家政治思想的构造及其转进》，引自傅永聚、韩钟文主编《儒家政治思想研究》，中华书局2002年版，第183—184页。

"正道"的实现，是以"修己"为出发点，而后推己及人，拓展到社会、政治领域，"正己"而后才能"正人"，并归之于"正"。

那么如何实现"正己""修己"进而"正人""安人"的目的呢？孔子提出了"博学于文，约之以礼"[1] 与"为仁由己"两种方案，力图从自律与他律，身心双修、内外两途使"己"与"人"归之于"正"，也即后世所发展与争论的"尊德性"与"道问学"两种修身立德之法。

鉴于"礼"在治国理政、社会稳定、立身处世中的重要作用，孔子无论是日常饮食祭祀、言行举止，还是治国理政、接待外宾时，均时时刻刻践履着"礼"的要求，遵循着"礼"的规范，倡导"礼"的作用，反复强调"克己复礼为仁"，要求"非礼勿视，非礼勿听，非礼勿言，非礼勿动"[2]，力图以"礼"的原则与精神，来规范君主、公卿大臣、士农工商等各类人群的行为，维护社会秩序，保证国家稳定。但是仅仅只是靠外在的强制与规范，要求人修身立德，正身处世是远远不够的，春秋之世的礼崩乐坏、君臣父子的僭越残杀、诸侯混战的局面即明证。所以孔子又援"仁"入"礼"，说到"人而不仁，如礼何？人而不仁，如乐何？"朱熹《四书章句集注》引李氏注曰："礼乐待人而后行，苟非其人，则虽玉帛交错，钟鼓铿锵，亦将如之何哉？"[3] 礼不仅仅只是外在的形式与仪式，更重要的是行"礼"之"人"内在的真情实感与诚心而为。所以，孔子要求以"仁者爱人"[4]的精神，提升人的内在的道德自觉性与自律性，以此来重塑道德伦理与思想信仰，为社会的有序运行、国家的长治久安奠定扎实的精神基础。孔子从人人皆有且人人都可能做到的爱亲之情开始，将他人与"我"当作有着同样的生理、心理需求的族类看待，贯彻着"己欲立而立人，己欲达而达人"[5]，"己所不欲，勿施于人"[6] 的原则，不断

---

① 朱熹：《四书章句集注》，第 131 页。
② 同上书，第 125 页。
③ 同上书，第 62 页。
④ 同上书，第 131 页。
⑤ 同上书，第 85 页。
⑥ 同上书，第 126 页。

地推己及人，由亲至疏、由近及远，将对父母的孝顺、兄长的恭敬之情加以培养、扩充，以此建立起"四海之内，皆兄弟也"① 的社会和谐局面；如果将这种"仁爱"之情，"施于有政"②，拓展到政治领域，则可以发政施仁，"博施于民而能济众"③，做到"老者安之，朋友信之，少者怀之"④，实现人人安居乐业，和谐相处，天下大治的局面。通过"约之以礼"与"为仁由己"的内外两途，以高度的自觉自律，将外在的道德规范、伦理原则内化于心，外化于行，"己正"而后可以"正人"，实现德政礼治的政治理想，所以孔子说"修己以敬""修己以安人""修己以安百姓"⑤，正是对"政者正也""正己正人"、天下归心的最好诠释。

虽然说"政者，正也"关键在于正己、正人，但是孔子的政治理想的实现，依然需要其他相关的制度与措施做保障：如"敬事而信，节用而爱人，使民以时"⑥ 的爱民措施；"不患寡而患不均，不患贫而患不安"⑦ 与"彻"法什取其一⑧的分配制度与赋税原则；"举直错诸枉"⑨，"先有司，赦小过，举贤才"⑩ 的人才选拔与任用制度，先富后教⑪、有教无类的社会发展与教育制度等，这些均是实现孔子的德政礼治理想不可或缺的组成部分。之所以强调"正己、正人"，是因为孔子看到了"人"与"德"对于一个国家政治治理的重要性，亦即《中庸》所说的"文武之政，布在方策。其人存，则其政举；

---

① 朱熹：《四书章句集注》，第 127 页。
② 同上书，第 60 页。
③ 同上书，第 88 页。
④ 同上书，第 81 页。
⑤ 同上书，第 149 页。
⑥ 同上书，第 51 页。
⑦ 同上书，第 159 页。
⑧ 同上书，第 128 页。
⑨ 同上书，第 59 页。
⑩ 同上书，第 133 页。
⑪ 朱熹：《论语集注·子路第十三》："子适卫，冉有仆。子曰：'庶矣哉！'冉有曰：'既庶矣，又何加焉？'曰：'富之。'曰：'既富矣，又何加焉？'曰：'教之。'"（《四书章句集注》，第 135 页）

其人亡,则其政息""故为政在人,取人以身,修身以道,修道以仁"。① 国家是由"人"组成的,"人"的道德素质与思想修养,直接决定了国家政治治理与运行的有效性,彰显了人在国家政治生活中的重要地位以及德治主义的精神。

明蔡清说:"政者,正也。正之一字,主在正人。然正人与治人不同,必正己以正之",② "治人"是依靠武力或强制手段去治理天下与百姓,是以力服人的"霸道"政治;而"正人"则先强调"正己",它要求的是作为执政者或实际参与政治的人,要有"吾日三省吾身"的严格自律与反省精神,不仅要具有高尚的道德品质与人生境界,而且一言一行均要符合社会规范,可为表率与楷模,做到移风易俗、令行禁止,确保政治之有效运作,是以德服人的"王道"政治。孔子的"政者,正也"的政治理念奠定了中国为政的"核心"观念,也为历代的统治者与读书人指出了一条修身、齐家、治国、平天下的"修己"之道、"正人"之方、"为政"之途,从而影响了中国古代政治史几千年。

五 结语

"政者,正也"既是孔子政治思想的核心观念,也是中国历代治国理政的基本原则,它蕴含着"平正""公正""中正"等内涵,即使包含武力的征伐,也蕴含着"正义"的原则,体现了中国人对和平、正义、德治的追求。"政者,正也"的关键在于正己、正人,既是对执政者群体道德品质、行为表率作用的要求,也是对普通百姓修身立德、立身处世的期望。"正"包含了"正名""正身""正心""正性"等层次与内涵。"正名"体现了社会规范对个体的制约,"正身"则体现了个体对社会规范的遵从;"正心"是个体修身立德的内在动力,"正性"则是个体修身立德的终极源泉。孔子为实现德政礼治的政治理想,援"仁"入"礼",力图从自律与他律、修身与修心

---

① 朱熹:《四书章句集注》,第28页。
② 蔡清:《颜渊第十二》,《四书蒙引》卷七,文渊阁四库全书本。

相结合的途径强化个体修养，重塑社会价值与思想信仰，以此确保社会秩序的稳定与国家政治的有效运行，提出了"约之以礼""为仁由己"推己及人的正己正人的具体途径，但至于人为什么要"约之以礼"，为何能"为仁由己"，其终极依据是什么？孔子只提供了一些线索，并没有做出很明确的回答，这种任务是由后儒们来完成的。

　　孟子沿着孔子提出的"为仁由己""求仁而得仁"①的致思方向，将"仁"指向了主体心性，说"仁，人心也"②，并将这种仁心的终极根源归之于天，认为仁义礼智四端是天之所予人的本质属性，从而提出了"性善论"，回答了人为何能"为仁由己"的问题，确立了"先立乎其大""求其放心"③"尽心、知性、知天"④的修养路径，发展了孔子如何"为仁由己"的理论，为其"仁政"政治思想张本。⑤

　　荀子则发扬了孔子的"礼学"思想，认为"人无礼则不生，事无礼则不成，国家无礼则不宁"⑥，并从人类社会的发展与现实生活实际出发，认为人人生而即有好逸恶劳、饱食暖衣的自然生理欲求，如果不对其加以节制，任其发展，就会导致"欲而不得，则不能无求；求而无度量分界，则不能不争；争则乱，乱则穷"⑦，天下大乱的格局，因此圣人因人之性恶，"为之起礼义，制法度，以矫饰人之情性而正之，以扰化人之情性而导之也"⑧，以"养人之欲，给人之求，使欲必不穷乎物，物必不屈于欲"⑨，解答了孔子为什么要对人"约之以礼"的问题，并提出了学习"师法之化，礼义之道"⑩、化性

　　①　朱熹：《四书章句集注》，第 93 页。
　　②　朱熹：《四书章句集注》，中华书局 2011 年版，第 312 页。
　　③　同上。
　　④　同上书，第 327 页。
　　⑤　关于孟子如何发扬孔子的仁学精神，提出了性善论及其相应的人性修养理论、仁政的政治理念，请参见王琦：《孟子对孔子人性论的拓展与重构》，《华南农业大学学报》2007 年第 2 期。
　　⑥　王先谦：《荀子集解·修身篇第二》，第 23 页。
　　⑦　王先谦：《荀子集解·礼论篇第十九》，第 346 页。
　　⑧　王先谦：《荀子集解·性恶篇第二十三》，第 434 页。
　　⑨　王先谦：《荀子集解·礼论篇第十九》，第 346 页。
　　⑩　王先谦：《荀子集解·性恶篇第二十三》，第 434 页。

起伪、积善成德等具体的修养途径，确定了以"礼法"治国的理念。①

之后，汉唐诸儒、宋明清理学家们，沿着孔、孟、荀开辟的道路，基于对"仁""礼""心""性""天""人"等问题，提出了丰富的人性论、修养工夫论及其治国理政方略，其根本目的就是为人为什么要"修己"，怎样"修己"，如何"正人"找到理论依据与现实实践途径，应该说有什么样的人性论，就有什么样的修养工夫论，就有什么样的政治理念与为政方略。所以董仲舒说："明于性情，乃可与论为政。不然，虽劳无功。"②"政者，正也"的为政原则，折射的是中国历代先贤对德政礼治政治理想的追求、对社会秩序和谐有序的期望、对全体社会成员道德素质的期盼，其核心点在于对"人"及"人性"的关注。只有符合人性民情的政治才是真正有效的政治，而真正有效的政治一定是符合人性人情之"正"的政治，这种人本主义与德治主义的精神，对于我们建设有中国特色社会主义，正确处理道德与法律、德治与法治之间的关系，加强社会主义精神建设与公民道德素质建设依然有着重要的借鉴意义。

（本文已发表在《湖南大学学报》（社会科学版）2015 年第 5 期。发表时的题目是：《"政者正也"析论》）

---

① 关于荀子如何发扬孔子的礼学思想，提出其性恶论、化性起伪的修养论与以礼法治国的政治理论，请参看王琦：《孔荀思想演进的人性论逻辑》，《求索》2012 年第 6 期。

② 张世亮，钟肇鹏，周桂钿译注：《春秋繁露·正贯第十一》，第 159 页。

第十二讲

"修己以安人"

邓　林

"修己以安人"语出《论语·宪问》，是孔子用来回答学生子路的一种"君子之道"。后世儒者大多认为"修己安人"（或称"修己治人"）大体概括了儒学的基本内容和宗旨，所以此语一直是儒家士人致思用力的中心所在。古时候就有儒者曾说："学者之功用，不过修己安人而已。明明德，所以修己也；亲民，所以安人也；两者皆欲止于至善也。"（《礼记集说》卷一四九）近人章太炎也曾指出："儒家之学不外修己治人，而经籍所载，无一非修己治人之事。"[1] 梁启超则径直说道："儒家哲学，范围广博。概括说起来，其用功所在，可以《论语》'修己安人'一语括之。"[2] 由此可见，"修己安人"不仅是《论语》中的一个重要术语和问题，在一定意义上也可以说是整个儒学的中心或关键所在。然而，"修己安人"在《论语》中原本是指什么？"修己"如何能够"安人"？或者说"修己安人"是如何可能的？不止于此，"修己安人"在今天对于一个现代儒者来说是否依然还是正当或合适的？也就是说，"修己安人"作为传统儒家的宗旨和目标依旧还能为现代儒家所宗奉并追求吗？对于这些问题，虽然前人已经或多或少有所涉及，却少有专篇论述和深入分析。有鉴于此，这一讲试以《论语》"修己以安人"之语为中心就这些论题略作探讨。

---

① 章太炎：《章太炎国学讲演录》，中华书局 2013 年版，第 66 页。
② 梁启超：《儒家哲学》，上海人民出版社 2009 年版，第 34 页。

一 "修己以安人"释义

为了更好地理解"修己安人"的意涵,我们需要回到《论语》中,结合上下文及其语境来进行综合考察。《论语·宪问》载:

> 子路问君子。子曰:"修己以敬。"
>
> 曰:"如斯而已乎?"曰:"修己以安人。"
>
> 曰:"如斯而已乎?"曰:"修己以安百姓。修己以安百姓,尧舜其犹病诸?"

相比较而言,应该说这段话在《论语》中不能算是很难解释的,因为整段话的语义可称得上是简单明了,只不过要想解释得恰切而圆通还是有个别的疑难之处。总体来看,历代注解《论语》诸家对这一段话的解释较有争议或容易产生歧义的地方主要有:第一,何谓"修己以敬"?特别是对于"敬"字的解释。第二,涉及"安人"和"安百姓"的解释,主要是指"安"的分别是哪些人?也就是"安人"与"安百姓"在所"安"之对象上有何区别?归结起来,落到《论语》原文,我们可以从"修己以敬"和"修己以安人"及"修己以安百姓"的解释入手来尝试解决这些疑难。

(一) 释"修己以敬"

"修己以敬"究竟是什么意思呢?这四个字貌似平常,细究起来恐怕也不简单。"修己"通常就解释为"修身"或"修养自己",首先遇到的一个问题是后面的"敬"是"修己"的目标,还是"修己"的方法呢?如果"敬"本身就是一种德,是"修己"的目标,那么这里的"以"字视作连词,释为"而"或"而至于";如果"敬"只是一种"修己"方法,那么这里的"以"字则做介词用,是"用"的意思。不止于此,问题还在于这里的"敬"是指"敬人",还是"敬事"呢?如果是"敬人",那么是指"敬自己"还是指"敬他人"？抑或是"人""己"皆"敬"？事实上，历史上对此的解释并不一致。

《论语注疏》对于"修己以敬"引孔安国注说是"敬其身"，邢昺后来解释道："'修己以敬'者，言君子当敬其身也。"可是，"敬其身"又是指什么呢？在《礼记·哀公问》中恰好曾记载一段鲁哀公与孔子关于"敬其身"的问答：

> 公曰："敢问何谓敬身？"
>
> 孔子对曰："君子过言则民作辞，过动则民作则。君子言不过辞，动不过则，百姓不命而敬恭。如是则能敬其身；能敬其身，则能成其亲矣。"

在这里，孔子主要是在强调君子的表率作用，认为君子不说错话，不做错事，老百姓不用下命令就会恭敬地服从，这样就叫作能"敬其身"。按照这样的解释，"敬其身"应该更偏向于作"敬己"的理解，即敬重自身，而不是"敬他人"或"敬事"。明代吕柟就说："'修己以敬'，如云'以敬修己'，'修'字中却有工夫。"（《四书因问》卷四）清代的李光地也认为："'修己以敬'者，以敬修己也。"（《榕村四书说·读论语札记》）今人钱穆大概就是据此将"修己以敬"解释为"把敬来修己"[1]。也就是说，"敬"在这里更多的是"修己"的一种态度与工夫。

但是，历史上也有很多学者将"修己以敬"中的"敬"视作既要"自敬"也要"敬人"。尤其是在宋明理学中，"敬"成了一种重要的心性修养工夫，二程和朱熹等人更是提倡"主敬"之说与另一派提倡"主静"者相对。[2] 朱熹就说："敬者，非但是外面恭敬而已，须是要里面无一毫不直处，方是所谓'敬以直内'者是也。"（《朱子语类》卷四十四）除此之外，朱熹还特别突出了这个"敬"字，他

---

[1]　钱穆：《论语新解》，生活·读书·新知三联书店2002年版，第392页。

[2]　参见姜广辉：《主静与主敬》，载《理学与中国文化》，上海人民出版社1994年版，第324页。

认为："'敬'字是彻头彻尾工夫，自格物、致知至治国、平天下，皆不外此。"（《朱子语类》卷十七）他还说："自秦汉以来，诸儒皆不识这'敬'字，直至程子方说得亲切，学者知所用力。"（《朱子语类》卷十二）朱熹这里所说的"程子"之说应是指他在《四书章句集注》中引用的程颐的说法："君子修己以安百姓，笃恭而天下平。唯上下一于恭敬，则天地自位，万物自育，气无不和，而四灵毕至矣。此体信达顺之道，聪明睿知皆由是出，以此事天飨帝。"（《论语集注》卷七）

不难看出，理学家释"敬"不仅将其视为一种修身工夫，而且"修己以敬"也成了儒家"修齐治平"的要诀和关键所在。宋人钱时就说："修己以敬，正《大学》之要旨，所谓治国之道及平天下皆本于是。"（《融堂四书管见》卷七）明代的吕柟说："细看'修己以敬'四字，一部《大学》都可了得。"（《四书因问》卷四）朱熹也说过："盖所谓'修己以敬'者，语虽至约，而所以齐家、治国、平天下之本，举积诸此。"（《四书或问》卷十九）而明代的湛若水是这样解释"修己以敬"之"敬"的：

> 夫敬，德之聚也。敬则合内外，该心事，通众寡，物我两尽者也，言约而义博，齐家、治国、平天下尽之矣。故安人、安百姓，不越乎"修己以敬"之一言而尽之尔。（《格物通》卷十六）

在这里，"敬"就不只是一种修身工夫，"敬"本身即是"德"，是"德之聚"，因而"敬"也就可成为一种目的。正如清代陆陇其所说："盖'敬'字，若浅看，只是一身上工夫，就一身上看，亦只是一件工夫；若深看，则这'敬'字只怕充积未盛耳，充积到盛时，则'敬'字外别无学问，亦别无经济，内圣外王之事无不在其中矣。"（《松阳讲义》卷九）

但是，以上所述其实都还主要是将"修己以敬"之"敬"解释为"敬'人'"。然而，另还有一派学者认为，这里的"敬"并非指"敬'人'"，而应该是指"敬'事'"，此"敬"是"严肃认真"的意思。这种解释可以今人杨伯峻和李泽厚为代表。① 因为《论语》中确实存在"敬"与"事"搭配连用的现象，表示一种工作态度，比如"敬事而信"（《论语·学而》），又如"事君，敬其事而后其食"（《论语·卫灵公》）。而且，根据杨伯峻的研究，"敬"字在《论语》中一共出现 21 次，其中就有 18 次是表示"敬事"即对工作的严肃认真，只有 3 次是指"敬人"方面的。② 本文认为，这种解释也能说得通，并且也可谓有理有据，无疑可成"一家之言"。

总而言之，"修己以敬"作为孔子回答子路的"君子之道"，无疑是以"修己"或"修身"为本的，而"敬"应该兼具"敬己"和"敬人"之意，而且也不排除在指敬"人"的同时兼指敬"事"。也就是说，无论是对"人"还是对"事"而言，"敬"在这里最首要的意涵应该是指"君子"所具备的一种待人处事的方法和态度。在这个意义上，"敬"又成了一种君子才特有的德行或品质，本身就成了目的。这样看来，"修己以敬"的关键就在于：要通过修养自身而使自己能"敬"。

（二）释"修己以安人"与"修己以安百姓"

当子路问孔子怎样才能做一位君子，孔子的回答是"修己以敬"。然而，子路对此回答并不满足，觉得把"君子"说得简单了些，不敢相信"君子"就是"如斯而已"！于是，孔子在子路的一再追问之下，先后又提出了"修己以安人"和"修己以安百姓"。一般来说，这里的"安"可解释为"安顿"或"使安乐"的意思。而之所以将"修己以安人"与"修己以安百姓"放在一块解释，主要是因为这里的"安人"与"安百姓"理应有所不同，至少所"安"之对象是有区别的。而且，"安人"与"安百姓"之间应该还具有某种"递进"

---

① 对于"修己以敬"的翻译二人只有细微差别，杨伯峻的解释是"修养自己来严肃认真地对待工作"，参见杨伯峻：《论语译注》，中华书局 2009 年版，第 157 页。李泽厚则解释为"修养自己，严肃认真地对待政务"，参见李泽厚：《论语今读》，生活·读书·新知三联书店 2008 年版，第 442 页。

② 参见杨伯峻：《论语译注》，中华书局 2009 年版，第 284 页。

的关系，因为孔子提到"安百姓"是连尧、舜这样的大圣人都很难做到的。

于是，历代以来对此的解释多能注意到"人"与"百姓"之间的差别问题，而在"安"的问题上反而没有能够引起足够的关注。比如，何晏《论语集注》引孔安国注解释"人"为"朋友九族"，而邢昺后来为之作《疏》则将"人"与"百姓"分别解释为"亲族"与"众人"。在这里，"人"与"百姓"的差别主要在于关系的亲疏远近。朱熹的解释是："人者，对己而言。百姓，则尽乎人矣。"（《论语集注》卷七）在这里，"人"与"百姓"的不同就主要体现为人群数量和范围上的差异。清人黄式三则注意到了"人"在身份阶层上的区别，他说："君子，上位之君子也。人，犹臣也。"（《论语后案·宪问十四》）而清人刘宝楠则提出："'安人'者，齐家也。'安百姓'，则治国平天下也。"（《论语正义》卷十七）康有为则认为："安人，小康之治也；安百姓，大同之治也。"（《论语注》卷十四）刘、康二人都对"安人"与"安百姓"之间的层级递进关系做出了自己的解释。

无论如何，尽管诸家对"安人"与"安百姓"的解释有所不同，但是对于应该将"人"与"百姓"视为不同的对象群体则大体并无异议。问题在于，这里"人"与"百姓"是否为同一层次的人群，也就是说二者是否只有数量范围或关系远近的差别？如果只是数量上的不同，那么"百姓"与"人"又是否具有"包含"关系？抑或是二者根本就属于两类不同的阶层群体，不只是在"量"上有区别，更含有"质"的不同？事实上，这里问题的关键就在于对"安人"之"人"的理解。杨伯峻认为，古人所说的"人"字有广、狭两义，广义的"人"指一切人群；狭义的"人"则专指士大夫以上各阶层的人，是不包括"百姓"在内的。而这里"修己以安人"与"修己以安百姓"对举，显然表明这个"人"字应该是狭义的，是不包括后面所说的"百姓"的。① 笔者以为，杨氏的说法基本上是可以接受

---

① 参见杨伯峻《论语译注》，中华书局 2009 年版，第 4、157、213 页。

的。只不过，杨伯峻将"修己以安人"翻译为"修养自己来使上层人物安乐"① 感觉多少还是有些别扭。

或许更恰当的解释是：这里"人"与"百姓"除了指阶层身份的不同，还意指（甚至主要是）一种人与人之间的关系亲疏、远近和数量多少之别。也就是说，孔子针对子路的一步步追问，其"君子之道"从"安人"到"安百姓"所"安"之对象其实是由近（亲朋或身边的人）及远（陌生人或众人）、从易（人少）至难（人多）的。在这个意义上，钱穆在这个问题上的解释就显得更为圆通：

> 安人之人，指政府百官与己接触者言。百姓，指社会群众与己不相接触者言。一己不修，即政府群僚皆为之不安，连及于天下众庶亦为之不安。人道莫大于能相安，而其端自安己始。安己自修敬始。孔门本人道论政事，本人心论人道，此亦一以贯之，亦古今通义。②

钱穆解释的长处在于不仅注意到了"人"与"百姓"的身份阶层之别，更注意到了"人"与"百姓"在"与己"关系上的亲疏远近之分。在古、今不同语境中，我们可以针对"修己安人"之"人"做出稍有差异和偏重的意涵理解：在《论语》中，这里所"安"之"人"除了指关系较亲近，应该多少还是有一些阶层身份上的要求的；而在现代语境中，对于"人"的这种阶层身份上的特殊要求显然已无必要。正如"君子"在孔子那里原本兼有"有德者"与"有位者"之义，后世所理解的"君子"显然已经不再苛求某种阶层身份与是否"有位"，而主要是指"有德者"。

二 "修己安人"如何实现

我们在大致了解"修己安人"这一段话的意思后，可能会面对这

---

① 参见杨伯峻《论语译注》，中华书局 2009 年版，第 157 页。
② 钱穆：《论语新解》，生活·读书·新知三联书店 2002 年版，第 391 页。

样的疑问："修己"如何能够做到"安人"？"修己"与"安人"之间是依靠什么联系在一起的？也就是说，所谓"安人"该如何来"安"呢？

其实，这不只是现代人才有的疑问，在古代就出现了。《朱子语类》卷四十四记载有：

> 或问："修己如何能安人？"
> 曰："且以一家言之，一人不修己，看一家人安不安？"

在这里，朱熹事实上并没有予以正面回应，只是以"一家"为例来说明了这个问题。在《四书或问》中，我们能看到比这里更详细一些的说明：

> "修己以敬"，贯彻上下，包举远近，而统言之也。安人、安百姓，则因子路之问，而以其功效之及物者言也。然曰"安人"，则"修己"之余而敬之至也；"安百姓"，则"修己"之极而"安人"之尽也。是虽若有小大远近之差，然皆不离于"修己以敬"之一言，而非有待扩之而后大、推之而后远也。（《四书或问》卷十九）

很显然，朱熹认为无论是"安人"还是"安百姓"，其基础和根本都在于"修己以敬"，都是通过"修己以敬"来实现"安人"和"安百姓"。

事实上，远不止朱熹一人持这样的看法，比如张栻也认为"修己以敬"一语已经包含了安人、安百姓之"理"：

> 修己之道，不越乎"敬"而已。敬道之尽，则所为"修己"者亦无不尽，而所以"安人""安百姓"者，皆在其中矣。盖一于笃敬，则其推之家以及于国以及于天下，皆是理也。极其至，天地位焉，万物育焉。兆民虽众，其有不得其所安者乎？是则

"修己以敬"一语理亦无不尽者。(《癸巳论语解》卷七)

而清代李光地同样将"修己以敬"作为"安人"和"安百姓"的基础和根本：

> "修己以敬"者，以"敬"修己也。修己以安人、安百姓者，以其修己之"敬"，推之而安人、安百姓也。修己安人、安百姓，内自有功夫，然皆必以"敬"为主。"敬"者，德之本，而礼之实也。(《榕村四书说·读论语札记·卷下》)

虽然理学家们特别凸显了"敬"字的功用，但是孔子所说的"安人"和"安百姓"都是通过"修己"或"修己以敬"来实现则应该是没有疑问的。无论是"安人"还是"安百姓"，孔子都明确指出了是要"修己以安人""修己以安百姓"。用朱熹的话说，"安人"也好，"安百姓"也好，都已包含在"修己以敬"的意涵范围之内，在这个意义上甚至都无须做"推己及人"的功夫。因此，孔子在这里所说的"君子之道"与其说重在"修己以安人"和"修己以安百姓"，不如说重在"修己以敬"；与其说是在提倡儒者们个个去追求"安人"和"爱百姓"，不如说是在强调儒者应该以"修己"为本。

实际上，"安人"以"修己"为本，这与孔子反复强调为政者应该以"修身""正己"为先是一致的。当季康子向孔子问政治，孔子的回答就是："政者，正也。子帅以正，孰敢不正？"(《论语·颜渊》)鲁哀公问政，孔子也说："政者，正也。君为正，则百姓从政矣。君之所为，百姓之所以从也；君所不为，百姓何从？"(《礼记·哀公问》)在孔子看来，为政者若能以身作则，老百姓就会上行下效，自然遵纪守法。他说："其身正，不令而行；其身不正，虽令不从。"(《论语·子路》)孔子的这种政治理念尤其体现在他的一个形象比喻之中："君子之德风，小人之德草。"(《论语·颜渊》)他的这种思想要借用"内圣""外王"的概念来分析的话，"修己"是"内圣"之学，属于道德范围；"安人"是"外王"之学，属于政治范围。

如此一来，问题在于"修己安人"是如何做到的？"修己"与
"安人"到底是两件事还是一件事？按照孔子和传统儒学的理解，
"修己"与"安人"显然应该是一件事，"安人"不离"修己"并是
以"修己"为本的。正如朱熹所说："修己以敬，贯彻上下，包举远
近，而统言之也。安人、安百姓，则因子路之问，而以其功效之及物
者言也。"（《四书或问》卷十九）所以，明代顾清就说："'修己以
敬'，圣人之言已是尽了。其下'安人''安百姓'，乃因子路不足而
极言之，非别有一道也。"（《东江家藏集》卷三十二）事实上，对儒
家"修己安人"理论的系统阐述尤其体现在《大学》之中。《大学》
之"八条目"恰好可以"修身"为界划为两部分，此前的"格物"
"致知""诚意""正心"是"明明德"的范围，讲的都是"修己"
的事情；此后的"齐家""治国""平天下"都是"亲民"的范围，
讲的是"安人"的事情。而"划为两部分"并非意味着可以断为两
截，"修身"在这里面始终是居于核心和本体地位的。《大学》中所
说"自天子以至于庶人，壹是皆以修身为本"即此意。正如孔颖达
之疏说：

> "壹是皆以修身为本"者，言上从天子，下至庶人，贵贱虽
> 异，所行此者专壹以修身为本。上言诚意、正心、齐家、治国，
> 今此独云"修身为本"者，细则虽异，其大略皆是修身也。
> （《礼记正义》卷六十）

所以，古代就有学者提出"修己"与"治人"之间可以看作一
种"体用"的关系："若以'修己'对'治人'而言，则'修己'
是'体'，'治人'是'用'。"（《四书管窥》卷二）

其实，对于这些道理似乎还是梁启超说得最通透，他说：

> 做"修己"的功夫，做到极处，就是"内圣"；做"安人"
> 的功夫，做到极处，就是"外王"。至于条理次第，以《大学》

上说得最简明。《大学》所谓"格物""致知""诚意""正心""修身"，就是"修己"及"内圣"的功夫；所谓"齐家""治国""平天下"，就是"安人"及"外王"的功夫。然则学问分做两橛吗？是又不然。《大学》结束一句"壹是皆以修身为本"。格、致、诚、正，只是各人完成"修身"工夫的几个阶级；"齐家""治国""平天下"，只是各人以已修之身去齐他治他平他。所以"自天子以至于庶人"，都适用这种工作。《论语》说"修己以安人"，加上一个"以"字，正是将"外王"学问纳入"内圣"之中，一切以各人的自己为出发点。以现在语解释之，即专注重如何养成健全人格。人格锻炼到精纯，便是"内圣"；人格扩大到普遍，便是"外王"。儒家千言万语，各种法门，都不外归结到这一点。①

综上所述，本文认为在孔子所说的"修己"与"安人"之间并非真有个什么东西来把它们二者连在一起②。借用古人的话说，"修己"与"安人"之间是一种"体"与"用"、"本"与"末"的关系。"修己"是"体"和"本"，是根本和基础；"安人"是"用"和"末"，是"修己"的一种效用或效果。正因为如此，传统儒家都是不断地反复强调"修己"的重要性，提倡只需本着"修己"来"安人"，强调许多事情都要以"修己"或"修身"为本就是这个道理。正如杜维明所说："坚持以修身为本，齐家、治国、平天下为末，清楚地说明了政治服务应当是个人道德的自然生发。"③ 在这里，"修己"与"安人"从根本上来说只是一件事，绝不是两件事，所以在

---

① 梁启超：《儒家哲学》，上海人民出版社 2009 年版，第 34—35 页。

② 因此，有学者曾指出："三个'以'字不同，'修己以敬'的'以'字有工夫，言'把敬修己'也；下二'以'字不着力，作'即以'看，修己'即以'安人也，修己'即以'安百姓也。"（陆陇其《四书讲义困勉录》卷十七）笔者以为，虽然"修己以敬"之"以"字是否有工夫还可以讨论，但是他指出的后面两个"以"字"不着力，作'即以'看"无疑应该是正确的。

③ 杜维明：《道、学、政：论儒家知识分子》，钱文忠、盛勤译，上海人民出版社 2000 年版，第 26 页。

这个意义上当你问"修己"如何来"安人"的时候其实就已经错了。因为孔子所说的"修己以安人"不是在通过"修己"来实现"安人",而是"修己"做到极处自然能够"安人"。也就是说,"修己"在这里不是实现"安人"的一种"手段","修己"与"安人"本为一体,合起来本身即是目的。所以,如果一定要问的话,我们只能问"修己安人"是如何可能或实现的,而不能问"修己"何以或如何能够"安人"。

三 "修己安人"的现代反思

关于"修己安人"的问题,按照现代人的理解,如果说这里"人"主要是指自己周围或身边的人,那么现在我们"修己"似乎顶多也只能使人家不至于"不安",而"安顿他人"或"使人安乐"恐怕是一种更高的要求。正如"己欲立而立人,己欲达而达人"是一种比"己所不欲,勿施于人"要更高的要求。上文所引朱熹在回答学生"修己如何能安人"的问题时,他也只能以"一家"为例从反面去说"不修己"会使"家人""不安",却未能从正面说明"修己安人"是如何可能的。而且,如果这里的"人"是像后世所理解的泛指一般的人,那么这种"修己安人"的要求又更高,难度也更大了。如此"修己安人"又如何可能呢?它又何以能够成为儒学的宗旨和目标呢?

事实上,在子路与孔子的这一问一答中,历代《论语》注释的重心始终都是孔子的回答。而子路作为对话者的人物形象、性格乃至社会背景等分析却大多是付之阙如的,而这一点对于孔子先后三次回答的"君子之道"来说绝不是无关紧要的。因为孔子一向以能够"因材施教"而闻名,面对子路的一再"追问",孔子没有理由在回答子路的问题时而完全不考虑子路作为"受教"对象的因素。本文认为正是这些因素导致孔子在给出"修己以敬"作为"君子之道"之后,再先后提出"修己以安人"与"修己以安百姓"。换言之,这里的"提问者"和"受教者"如果不是"子路",孔子的"君子之道"则很可能就只说一个"修己以敬",而未必还会说出"修己以安人"与"修己以安百姓"。

质言之,"修己安人"作为一种"君子之道"乃至整个儒学的宗旨和目标即便适合"子路",但未必适用于所有人,更未必适用于今天的现代儒家。尤其是所谓"修己以安百姓",孔子已经提醒儒家弟子们连尧、舜这样的大圣人都未必能够做到。正如上文分析所指出的那样,而"安人"与"安百姓"的现代差别只剩下关系亲疏、远近和人群数量多少之别。正是在这个意义上,本文在此提出:现代儒家需要从"修己安人"回到"修己以敬"。

所谓从"修己安人"回到"修己以敬",它主要有两层意思:一方面,"修己安人"与"修己以敬"虽然都是孔子指出的"君子之道",但所有的儒者都应该从孔子最先给出的那个"修己以敬"做起;另一方面,如果说传统儒学的宗旨和目标是"修己安人",那么现代儒学的宗旨和目标也应该回到"修己以敬"这一更基本的层级上面来。这既是基于社会现实对现代儒家的宗旨和目标的一种适当调整或改变,也可以说是在消除作为"提问者"和"受教者"的"子路"身上的某些"特殊性"之后,为孔子原本的"君子之道"做出"可普遍化"的某种"还原"。

那么,子路究竟是一个什么样的人呢?在他身上又有何"特殊性"存在?司马迁在《史记·仲尼弟子列传》有记载:

> 仲由字子路,卞人也,少孔子九岁。子路性鄙,好勇力,志伉直,冠雄鸡,佩豭豚,陵暴孔子。孔子设礼稍诱子路,子路后儒服委质,因门人请为弟子。

子路在《论语》中以"好勇"和性格直爽的形象出现,是孔门之中年纪较大也是较早做官的学生。大概是因为孔子说过子路在学问上已"升堂"而"未入于室"(《论语·先进》),所以当子路一而再、再而三地追问孔子"君子之道"时,历代注解《论语》的学者大多解释为是因子路性格"粗率"或学问不到家而没看懂或看"轻"

了"修己以敬"一语。

本文认为，这固然可以说是一种合理解释，也是子路所具有的一个很重要的人物性格特征。但是，子路还有另一个重要特征却被忽视了，即子路颇有政治才干，他是孔门四科之中"政事"科的重要代表人物（《论语·先进》）。所以，当有人问孔子是否可以任用子路来治理政事的时候，孔子的回答是肯定而干脆的：

> 季康子问："仲由可使从政也与？"
> 子曰："由也果，于从政乎何有？"（《论语·雍也》）

孔子意谓：子路之才果敢决断，对于从政有什么困难呢？孔子不但知道子路有政治才能，也知道子路很有政治抱负，因为子路曾经对孔子说过他的政治志向：

> 千乘之国，摄乎大国之间，加之以师旅，因之以饥馑，由也为之，比及三年，可使有勇，且知方也。（《论语·先进》）

子路还曾自述其志说"愿车马衣轻裘，与朋友共敝之而无憾"（《论语·公冶长》），孔子自己也明确说过："由也，千乘之国，可使治其赋也。"（《论语·公冶长》）此外，据《韩诗外传》记载，子路曾治理"蒲"地三年，颇有政绩，受到孔子"三称其善"的褒奖。（《韩诗外传》卷六）由此来看甚至可以说子路已经有了"安人"的心愿。综上所述，本文认为孔子在"修己以敬"之后继而提出"修己以安人"和"修己以安百姓"，没有理由完全不考虑"受教"对象子路在"政事"方面的心愿、才干和抱负。

质言之，并不是所有人在"修己以敬"之后都能够做到"修己以安人"，更不要说连尧、舜都感到为难的"修己以安百姓"。问题的关键就在于要想实现"修己安人"必然得涉足"政事"。这里的"政事"可作广义的理解，简言之即"众人之事"，比如现在所说的政治、公共行政管理等。否则，一件理应纯属"私事"的"修己"

如何能够做到使众人安乐？即便在传统社会之中，恐怕也并不是所有的儒家知识分子都能够实现"修己安人"的志愿，哪怕是通过"修己"达到德如"君子"也得"有位"去施行"政事"才行。据此可以推知，在这里子路所问与孔子所答的"君子"都应该是指既"有德"又"有位"之"君子"。也正因为如此，子路对于一个"有德"且"有位"之"君子"仅止步于"修己以敬"才会感到并不满足。事实上，朱熹在一次回答弟子的问题时已经道出了这个"修己安人"的"关键"：

> 曰：程子所谓"学至尧舜，则自有尧舜之事"，何也？
> 曰：是以为修己以安人而及于百姓，必有政事之施焉。而夫子之言若此，则疑若修己于此，而径可及人者，盖举其本而系其末，以为施为之广狭，皆随其根本之浅深，而初无所待于外也。
> （《四书或问》卷十九）

很显然，这个"关键"就在于："修己以安人而及于百姓，必有政事之施焉"！也就是说，要想实现"修己安人"必须进入"政事"领域或有"政事"行为，"君子"要想"修己安人"除了要"有德"还得"有位"才行。因此，那些没有"政事"之志和"政事"之才的儒者不妨回到"修己以敬"，好好努力做到"修己以敬"就不错了。今天的儒者假若个个都想着通过努力"修己"，然后自然而然地去实现"安人"之愿又如何可能呢？从古至今，能够通过"政事"做到"修己安人"的儒者毕竟是少数人。总之，现代儒学的基本宗旨和目标绝不应该是那个只有少数人才有可能做到的"修己安人"，不妨回到那个可以"普遍化"而大家都可能做到的"修己以敬"！

最后还需要指出的是，回到"修己以敬"的儒者是否需要担心有沦为"自了汉"之讥？本文认为，这是完全无须担心的。一方面，回到"修己以敬"并非只顾"自己"，要真正做到"修己以敬"也绝非易事，正如理学家所说"安人"与"安百姓"之理已尽在"修己以敬"之中，"修己以敬"之"敬"至少应该做到"敬人""敬事"；

另一方面，回到"修己以敬"并不反对一部分如同"子路"那样拥有政治才能和政治抱负的儒者依然可以将"修己安人"作为自己的人生目标。只不过，现代儒家的"修己安人"还是应该以"修己"为本，通过"修己以敬"从自己的身边人"安"起。因为如果说"修己安人"之"人"在孔子那里还具有一点特殊的身份或阶层"色彩"，那么原本就不是十分明显的这点"色彩"随着历史的演变和流转早该消失殆尽，至今所谓"修己安人"之"人"理应只剩下"与己接触者"（钱穆语）这一"首要义"。而且，现代儒家即便在得"位"拥有"安人"乃至"安百姓"的平台之后，首先应该致力的还不是如何主动去"安人"，而应该是如何使自己的"权力"不至于使人感到"不安"。因为许多现代政治事实经验已经表明，凡是试图通过"权力"来"安人"者，首先做到"有所不为"往往要比他是否"有所为"更重要。

第十三讲

"古之学者为己，今之学者为人"

邓　林

据《论语》记载，孔子曾说："古之学者为己，今之学者为人。"（《论语·宪问》）虽然历代学者对这句话的解说不尽一致，但自此之后"为己之学"就成为儒家非常看重的一种学风或学问传统。只不过，现如今这"学风"紧跟着"世风"也渐成"日下"之势，传统的"为己之学"似乎很快就要成为当代学人们的一种怀想和奢求。然而，问题还在于儒家倡导的"为己之学"仅是意味着一种古老的优良学风吗？

值得一提的是，三十多年前，现代新儒家的重要代表人物徐复观先生完成了他生前最后一篇学术论文：《程朱异同》。临终之前，躺在病床上的徐复观曾提及该文的撰述意图：

> 《程朱异同》一文，以"为己之学"，贯通孔、孟、程、朱、陆、王学脉，老庄对知识与人生态度与儒学异，但其学问方向亦与此相通……①

徐先生自陈这是他"最后体悟"所得，也知道自己恐怕已经时日无多，为它"得之太迟，出之太骤"而感到惋惜，而且"以未能继续阐述为恨"。② 在这里，徐复观先生所说的"为己之学"显然不是

---

① 徐复观：《中国思想史论集续篇·自序》，上海书店出版社 2004 年版，第 3 页。
② 同上。

单纯的"学风"所能解释得通的。

为此,本人希望能够承续徐氏之遗志,围绕历史上儒家学者对《论语》"古之学者为己,今之学者为人"这句话的诠释,试图从中梳理并揭示出"为己之学"最主要的两种历史意涵,并在此基础上阐发其现代意义。

简言之,本人的基本观点是:历代儒家对"古之学者为己,今之学者为人"这句话的解释充满分歧但也有共识,而"为己之学"在儒家思想史上的诸多理解之中有两种意涵是最为突出的。一是代表君子学风的"为己之学";二是作为儒家学统的"为己之学",这二者之间联系紧密但也能相互区别。无论是这二者之中的哪一种,今天我们重提"为己之学"都有着十分重要的现实意义。

一 引领君子之风的"为己之学"

"古之学者为己,今之学者为人"语出《论语·宪问》篇。在《卫灵公》篇中,孔子又说:"君子求诸己,小人求诸人。"这两段话的主旨基本上是一致的。一般认为孔子在此提出的是古与今、君子与小人的两种完全不同的学问态度或学风。相较于"今人"的"为人之学",孔子推崇和认可的是"古人"的"为己之学"。

问题主要在于,后世对"为己"和"为人"乃至"为己之学"与"为人之学"的理解并不一致,而对其中"为"字的解读不同可能是引起争论的重要原因。关于"为"字的问题,大体有两种解释。

第一种解释是:"为"作动词用,是"治理"的意思,与《论语》中"为政以德"(《论语·为政》)、"善人为邦百年"(《论语·子路》)等"为"字的用法相同。照此解释,"为己"即"治己"或"修己"之意,"为人"即"治人",这里的"为"现在我们应该读"wéi"。

第二种解释是:"为"作介词用,表示目的,就是"为了"的意思。照此解释的话,"为己"即"为了自己","为人"即"为了别人",这里的"为"应该读"wèi"。朱熹在《论语集注》卷七中曾明确指出："为，去声。"即"为"应该读"wèi"，亦即支持第二种解释。

但据杨伯峻先生的统计，在《论语》中"为"字一共出现 170次，其中绝大部分是用作动词而非介词，[①] 他的说法倾向于支持第一种解释。无论如何，如果只是就字解字，视野不免过于局限和片面，所以更进一步的确切解释还是需要将这句话置于具体的历史脉络和语境中。

郭店楚墓竹简中的《成之闻之》篇是早期儒家的重要文献，该篇的主旨就在于提出要通过"求己"而达到"用民"的目的，这种强调"求己"的思想与《论语》中"君子求诸己"的说法相一致。在历史上，较早对"为己之学"与"为人之学"进行解释且产生了较大影响的应该是荀子。荀子将"为己之学"与"为人之学"的区别视为"君子之学"与"小人之学"的区别。他说：

> 君子之学也，以美其身；小人之学也，以为禽犊。（《荀子·劝学篇》）

唐代杨倞注："禽犊，馈献之物也。"也就是说，"为己之学"或"君子之学"是以修身为目的的，而"为人之学"或"小人之学"却是用来交易或取悦他人的。荀子还说：

> 君子之学也，入乎耳，箸乎心，布乎四体，形乎动静，端而言，蠕而动，一可以为法则。小人之学也，入乎耳，出乎口，口耳之间则四寸耳，曷足以美七尺之躯哉？（《荀子·劝学篇》）

在荀子看来，君子应将所学融入自己的思想（"箸乎心"）和行为（"布乎四体，形乎动静"云云）中，小人则将所学停留在嘴巴上（"入乎耳，出乎口"），嘴上说一套，心里想的、实际做的却是另一

---

① 参见杨伯峻：《论语译注》，中华书局 2009 年版，第 279 页。

套。引申而言，君子学习道德知识是为了提高和充实自己，小人学习道德知识是为了教训别人，自己却做不到。所以，"君子之学"与"小人之学"的一个重要区别就在于是否言行一致，即主要看他是否愿意付诸行动，身体力行，说到做到。

因此，在荀子看来，"为己之学"与"为人之学"的差别主要表现在两个方面：一是为学目的上的不同；二是看其所言与所行是否能够统一起来，后世儒家的解释许多都是围绕这两个方面来展开的。

《论语注疏》中的解释就更侧重荀子后一个方面的理解。孔安国的注解就说："为己，履而行之；为人，徒能言之。"（《论语注疏》卷十四）邢昺则疏解说：

> 此章言古今学者不同也。古人之学，则履而行之，是为己也。今人之学，空能为人言说之，己不能行，是为人也。（《论语注疏》卷十四）

也就是说，身体力行的才是"为己之学"；如果自己不能身体力行，只将所学到的东西用作自己的装饰，以赢得别人的赞美，那就是"为人之学"。所以，南朝梁皇侃在其《论语集解义疏》中则指出古人所学、所行的是"先王之道"，皇《疏》曰：

> 古人所学，己未善，故学先王之道，欲以自己行之，成己而已也。今之世学，非复为补己之行阙，正是图能胜人，欲为人言己之美，非为己行不足也。（《论语集解义疏》卷七）

唐代韩愈在《论语笔解》中的诠释也相类似，在解释"古之学者为己，今之学者为人"这句话时，韩愈说："为己者，谓以身率天下也。为人者，谓假他人之学以检其身也。孔云'徒能言之'，是。不能行之，失其旨矣。"（《论语笔解》卷下）

宋代理学兴起之后，儒家学者对"古之学者为己，今之学者为人"这句话的诠释有了一些新的变化。朱熹在《论语集注》卷七中引程颐的解释说：

> 程子曰："为己，欲得之于己也。为人，欲见知于人也。"
> 程子曰："古之学者为己，其终至于成物。今之学者为人，其终至于丧己。"

朱熹认为："圣贤论学者用心得失之际，其说多矣，然未有如此言之切而要者。于此明辨而日省之，则庶乎其不昧于所从矣。"（《论语集注》卷七）需要注意的是，朱熹在此引程颐的这两种说法，意思有所不同。在朱熹看来，"为人之学"有两种表现方式：一种只是"欲见知于人也"，在他人面前表现或炫耀一下自己；另一种是"不曾先去自家身己上做得工夫"，虽试图"为人"，却因为没有可以自立的东西，而完全丧失了自我。①

朱熹还说："圣贤教人为学，非是使人缀缉言语、造作文辞，但为科名爵禄之计，须是格物致知，诚意正心，修身而推之，以至于齐家治国，可以平治天下，方是正当学问。"（《晦庵集》卷七十四）在朱熹看来，如果做学问，目的只是"科名爵禄之计"，荣耀风光，那便是"为人之学"。如果做学问，是为了实现"修齐治平"，那才是"正当学问"，是真实的"为己之学"。元代儒者吴海也认为，"圣贤之道著于书"，学者须"身体而力行"，如果"徒以空言目之，口耳相传，虽多无益"。而且，只要"有一毫为利、近名之心"就不是"为己之学"。（参见《闻过斋集》卷四）

上述"为己之学"与"为人之学"的不同都不仅体现在是否能够"身体力行"，而且还体现在为学目的的差别上。也就是说，"为己之学"的目的是自己的修身进德，即荀子所说的"美其身"，是为了充实和完善自己，并不是为了做给别人看或求得他人的赞誉，更不是为了一己之私利或功名。

---

① 朱熹说："此两段意思自别，前段是低底为人，后段是好底为人。前为人，只是欲见知于人而已。后为人，却是真个要为人。然不曾先去自家身己上做得工夫，非惟是为那人不得，末后和己也丧了！"（《朱子语类》卷四十四）

因此，许多儒者都认为做学问首要的问题就是"为己""为人"之辨。元代的蒲道源就说：

> 有为己之学，有为人之学。知义理之当然，必欲有得于己，孳孳焉，汲汲焉，老而不厌者，为己之学也。惟利禄之是要，必欲求知于人，营营焉，屑屑焉，终亦必亡者，为人之学也。夫知为人、为己之分，则庶乎可与言学矣。（《闲居丛稿》卷十八）

王阳明的论说则更为直接："今之学者须先有笃实为己之心，然后可以论学。不然，则纷纭口耳讲说，徒足以为为人之资而已。"（《王文成公全书》卷二十七）清代学者汤斌也说："学问之事，有为己、为人之别。真修君子，朴实做去，不求人知，人亦莫得而知之，直至遁世，不见知而不悔，此才是真实学问。"（《汤子遗书》卷一）

总而言之，从学风或治学态度的角度来阐释"古之学者为己，今之学者为人"是历史的一个主流倾向，虽然诸家在"为己"和"为人"等字词的具体意涵理解上还存有分歧，但是推崇"为己之学"、反对"为人之学"的立场则基本一致。而且，不论其"为（wéi）己"是强调自我修身，要求言行一致、身体力行，还是强调"为（wèi）己"是"欲得之于己"，要求不能为了外在的"科名爵禄"目的，上述"为己之学"都可以说是代表一种纯正的儒家君子学风。然而，除此之外历史上的"为己之学"还有另一种不同于"学风"的重要意涵：儒家学统。

二 作为儒家学统的"为己之学"

"学统"一词古已有之，但这里的"学统"只是"学问传统"的简称，是指一种学问经过历史演变而逐渐定型而能够区别于别种学问的内在依据、理论核心或性质特征等。所谓"儒家学统"，主要是指儒家学问（简称儒学）自身所具备的而能与其他学问区分开来的最根本或最本质的理论内核或要素。因为徐复观先生在《程朱异同》

一文中曾明确使用了"学统"一语，并指出："'为己之学'可以贯通孔子的学统。"① 而且，在本文开篇已经提到，徐复观先生认为"为己之学"可以"贯通孔、孟、程、朱、陆、王学脉"。② 更为关键的是，宋代以后确实有儒家学者使用"为己之学"来指称儒学或是儒学的基本内核。换言之，他们一致认为，儒家之所以能够成其为儒家，儒学之所以能够区别于其他学问，最重要的就是将"为己之学"作为自己的学问基础和根本。还必须指出的是，这个"为己之学"的"学统"虽然奠基于孔子，但是直至宋明新儒学或宋明理学的出现才被正式和明确地确立起来。

所以，相比于"君子学风"的内涵，作为"儒家学统"的"为己之学"是宋以后才开始出现的，明确以"为己之学"指称"儒家学统"应该也是从宋儒开始的。在宋儒里面，朱熹是颇喜欢讲"为己之学"的。③ 在朱熹那里，"为己之学"就兼具"君子学风"和"儒家学统"这两种含义。前者已如上节所述，就后者而言，朱熹多次在提及自己年轻时候的学习经历就用"为己之学"指代儒家圣贤之学。比如，他在《与留丞相书》中说：

> 熹自少鄙拙，凡事不能及人，独闻古人为己之学而心窃好之，又以为是乃人之所当为而力所可勉，遂委己从事焉，庶几粗以塞其受中以生之责，初不敢为异以求名也。（《晦庵集》卷二十九）

又如，他在《答何叔京》中说：

> 熹少而鲁钝，百事不及人，独幸稍知有意于古人为己之学，

① 徐复观：《程朱异同》，《中国思想史论集续篇》，上海书店出版社 2004 年版，第 378 页。

② 徐复观：《中国思想史论集续篇·自序》，上海书店出版社 2004 年版，第 3 页。

③ 参见周之翔、朱汉民：《朱子对"为己之学"的诠释与建构》，《湖南大学学报》2011 年第 1 期。

而求之不得其要。晚亲有道，粗得其绪余之一二，方幸有所向而为之焉。(《晦庵集》卷四十)

再如，朱熹在《答江元适》中写道：

> 熹天资鲁钝，自幼记问言语不能及人。以先君子之余诲，颇知有意于为己之学，而未得其处，盖出入于释老者十余年。近岁以来，获亲有道，始知所向之大方。(《晦庵集》卷三十八)

从最后这一条朱熹的自述中，我们已经明显可以看出他所说的"为己之学"是不同于"释老"的另一种学问。朱熹常用的"古人为己之学"显然化用孔子的"古之学者为己"，在这里就是指今天我们通常所说的儒学。

事实上，在朱熹之前的王安石和程颐那里，这种"学统"意识就已经开始显现。在王安石看来，虽然杨朱与墨翟都偏离了儒家圣人之道，但在对二者进行比较之后他得出的结论是杨朱的"为己"反而更接近儒学。他说：

> 杨子之道虽不足以为人，固知为己矣；墨子之志虽在于为人，吾知其不能也。呜呼！杨子知为己之为务，而不能达于大禹之道也，则亦可谓惑矣。墨子者，废人物亲疏之别，方以天下为己任，是其所欲以利人者，适所以为天下害患也，岂不过甚哉？故杨子近于儒，而墨子远于道，其异于圣人则同，而其得罪则宜有间也。(《临川先生文集》卷六十八《杨墨》)

在这里，王安石给出的理由是：因为杨朱提倡"为我"是"为己之学"，至少抓住了儒学之本；墨翟提倡"兼爱"是"为人之学"，只是儒学之末。因此，这是"为己之学"可以作为儒家学统的又一条例证，只不过王安石对"为人之学"的理解已经和传统的解释很不一样了。

程颐则提出：

> 古之学者一，今之学者三，异端不与焉。一曰文章之学，二曰训诂之学，三曰儒者之学。欲趋道，舍儒者之学不可。(《二程遗书》卷十八)

不难看出，这里的"儒者之学"就是指古之"为己之学"，它是自别于当世"文章之学"与"训诂之学"的关键。正如徐复观先生所说："到了二程出，可以说是直承为己之学而加以发展的，为己之学是程氏别异于当时训诂、文章之学的大分水岭，也应是治思想史的人辨别理学与非理学的重大标志。"①

到了明代大儒王阳明那里，这种"为己之学"的"学统"意识依然是清楚的。王阳明曾明确指出："圣贤只是为己之学，重功夫不重效验。"(《王文成公全书》卷三)他还说：

> 君子之学，为己之学也。为己故必克己，克己则无己。无己者，无我也。世之学者执其自私自利之心，而自任以为为己；潦焉入于臄堕断灭之中，而自任以为无我者，吾见亦多矣。呜呼！自以为有志圣人之学，乃堕于末世佛、老邪僻之见而弗觉，亦可哀也夫！②

从这里我们可以看出，王阳明所说的"为己之学"与"君子之学"或"圣人之学"本质上都是一回事，它们都与"佛、老"之学相区别。

由上所述可知，代表"学风"的"为己之学"与作为"学统"的"为己之学"二者之间的差别是明显的：代表"学风"的"为己

---

① 徐复观：《程朱异同》，《中国思想史论集续篇》，上海书店出版社 2004 年版，第382 页。

② 《王文成公全书》卷八。这里涉及"为己"与"克己"的关系问题，可参阅陈来：《有无之境：王阳明哲学的精神》，人民出版社 1991 年版，第 277—279 页。

之学"关心的是学者"为何"学或"如何"学的问题,重点在"为己"上;而作为"学统"的"为己之学"关注的则是学者学"什么"或学问本身内容的问题,重点在"学"上。

三 "为己之学"与"为人之学"的关系

"为己之学"与"为人之学"是什么关系呢?应该说,如果只看孔子"古之学者为己,今之学者为人"这一句话,我们只知道"为己之学"与"为人之学"之间存在明显的区别,孔子推崇前者,贬抑后者,但二者之间究竟是什么关系并不明确。

对于这个问题,后世儒家的看法并不完全一致,大致可分为两种:一种是坚守"为己之学",完全拒斥"为人之学";另一种是以"为己之学"为本,也认可"为人之学",但是以"为人之学"为末。在宋代以前,儒家学者们基本上持第一种看法,而且主要是从"学风"层面来立论的。比如,荀子将"为己之学"视为"君子之学",将"为人之学"视为"小人之学",如此一来"为己之学"与"为人之学"就完全对立起来,这主要是从"学风"的角度立论的。宋代以后,第二种看法就逐渐成为主流,但是基本上仍然在"学风"的层面上否定"为人之学"。

事实上,这里问题的关键就在于对"为人之学"的理解和态度,而且改变的时间节点大体就在宋代。因为肖永明先生已经对这一问题有了很好的分析和论述,在此不妨引述他的结论如下:

> 从先秦到汉唐时期,众多学者都对"今之学者为人"一语进行了解释,且大多偏向从负面理解"为人",但具体解释又并不一致。到宋代,对"为人"的理解方面的歧异进一步加大。有的学者认为"为人"没有贬义,有的学者则把"为人"完全作贬义使用。南宋中期,朱熹进一步强化了为己之学与为人之学的区分,将为人之学作为为己之学的对立面加以彻底否定。对"为

人"诠释的这种变化，是宋代儒学内倾的反映。①

还需要补充的是，宋代之前，颜之推（公元 531—591 年）就已经试图对"为人之学"采取积极的理解和诠释。他说："古之学者为己，以补不足也；今之学者为人，但能说之也。古之学者为人，行道以利世也；今之学者为己，修身以求进也。"（《颜氏家训》卷上）在颜之推看来，"为己之学"固然值得追求，但"为人之学"并不意味着就全是负面的价值。比如，古代的学者"为人"就能够"行道以利世"，所以毋宁说古、今学者作为行为"主体"所存在的差别要更为关键。②

但是，完全改变"为人"的负面色彩，给予中性甚至积极评价，这种理解趋向成为主流确实是在宋代之后。而且，将学者"为己"与"为人"关系理解为"本"与"末"的关系，影响最大也最具代表性的应该是宋代的王安石。他说：

> 为己，学者之本也。……为人，学者之末也。是以学者之事，必先为己，其为己有余，而天下之势可以为人矣，则不可以不为人。故学者之学也，始不在于为人，而卒所以能为人也。今夫始学之时，其道未足以为己，而其志已在于为人也，则亦可谓谬用其心矣。谬用其心者，虽有志于为人，其能乎哉？（《临川先生文集》卷六八《杨墨》）

在这里，王安石应该是针对当时的现实情况有感而发，提出学者要守住"为己"之本，"为己有余"且"天下之势可以为人"才可以"为人"。而当时许多"儒者"的问题在于"其道未足以为己，而其

---

① 肖永明：《对〈论语〉"今之学者为人"的诠释与宋代儒学的内倾》，《湖南大学学报》2012 年第 4 期。

② 肖永明先生指出："在颜之推看来，'为人'本身并不必然受到否定，'为人'的正面、负面两种不同结果取决于不同的主体。"见肖永明：《对〈论语〉"今之学者为人"的诠释与宋代儒学的内倾》，《湖南大学学报》2012 年第 4 期。

志已在于为人",其实这在今天又何尝不是如此!

上文已经提及,朱熹所说的"为己之学"兼有"君子学风"与"儒家学统"这两种意涵。或许正是因为如此,使得朱熹在学问上始终严辨"为己"与"为人"之分,他对待"为人之学"的态度比一般人更为严苛。他在《论语集注》卷七中引程颐的话说:

> 古之学者为己,其终至于成物。今之学者为人,其终至于丧己。

从这句话来看,"为己"与"为人"貌似也处于一种对立状态。但事实上,程颐并不绝对排斥"为人之学",这里所引程颐的话与原文实际略有出入①。比如就有学生曾问过程颐:"古之学者为己。不知初设心时,是要为己,是要为人?"程颐只回答说:"须先为己,方能及人。初学只是为己。"(《二程遗书》卷十九)可见,程颐不排斥"为人",只是说需先"为己"而后才能"为人"。正是在这个问题上,因为意见不统一,朱熹曾专门与张栻有过讨论。张栻在其《癸巳论语解》中提出:

> 学以成己也;所谓成物者,特成己之推而已。故古之学者为己而已,己立而为人之道固亦在其中矣。若存为人之心,则是徇于外而遗其本矣。本既不立,无以成身,而又将何以及人乎?(《癸巳论语解》卷七)

在这里,张栻将"为己"与"为人"的关系视为"成己""成物"的关系,以"为己""己立"为本,以"为人""立人"为末。但是,朱熹不同意这种看法,他认为张栻对"为人"的理解有误。朱熹在《与张敬夫论癸巳论语说》中说:

---

① 朱熹的"为人"在程颐那里原本是"为物",参见《二程遗书》卷二十五。

此"为人"非成物之谓。伊川以"求知于人"解之，意可见矣。若学而先以成物为心，固失其序，然犹非私于己者，恐亦非当时学者所及也。(《晦庵集》卷三十一)

根据上文的分析，说明朱熹在这里主要是从"学风"的角度来批评"为人之学"。

总而言之，就"学风"层面而言，"为人之学"与"为己之学"相对立，它基本上只具有负面的价值，因而是贬义的；但就"学统"层面而言，"为人之学"则与"为己之学"并不存在根本的矛盾，毋宁说其含义是中性的。本人认为，作为儒家学统的"为己之学"与"为人之学"还是应该有本末和先后之分。需要注意的是，这种解释已经与纯粹从学风层面来言说的"为己之学"与"为人之学"含义不完全一样。

四 "为己之学"的意义

经过上面的梳理和分析，我们可以看出儒家思想史上的"为己之学"至少有两种主要意涵：一是代表君子学风；二是作为儒家学统。而且，随着意涵的改变，"为己之学"与"为人之学"的关系也不一样。但是应该指出，在孔子那里"为己之学"的"学统"意义还并不明确，应该主要是就"学风"的层面而言。"为己之学"的"学统"意义是在后世儒学发展和演变的过程中才逐渐明确起来的，更确切地说是在宋明新儒学出现之后才确立起来的。

本人认为，代表君子学风的"为己之学"不管在任何时候都是值得提倡的。也正因为如此，从古至今"为己之学"的学风问题历来都不乏儒者和学人提倡和阐述。清代学者陆陇其就说：

盖学莫先于为己、为人之辨。苟一心以为学，又一心以干禄，是学皆为人，不是为己。千古圣贤学脉，必从'正其谊不谋其利，明其道不计其功'始，一涉于为人，便是俗学，不是正

学。(《松阳讲义》卷五)

只不过，这样纯粹的"为己之学"在古代原本就少见，在今天要想做到的话恐怕就更为不易。所以，今天我们恐怕也不宜将"为己之学"与"为人之学"完全对立起来，而且关键在于这个问题多说未必有益，各自"朴实做去，不求人知"才是正途。还需要注意的是，以"为己之学"要求自己（"求诸己"）就行，强求别人（"求诸人"）则不可，这也是"为己之学"本身所要求的。

接下来，就儒家学统层面上的"为己之学"而言，其意义也值得我们重视。今天重提作为儒家学统的"为己之学"，其最大的意义在于有助于我们认清儒学的本质，尤其是正确理解儒学之中"为己"与"为人"的关系问题。这应该也是徐复观先生临终之前的感受和体悟所得。从孔子算起，儒学发展经历几度兴衰，至今也有两千多年的历史了。北宋年间，一种有别于先秦儒学的新儒学开始兴起，一时之间学派林立，用史学家全祖望的话说就是"学统四起"（《宋元学案》卷六《士刘诸儒学案》序录）。宋儒之所以能够确立起"为己之学"的儒家学统，正是因为他们在众多"学统"的比较过程之中逐渐认清了儒学的根本和基础就在于"为己"。姑且不论他们使用"为己之学"是有意还是无意，但同时也必须指出这种用法还不是很普遍。也就是说，宋明新儒家可以用来指称儒家学统的说法其实不止一种，"为己之学"只是其中之一。在这个意义上，"为己之学"与儒家通常所说的"修身"或"修己"之学、"内圣"之学的内容是大体相近的。但是，既然程朱等人曾经使用"为己之学"指称自己所心仪的儒学，至少说明"为己之学"是蕴含"儒家学统"意味的。

更为重要的是，如今在所有可以作为"儒家学统"的诸多说法之中，"为己之学"的独特意义就在于：从"为己"与"为人"的关系角度为我们更好地揭示了儒学的本质和根本精神。一方面，儒学的根本和基础在于"修身""治己"，决不能离开这个根本和基础来谈"治人"和"为人"，因为离开"治己"来谈"治人"对于儒学来说只是舍本逐末或缘木求鱼之举。正如明代大儒王阳明所说："乌有己之弗治而能治人者！"（《王文成公全书》卷七）如果一定要这样谈"治人"或"为人"，似乎也就没有必要非举着"儒学"的大旗不可，因为这已经背离了儒学的根本精神。另一方面，如果将"修己安人"视为传统儒学的基本宗旨和目标，那么"为己之学"其实已经为儒学设定了它的根本精神和特质，关键问题是在"修己"与"安人"之间、"为己"与"为人"之间必然存在一个本末和先后的顺序，而且这个顺序是不能颠倒的。正如杜维明先生所说："为己之学要求将修身视作齐家、治国、平天下的前提。这种优先感是不可逆转的。"①

前不久，所谓的"大陆新儒家"之争可以说很是热闹。因为近些年随着传统文化的复兴，在大陆持儒学主张或赞同儒家立场的学者越来越多，而所谓的"大陆新儒家"所指其实并不明确，至少对这一问题还存有分歧。但是，这次"大陆新儒家"之争中的"学统"意味还是很强烈的，让人恍惚觉得今天又到了一个"学统四起"的时代。在这个时候，从"为己之学"与"为人之学"的角度考察一下今天的"新儒家"们应该不无裨益。至于如何分辨"为己之学"与"为人之学"的问题，元代儒者陈天祥的论述就可资借鉴。他说：

> 盖为己，务欲治己也。为人，务欲治人也。但学治己，则治人之用斯在。专学治人，则治己之本斯亡。若于正心修己以善，自治之道不用力焉，而乃专学为师教人之艺，专学为官之人之能，不明己德而务新民，舍其田而芸人之田，凡如此者，皆为人之学也。（《论语辨疑》卷七）

那么，今天凡是自称"新儒家"的都应该先扪心自问，是不是如陈氏所说那样"专学治人"，"专学为师教人之艺，专学为官之人之能，不明己德而务新民，舍其田而芸人之田"呢？如果是，这样的"新儒家"在陈天祥看来都已成了"为人之学"，算不算得上是"儒家"恐怕都成问题。

---

① 杜维明：《道、学、政：论儒家知识分子》，钱文忠、盛勤译，上海人民出版社2000年版，第26页。

第十四讲

"君子坦荡荡，小人长戚戚"

杨潇沂

《论语·述而》载："子曰：君子坦荡荡，小人长戚戚。"它的字面意思很简单："君子心胸平坦宽广，小人总是忧惧不安。"《论语》中多见君子、小人对举之言，如"君子喻于义，小人喻于利"（《论语·里仁》）、"君子成人之美，不成人之恶。小人反是"（《论语·颜渊》）、"君子泰而不骄，小人骄而不泰"（《论语·子路》）等，这些句子大多是对君子道德修养的要求，或对君子、小人内在品质的区分和评价，而"君子坦荡荡，小人长戚戚"则是从外在气象来分别两者，从这个角度来看，此章具有非常典型的意义：它既囊括了君子、小人的概念与内涵，又提示着内涵与外在气象的关系。读者不免要问：是什么造成君子、小人外在气象的差别？孔子此语的本意如何？为解决这两个问题，本文先梳理历代阐释，再由孔子之君子、小人之内涵讨论此语本意，最后做简要评价。

一　历代阐释梳理

先来看"坦荡荡""长戚戚"的字面意思。"荡荡"，清陈启源《毛诗稽古编》认为当作"漡漡"，"训水漡流，近广远义"①。《说文·漡》曰："漡，水漡瀁也。从水象声。读若荡。"② 后人释"荡

---

① 陈启源撰：《毛诗稽古编》，山东友谊出版社 1991 年版，第 692 页。
② 许慎：《说文解字》，中华书局 1963 年版，第 229 页。

荡"皆从此义，解为"宽广""胸怀宽广""舒泰""无际畔"等。坦荡荡，意谓胸怀坦荡之义。朱熹说："'坦荡'二字只相连，俱就气象说，只是胸怀平坦宽广否，抑'坦'字就理说，由循理平坦，然后胸怀宽广也。"① 宋郑汝谐（公元 1126—1205 年）《论语意原》卷二载："荡荡曰坦，无适而不荡荡也。"② 明蔡清《四书蒙引》卷六："言坦荡荡，犹云光烨烨，不可以坦字当常字对长字。"清陆陇其（公元 1630—1692 年）"荡荡全从坦来，要于平字中见出宽广意……天下唯平易处最宽广。"③ 总之，"坦荡荡"应连为一词，意谓平坦宽广之气象。

"戚"，《说文》曰："戉也"，意为钺一类的战斧，引申为"骨肉痛疾"，"又因之为戚忧"④ 之意。《说文》段注亦曰："戚之引伸之义为促迫……又引申训忧。"此句中的戚戚，意即促迫、忧愁之貌。历代解"戚戚"者均从此义，将之解为"忧惧""忧戚""忧愁"等。长戚戚，意为长时间地忧愁，皇侃《论语集解义疏》："云小人长戚戚者，长戚戚，恒忧惧也。"⑤《论语集注大全》卷七："戚戚曰长，无时而不忧虑也。"清陆陇其说："戚戚之上加一长字，便见一生营营处。"

再看诸家对"君子坦荡荡，小人长戚戚"的总体解读。邢昺《论语注疏》说："此章言君子、小人心貌不同也。"⑥ 如上所述，君子、小人之"貌"有"坦荡荡"与"长戚戚"之别，那么，是怎样的"心"造成了这种区别？对此问题的讨论是历代阐释之重点，因为孔子没有直接说明其中道理，故后学的解释繁多。仔细辨别梳理后，可以大致归为两类：一则就心谈心，认为君子、小人内心修养以及应接外物之态度的差异，使得他们呈现出"貌"的相离；二则将此心上升到天理的高度，认为是否遵循"天理"、能否享得"天心"才是君子、小人之"貌"不同的根本原因。下面分而述之。

---

① 朱杰人主编：《朱子全书》，上海古籍出版社 2002 年版，第 2723 页。
② 郑汝谐：《论语意原》，中华书局 1985 年版，第 35 页。
③ 陆陇其：《四书讲义困勉录》卷十，台湾商务印书馆影印文渊阁四库全书本。
④ 戴侗撰：《六书故》，上海社会科学院出版社 2006 年版，第 696 页。
⑤ 何晏注，邢昺疏：《论语注疏》，北京大学出版社 2000 年版，第 110 页。
⑥ 同上。

（一）道德心术类

此类解释着意于君子小人的内心修养，认为正是内心修养的差别造成两者气貌之别。正如《日讲四书解义》中所言："此一章书是即心术以严君子、小人之辨也。孔子曰天下有君子、有小人，然欲知君子、小人之分，当内察其心术而外观其气象。"① 也就是说，两者心术的不同造成了气象的差异。所谓心术，即内心或曰控制内心的途径和方法②。学者从不同的侧重点来论述心术之内涵，或曰"内省"、或曰"在意"、或曰"知足"、或曰"好德"。

1. "内省"。此种解释认为，君子有坦荡荡之气象，是因为"内省不疚"，而小人常忧虑促迫是因为常行罪过，心中有愧。这种观点出现最早，皇侃《论语集解义疏》说："云'君子坦荡荡'者，……内省不疚，故也。云'小人长戚戚'者，……小人好为罪过，故恒怀忧惧也。"③ 邢昺《论语注疏》说："君子内省不疚，故心貌坦荡荡然宽广也。小人好为咎过，故多忧惧。"南宋张栻说：

> 子曰："君子坦荡荡，小人长戚戚。"正己而不求诸人，故坦荡荡；徇欲而不自反，故长戚戚。坦荡荡，非谓放怀自适，无所忧虑之谓也，谓求之在己，而无必于外，故常舒泰云耳。④

所谓"正己而不求诸人""求之在己"，实为"内省"。明代吕柟（公元1479—1542年）在《四书因问》中进一步将这种正己内省引申为"慎独工夫"，认为"慎独工夫"做好了，必然呈现坦荡荡之貌：

---

① 朱熹：《日讲四书解义》卷六，台湾商务印书馆影印文渊阁四库全书本。

② 《管子·七法》："实也，诚也，厚也，施也，度也，恕也，谓之心术。"《庄子·天道》："此五末者，须精神之运，心术之动，然后从者也。"《汉书·礼乐志》："夫民有血气心知之性，而无哀乐喜怒之常，应感而动，然后心术形焉。"颜师古注："术，道径也。心术，心之所由也。"

③ 何晏解，皇侃疏：《论语集解义疏》，中华书局1985年版，第101页。

④ 张栻：《张栻集》，岳麓书社2009年版，第54页。

容问："君子坦荡荡如何？"先生曰："君子慎独工夫在前了，坦荡荡是其验也。荡荡即是孔颜乐处。"顾问："荡荡何以不同于戚戚？"先生曰："此只是慎独学者能去体认，自然见得。"①

君子即使在独处时也能谨慎不苟，保持良好的道德操守，因为他们于人前人后都问心无愧，从未为了一己之利做有违道德、有背信仰之事，所以不受道德之谴责，内心平易，呈现出"饭疏食饮水，曲肱而枕之""一箪食，一瓢饮，在陋巷"而"乐亦在其中"的坦荡之貌。

2. "在意"。此种阐释认为，君子、小人对待外物是否在意造成了两者貌的区别，这其中又分为两种：

（1）对得失、利益的态度。

皇侃《论语集解义疏》引江熙说："君子坦尔夷任，荡然无私；小人驰竞于荣利，耿介于得失，故长为愁府也。"② 谢良佐（公元1050—1103年）说："不忧不惧，所以坦荡荡，怀得失之心，所以长戚戚。"③ 宋人钱时（公元1175—1244年）说：

君子之心，虚明洞然，无毫发意念。小人行险，侥幸颠冥而不自反，如坐囹圄，如落陷阱，茫茫昼夜，醉生梦死。④

正是因为不为得失利益所困，君子之心才虚明洞然，而小人为利益所驱，怀侥幸之心行事，所以心中忧愁，"如坐囹圄，如落陷阱"。宋代思想家杨时（公元1053—1135年）、真德秀（公元1178年—1235年）等亦持此说⑤。明郑汝谐（公元1126—1205年）《论语意

---

① 吕柟：《四书因问》卷三，台湾商务印书馆影印文渊阁四库全书本。
② 同上。
③ 朱熹：《论孟精义·论语精义》卷四，台湾商务印书馆影印文渊阁四库全书本。
④ 钱时：《融堂四书管见》卷四，台湾商务印书馆影印文渊阁四库全书本。
⑤ 杨时《论孟精义·论语精义》卷四："居易俟命，故坦荡荡；放利而行，则既得之又患失焉，故长戚戚也。"真德秀《大学衍义》卷十五："君子安于义理，故常坦然有自得之意；小人役于物欲，故常戚然怀不足之忧。"

原》卷二说:"得失穷达付之无心……无适而不荡荡也;未得忧得,既得忧失……无时而不戚戚也。"

(2)顺其自然,不作强求。宋方岳(公元1199—1262年)《秋崖集》卷三十六载:

> 我有一法门,非作亦非止,粗茶与淡饭,直据现在身。于十二时中,无复起妄想,得安稳常住,不以苦为乐。如鹏与斥鷃,无适非逍遥。如鱼自潜深,不罥钩上饵。浮念一扫除,心逸而日休。我今作是偈,付嘱于诸人。能只恁么者,君子坦荡荡,是名"佛境界",安乐常欢喜。不能只恁么,小人长戚戚,是名"魔境界",云何离垢缠。若人了此言,究竟渐净觉。

在这里,方岳也认为"君子坦荡荡"的原因是内心不起意,但他这种"意"又区别于为利益所动的私意,而是指佛家所谓"空"的境界。他以佛家偈语的形式来给"君子坦荡荡,小人长戚戚"作诠释:"君子坦荡荡"就是"安乐常欢喜"的"佛境界";"小人长戚戚"就是终难离"垢缠"的"魔境界"。

3 "知足"。此种解释认为,"小人长戚戚"之原因在于"人心不足"。宋人尹焞(公元1071—1142年)《和靖集》卷五载尹焞批评当时学者汲汲于功名而不知满足:"人心固不足。秀才望得解,得解望及第。绿衫望绯衫,绯衫望紫衫。何时是已?此所谓'小人长戚戚'。"小人之心,欲壑难填,无有终极;得陇望蜀,永不满足,故长期处于迫促困顿之中,惶惶不可终日。相反,君子知足常乐,不为外物所系累,故有心胸广阔之貌。

4."好德"。这种观点认为,内心好德与否才是"坦荡荡"与"长戚戚"的原因。钱时说:

> 凶人习为不善,虽处广厦,如坐囹圄;虽履夷涂,如行荆棘,终日忧劳,终夜忧劳,终身忧劳,如万刃攒心,而不知悔也。乐乎?不乐乎?何苦而不为善乎?故曰:"君子坦荡荡,小

人长戚戚"，……为善最乐，何嫌何疑？[①]

他认为为善最乐，君子为善，所以坦荡荡；小人为恶，故长戚戚。此种观念在历代皇帝的告谕中也多有体现。如雍正告谕说：

> 上天谴责之理，是以数年来，凡欺罔负恩之人，无不实时败露。天道之近，且显若此，岂不可畏之甚哉？至于朕之每日训饬诸臣者，并非但以责人而不求之于己也。朕事事以身先之，且深觉为善之可乐，循理之甚安。《书》曰："作德，心逸日休"，孔子曰："君子坦荡荡"，圣人之言，确乎不易。诸臣但试行之，必有畅然自得之乐也。[②]

告谕中说，只要是行恶之人，总会有事情败露之处，且最终会遭到上天的谴责，而为善能让人感到快乐、心安，达到"坦荡荡"之境界。

与为善最乐一致，也有的思想家主张好德而安。如清人胡渭在《洪范正论》卷五中（公元1633—1714年）便认为：

> 好德则心广体胖，无入不自得，无德则小人长戚戚，非安也。

以上四种解释的具体内涵虽有细微的差别，但都侧重于描述君子、小人内心世界的状态或活动，认为两者"气象"的差异主要是由心境以及心对外物的态度不同所致。

（二）心外之理类

此类阐释的关注点既非单纯的心性修养，亦非外在的得失利益，而是试图将人心与天道联系起来，认为君子顺应天道，故气象坦荡，

---

① 钱时：《两汉笔记》卷九，台湾商务印书馆影印文渊阁四库全书本。
② 《世宗宪皇帝上谕内阁》卷八十三，台湾商务印书馆影印文渊阁四库全书本。

小人反之，故常忧愁。这种阐释的兴起，反映了宋明理学家对人心与天理的追问。

1. 循理。此种说法认为，君子遵循天理而行，故有"坦荡荡"之貌；小人役于外物，故常现忧虑之容。这种说法起于体贴出"天理"二字的程氏兄弟，影响深远，蔓延至清代而不绝。程颐（公元1033—1107年）说："君子循理，故常舒泰；小人役于物，故多忧戚。"① 朱熹程颐之说，认为"君子坦荡荡，……由循理平坦然后胸怀宽广也。"②

明蔡清（公元1453—1508年）《四书蒙引》卷六曰："君子循理，不以得失利害为心，故坦荡荡。小人役于物，则患得患失之心，无时而已，故长戚戚。"明章世纯（公元1575—1644年）则说：

> 君子得理以止其心，理所不与，心不求也。由理而至者，虽失可安，是以无忧。小人不得理以自止，所求无穷，苦甚矣。来于前者亦多，逢其所不然，及陷乎险中，而更以力争，是无极也。故曰："君子坦荡荡，小人长戚戚。"③

君子严格按照理的要求来规范、打磨自己的内心，有所为有所不为，知止能安，故有坦荡荡之容；而小人虽求无止境，常陷于险境中，故常现忧愁之象。清代何焯（公元1661—1722年）《义门读书记》卷三也有此论："循理则为其所当为，非有为而为，无往而不得其自然，何所不宽平舒泰乎？"认为循理而动，顺应天理与自然，自然会感到舒泰坦荡。

吕祖谦（公元1137—1181年）在解《易经》时引用此章，其《丽泽论说集录》卷一云：

> 天下之事，须顺理而动则豫。如"君子坦荡荡""作德，心

---

① 《论孟精义·论语精义》卷四，台湾商务印书馆影印文渊阁四库全书本。
② 朱杰人主编：《朱子全书》，上海古籍出版社2002年版，第2723页。
③ 章世纯：《四书留书》卷三，台湾商务印书馆影印文渊阁四库全书本。

逸日休"，此顺德之谓也。"小人长戚戚""作伪，心劳日拙"，
此不顺动之谓也。天地以顺动，则日月缠次，四时代谢，自然不
过不忒，况圣人乎？天地以顺动，故日月不过；天下雷行，物与
无妄，则为无妄；雷在地上，则为豫。天地之间只有一顺字，顺
即行其所无事。

他说：天地、日月、四时、天下之事，都"顺理而动"，圣人也
是如此，君子顺德而动，所以有坦荡之貌，小人未顺德而动，所以常
现忧愁之容。尽管他强调"顺德"，但德是包含于"天理"之内，其
论述的根本仍是遵循"天理"。

2. 享天心。同样是讨论"德"，南宋袁燮（公元 1144—1224 年）
却是从心学的角度立论，将人心与天心联系起来，他在《絜斋家塾书
钞》卷五中论述如下：

"弗克庸德"，则不能有一德者也。"监于万方"，如《诗》
所谓"监观四方，求民之莫"之意。"惟尹躬暨汤，咸有此一
德"，欲知伊尹之德，但观其在畎亩之中，一介不以与人，一介
不以取诸人，于取与之间，毫厘有所必计。其为一如何？东征西
怨，南征北怨，若非汤与伊尹咸有一德，天下何以信之如此？咸
有一德，则此心即天心也，与天为一，一物不留，是以享天下之
至乐，故谓之"克享"。人皆有此天心，而不能享之。"君子坦
荡荡"，则享者也，"小人长戚戚"则不能享者也。

《语》曰："君子坦荡荡"，君子之异于众人，能存乎天也，
故其类为阳，小人不能存乎天也，所以回互纠结，暗昧崄巇，人
莫得而测之，故其类为阴。岂独使人易知哉？在己亦易行也，人
己无忤焉，往而不坦荡荡乎？

此段虽是解《尚书·咸有一德》，但也可以看出作者对君子坦荡
荡的理解。他认为，纯一的德为天心，而人皆有之，区别在于君子能
享之，小人不能享之，所以会有"坦荡荡"与"长戚戚"的区别。

正如明刘宗周（公元 1578—1645 年）在解释此章时所说："天地是这样,万物是这样,人心也是这样。"① 具体来说,这一类阐释讲的依旧是人心,这与本讲第一种分类的情况是一致的,但我们之所以将其另分一类,是因为他们不再仅仅停留在"心"上,而是企图解释人心背后的依据,认为"天理"或者"天心"才是人心所依,也就是说,只要心循"理"而动,或者享得"天心",就可以管理自己的内心,做到不为得失利害所动,继而达到"君子坦荡荡"之气象。

以上梳理了对"君子坦荡荡,小人长戚戚"内在原因的各种阐释,可以看出,历代阐释由专注于道德人心,逐渐上升到讨论道德人心与"天理""天心"的关系,这种转变实际上反映了思想史上从传统经学到理学、心学的转变过程。宋代以前的思想家主要偏重于从人的道德本性来理解君子与小人,强调的是人本身所固有的是非观念、义利观念、得失观念、名利观念,偏重于务实的理解。唐代中晚期以后,佛、老之学不断渗透到儒学之中,到宋代形成了三教合一的理学,"天理"成为最高的宇宙法则,此时,对于"坦荡荡"与"长戚戚"的理解也随之深化,二程等人便把"坦荡荡"与"长戚戚"的原因归结为"人心"是否合乎"天道"。南宋以后,心学从理学中分离出来之后,又有思想家从"心"角度独辟蹊径来解释"君子坦荡荡,小人长戚戚"。总之,经典诠释在不同时代会有不同的理解。

将这两类阐释进行比较可知,第一类产生的时代靠前,务实地从人心出发谈心与貌的关系,应该更为接近孔子本意。但缺点在于,对于君子、小人之心的理解各执一端而不全面;第二类产生的时代较晚,且明显受到宋明时期理学思潮的影响,离孔子本意较远,但学者捻出"天理""天心"的本体论标准之后,就能够把第一类中的各种解释都囊括于内,因为"理"之内涵极其丰富,可以说包含了所有道德准则,对于解释经典实在是极为简洁的办法,这或许也是宋明理学"理一分殊"的妙处,但这种本体论的诠释却把一个鲜活的命题引向了脱离现实的玄思之中,并不能使人更信服。既然这两类经典诠

---

① 刘宗周:《论语学案》卷四,台湾商务印书馆影印文渊阁四库全书本。

释都不能使我们全然满意，那么，如何才能探求"君子坦荡荡，小人长戚戚"的原义呢？我以为，还需从孔子心目中的君子、小人概念入手。

二 由"君子"与"小人"之概念探孔子之本意

如前所述，每个时代、每位学者对于君子、小人的理解不同，阐释的方向也不同，只有弄清楚孔子心中君子、小人的概念，才有可能获取"君子坦荡荡，小人长戚戚"的原意。

一般认为，君子、小人最初是阶级的概念。冯友兰在《中国哲学简史》中说，西周时期，"当时的政治权力和经济权力是不分的。拥有采邑的诸侯，既是土地的领主，是经济的主人，又是采邑百姓的主人。他们被称为'君子'，意思是'国君之子'，这也成为封建诸侯的共同名称"①。胡适也曾解释："'君子'本义为'君之子'，乃是阶级社会中贵族一部分的通称。"② 而小人作为与君子相对的概念，指的是一般的平民。《尚书·无逸》说："生则逸，不知稼穑之艰难，不闻小人之劳，惟耽乐之从。"这里的"小人"指的是普通劳动者。《左传·襄公十三年》："世之治也，君子尚能而让其下，小人农力以事其上，是以上下有礼。"这是以"君子尚能"而"小人农力"来划分社会等级秩序。

值得注意的是，此时的君子、小人虽以阶层来划分，但其内涵亦有道德的褒贬，将国君、君之子称作"君子"的同时，自然也赋予了其一切的美德。如大致产生于西周末年、东周初年③的《诗经·小雅·鼓钟》《湛露》中都赋予君子道德层面的含义："淑人君子，怀允不忘……淑人君子，其德不回……淑人君子，其德不犹""显允君子，莫不令德。"

---

① 冯友兰：《中国哲学简史》，新世界出版社 2004 年版，第 30 页。
② 胡适：《中国哲学史大纲》，东方出版社 1996 年版，第 86 页。
③ 参赵逵夫：《论〈诗经〉的编集与〈雅〉诗的分为"小"、"大"两部分》，《河北师范学院学报》（社会科学版）1996 年第 1 期。

然而,从春秋中叶开始,这种主要以阶层来区分君子、小人的现象发生变化,原来附加的道德内涵被无限扩大。究其原因,是由于社会阶层的急剧变动以及人们对于道德的强烈呼唤。春秋中叶以降,随着井田制的瓦解,宗法血缘制、世卿世禄制亦遭到破坏,此时天子衰微,诸侯争霸,四夷内侵。统治者政治身份不保,沦为庶民者有之,而小人布衣起家,成为卿相者亦有之,《左传·昭公三年》载,春秋时代晋国末年,原来的贵族、卿大夫"栾、郤、胥、原、狐、续、庆、伯"等,都"降在皂隶",沦落为低等的差役。由于阶层的错动,"君子"与"小人"的概念已经无法准确地描述贵族与平民了。贵族阶层的人无德,亦可以称为"小人"。而普通劳动者有德,亦可以称为"君子"。而社会动荡、礼乐崩坏的局面,也使得人们极为渴望道德的回归。在这种情况下,"君子""小人"便不再是贵族与平民的专有称号,两者道德层面的意义被无限扩大,尤其是被主张"仁义"的儒家学派发挥,最终分离出道德意义上的"君子"与"小人"。

儒家着意于建立一个道德自觉与自律的秩序稳定社会,为此,儒家确立道德准则,并以此把人群分为"君子"与"小人"两个对立的范畴,他们希望人人都有君子之德,明于礼义,不计名利,各守本分,各安其业,由此而达到"从周""为东周"的理想社会目标。

关于《论语》中"君子""小人"之道德内涵,论者颇多,现列以下核心的三点:

第一,君子拥有以"仁"为核心的各种高尚品德。子曰:"君子道者三,我无能焉;仁者不忧,知者不惑,勇者不惧。"(《论语·宪问》)这里孔子以"仁"为"君子之道"的首要条件,从而引导出"智""勇""信"等核心内涵。"仁"为"君子"之核心,由此出发,还具有"恭,宽,信,敏,惠"(《论语·阳货》)等品质。

第二,君子明于"义""利"之辨。子曰:"君子喻于义,小人喻于利。"趋利避害为人之常情,但君子无论财和名,皆需"取之有道":"富而可求也,虽执鞭之士,吾亦为之。如不可求,从吾所好",当"义"与"利"相背离时,君子则应当"喻于义"而不是

"喻于利"。

第三，君子遵礼。子曰："恭而无礼则劳，慎而无礼则葸，勇而无礼则乱，直而无礼则绞。君子笃于亲，则民兴于仁；故旧不遗，则民不偷。"（《论语·泰伯》）"不学礼，无以立。"（《论语·季氏》）"礼"是社会约定俗成的行为规则，遵守"礼"的规定是成就君子品格的重要依据，所以孔子提出"君子博学于文，约之以礼"（《论语·雍也》），君子需要用礼来约束自我，管理自我，为此必须做到"非礼勿视，非礼勿听，非礼勿言，非礼勿动"（《论语·颜渊》），这与"小人"的无礼与虚情假意恰恰相反。

如上所述，在礼崩乐坏、人心不古的时代背景下，孔子极力推崇个人的道德修养，他心目中有一套以"仁""义""礼"等概念为核心的道德体系，君子符合这些标准，而小人则背道而驰。

孔子之所以经常讨论"君子""小人"之别，正是希望这一道德体系能为全社会的人所认同，以期建构一个君子型的社会共同体。其间"小人"即便不能践行之，也会为这套标准所制约和捆绑，从而有所畏惧、有所收敛。

结合孔子对"君子""小人"概念的分析，我们可知"君子坦荡荡，小人长戚戚"之本义乃在于：君子具有仁、义、礼、智、信、忠、恕等优良品质，故行事有原则，不为私利所动，处世游刃有余，所以呈现出"坦荡荡"之气象。小人不具备这些品质，他们卑劣无状，唯利是图，在社会道德准则面前只能感到畏惧，故而呈现出戚戚不安之容。孔子既在内涵上赋予了"君子"与"小人"丰富的内容，又从外在气貌上对"君子"和"小人"加以区分，一方面是描述内心对于外在气貌的影响；另一方面也是告诫弟子：做一个君子才能心胸坦荡，如果选择做小人只会长期地感到不快乐。

三　余论

以上梳理并评述了历代诸家对于"君子坦荡荡，小人长戚戚"的解释，又结合孔子心目中君子、小人的含义来探求此句本意，至此，我们不禁要问,儒家这种以道德标准将人划分为君子、小人的方式是否合理?对于"君子坦荡荡,小人长戚戚"气貌之别的概括又是否准确?

前文已述,君子、小人的概念是在特殊的时代背景下由阶级层面转变为道德层面的,这种以道德为至高标准的划分方式,对人的品德提出了极高的要求,在当时的社会背景下,有利于提高人们的道德修养,促进社会的和平与和谐。儒家文化影响深远,"君子""小人"的说法一直延续到当今,在日常生活中也常能听到"君子动口不动手""毋以小人之心度君子之腹"的说法,可见这种划分的方式在现代生活中也能够起到一些积极的作用。另外,这种非君子即小人的人格划分,似乎将"人"的观念过于简化了,在现实生活中,品德修养并非区分人的唯一标准,有时为了保全老小、为了完成父母遗命、为了民族利益,不免要明哲保身、从长计议,无法做到处理每件事、对待每个人都秉持君子之心,所以,我们不能绝对地将人划分为君子或小人,而且,将君子人格过于神圣化,这不免导致行为的虚伪。

"君子坦荡荡,小人长戚戚"在语法结构与表达上颇具特色,它读之朗朗上口,诵之易于理解,故千百年来为人所熟知,流传广泛,影响深远,如"坦荡"一词,常用来称赞君子气象,后世文人取"坦"字为斋名以自警,见于文集中有"坦明堂""坦庵""坦轩"等。但是我们不难发现,这种对君子、小人气貌的总结也不是绝对的准确,君子若胸怀天下,忧患国运,也会常现忧愁叹息之容,如屈原之"长太息以掩涕兮",如范仲淹之"先天下之忧而忧",亦如陆游之"胡未灭,鬓先秋,泪空流",同样地表现出忧戚之容。小人若心中全然没有道德的约束,在权力与利益中放纵己身,也会展现出心胸坦荡、不受拘束的表象。古人早已注意到这种矛盾,权德舆(公元759—818年)记载的唐代科举策问之题便就此发问:

问:《易》曰:"君子夕惕若厉。"《语》曰:"君子坦荡荡。"《礼》之言缁衣则曰:"恶其文之著也。"《儒行》则曰:"多文以为富。"或全归以为孝,或杀身以成仁;或玉色以山立,或毁方以瓦合，皆若相戾，未能尽通……析疑体要，思有所闻。①

孔子说君子之貌坦荡，而《易经》又说君子终日谨慎，的确十分矛盾，诸如此类的现象在经典中并不少见，权德舆在《释疑》中对此进行评论，说道："亦各以所当，在明者审之而已。"意谓圣人在说这些话的时候依据的是不同的现实情况，睿智的读者应该根据实际情况进行审度。因此，我们在理解"君子坦荡荡，小人长戚戚"时，既要理解其本意以及孔子的良苦用意，也需要结合经典与现实生活，全面而客观地看待君子与小人之分。

---

① 权德舆：《进士策问五道》（第二道），《全唐文》卷四百八十三，中华书局 1983 年版，第 4934 页。

第十五讲

"和而不同"

夏福英

　　"和而不同"是中国哲学的一个重要命题，古代学者一般从自然观、政治观、伦理观方面来讨论"和同"问题。从自然观说，自然界本是万有不齐，和而不同，从而构成一幅幅和谐而美妙的世界图景。从政治观说，天下事本非一人意见，何可强同？必定相成相济，集思广益。从伦理观说，"和同"二字判分君子小人，君子尚义则"和"，小人尚利则"同"。现代学者将"和而不同"命题引入文化观的讨论，用来作为世界不同文明对话的基本原则，这是对中国古代哲学的一种创造性诠释与发展，前景广阔。

　　当今世界，人类由于国别、民族、宗教、政治、意识形态等差异，在许多时候会爆发激烈的矛盾与冲突，以至可能发生导致人类彻底毁灭的核战争。为何会出现这种状况呢？其根本原因在于人们之间存在利益上的对立与冲突。那么有没有一种使人类能够尽可能地避免这种悲剧的方法呢？中国哲学家的回答是：人类应该在文明的、宗教的乃至意识形态的相互了解与对话之中，寻求一种沟通的渠道和途径。而中国古代"和而不同"的哲学智慧，便是人类可以借鉴的重要思想资源。那么中国古代哲学的"和而不同"命题是怎样提出，又是怎样为历代学者所诠释，便是本文这一讲所要探寻与讨论的。

一　"和而不同"的自然观：自然界
本是万有不齐，和而不同

"和同"问题是中国古代哲学中一个独具特色的范畴。中国古人重视观察自然，总结自然规律，并从自然规律中推导出社会规律，"和同"问题正好反映古人这种思维方式的特点。在他们看来，自然界万有不齐是其表象，"和而不同"则是其根本规律。自然界的事物种类繁多，千奇百状，即使同一种类的东西，每一件又都不完全一样，正如人们所说"世上没有两片完全相同的树叶"。差异性是这个世界最根本的特点，承认这种差异性，并承认这个世界是万有不齐的差异性的和谐统一，是我们认识这个世界的基本原则。

"和同"问题最早见于《国语·郑语》中史伯与郑桓公之间的谈话："夫和实生物，同则不继。以他平他谓之和，故能丰长，而物归之。若以同裨同，尽乃弃矣……"和，意谓"和合"，"和合"才能生养万物，单一就不能继续生养。和，即"以他平他"，何为"他"呢？《吕氏春秋·贵生》说："况于他物乎？"汉高诱注："他，犹异也。""以他平他"就是指不同事物或不同因素相互联系与结合，从而达到一种平衡与统一。用哲学语言来说，就是"差异性的统一"。只有这样，事物才能成长和壮大，而众"物归之"。何谓"物归之"？山大了，草木鸟兽归附之；江河大了，百川众水归附之。"同"就是单一的东西。"以同裨同"，单一的东西重复，永远是单一。若是如此，一切事物的生养与发展就停止了。故史伯又强调事物的包容性与多样性是很重要的，他说："故先王以土与金、木、水、火杂以成百物。"

春秋末，齐国晏婴继承和发展了史伯的观点，更明确指出"和"与"同"的差异。他以烹调和羹与演奏音乐为例，说明"和"是"济其不及，以泄其过"。《左传·昭公二十年》记载齐景公与晏婴的对话：公曰："和与同异乎？"对曰："异。和如羹焉。水、火、醯、醢、盐、梅以烹鱼肉，燀之以薪，宰夫和之，齐之以味，济其不及，以泻其过……声亦如味，一气、二体、三类、四物、五声、六律、七音、八风、九歌以相成也。清浊、小大、短长、疾徐、哀乐、刚柔、迟速、高下、出入、周疏以相济也。"何谓"济其不及，以泻其过"？就是某种因素在统一体中占有恰如其分的比例，不能太少，亦不能过分。如在羹中加盐太少与太多都不行。"和"并不意味许多因素杂乱无章地凑聚在一起，而要达到一种综合平衡，这样才能获得多样性统一的效果。羹之"和"如此，声之"和"如此，万事万物之"和"也如此。现代著名哲学家冯友兰先生在其所著《中国现代哲学史》中对晏婴的话作了如下通俗的解释：

> 在中国古典哲学中，"和"与"同"不一样。"同"不能容"异"；"和"不但能容"异"，而且必须有"异"，才能称其为"和"。譬如一道好菜，必须把许多不同的味道调和起来，成为一种统一的、新的味道；一首好乐章，必须把许多不同的声音综合起来，成为一个新的统一体。只有一种味道，一个声音，那是"同"；各种味道，不同声音，配合起来，那是"和"。

在后来的中国思想发展中，"和"上升到一种宇宙观的地位。战国时期的思想家形成了一种整体和谐的宇宙观，惠施讲"泛爱万物，天地一体"，庄子讲"天地与我并生，万物与我为一"。天地是一个整体，人与世界也是一个整体。《易传》讲"乾道变化，各正性命，保合太和，乃利贞"。"和"的意义是指不相同的东西协调统一在一起，并能发挥各自的作用。在自然界中，万物各有其性质，这些性质不同的事物只有处在相对平衡状态中，才是相互有利的。《中庸》说："致中和，天地位焉，万物育焉。""万物并育不相害。"只有在相对平衡的状态中，天地才能各安其所，万物才能并生共长，而不相为害。《荀子·天论》说："万物各得其和以生，各得其养以成。"汉董仲舒于《春秋繁露》卷十六《执贽》说："和者，天之功也，举天地之道，而美于和，是故物生。"

此思想到了宋代有了进一步发展。张载甚至用"太和"来概括宇宙，强调宇宙是一个和谐的整体，他在《正蒙·太和篇》中说："太和所谓道，中涵浮沉、升降，动静相感之性。"所谓"太和"，意谓宇宙是诸如"浮沉、升降，动静……"等所有对立性与差异性的统一。在这一点上，范仲淹曾有深刻认识，《范文正集·别集》卷三载其语中说："和而不同，亦犹天、地分而其德合；山、泽乖而其气通。日、月殊行，在照临而相望；寒、暑异数，于化育以同功。则知质本相违，义常兼济。"意思是说天与地是上下对待的，但是天地相合便具有"生生不息"的大德；山与泽是高低对待的，但是二者气脉相通。白天有太阳，晚上有月亮，各有不同的运行轨道。但有时我们会在凌晨或傍晚，看到它们一起挂在天上，"在照临而相望"。寒季和暑季是截然不同的节气，但对于化育万物而言，不可或缺。这说明性质看上去相反的事物，常常起着相辅相成的作用。

苏轼更用一种唯美的语言，赞叹大自然万有不齐、和而不同的美妙绝伦。《御选唐宋文醇》卷三十九载《眉山苏轼文二》说："天之云霞、地之卉木、水色山光之紫翠蔚蓝，无一'同'者。然而莫非造化秀灵之气也，及其生物不测，则若相为左右手。"意思是说在大自然中，天上云霞的五光十色，地上花卉的姹紫嫣红，水色之澄碧，山光之环翠，是任何伟大画师都无法描摹的。大自然这种种对立和差异，看上去如此悬隔，但正是这种种对立与差异，才神妙莫测地造化了自然万物，就像有一个造物主用他的左右手来创造万物一样。

二 "和而不同"的政治观：天下事本非一人意见，何得强同？

在政治上，最常见也是最难以处理好的，是君主如何对待臣下的不同政见。晏婴在回答齐景公关于"和同之别"的询问时，先讲了"和羹"与"和乐"二例，然后话锋一转，便引向了天下国家的政治问题。《左传·昭公二十年》载晏婴之言说："君所谓可，而有否焉，臣献其否，以成其可；君所谓否，而有可焉，臣献其可，以去其否。"又说："若以水济水，谁能食之！若琴瑟之专一，谁能听之！'同'

之不可也如是。"晏婴认为，君主认为可做之事，可能有行不通之处，臣子指出其行不通之处，正好可以成就君主的主张。反之亦然。相互矛盾的因素，有时可以"相成相济"。君主应善于吸取不同意见中的合理成分，取长补短，集思广益，以做出万全之策。

《钦定隆万四书文》卷三载明代学者黄洪宪《君子和而不同》一文说：

> 天下国家之事，本非一人之意见，所得附和而强同者，惟平其心以待之而已矣。和出于平，而又何比焉？合志同方，非以植私也。天下万世之道，本非一己之私心所能任情而强和者，惟公其心以应之而已矣。和生于公，而又何徇焉？

"天下国家之事，本非一人之意见"，意思是说：上下级之间、同事之间，以平常心对待，出于公心处置，则是常态。反之，自以为是，要别人附和，强同己见，则绝难持久。古代儒者对处理好君臣关系提出了许多建议，如宋代苏辙《栾城应诏集》卷六说：

> 古者君臣之间和而不同，上有宽厚之君，则下有守法之臣……凡以交，济其所不足，而弥缝其阙。今也君臣之风上下如一，而无以相济，是以天下苦于宽缓怠惰而不能自振，此岂左右之大臣务以顺从上意为悦，而岂亦天子自信以为"好仁"之美，而不喜臣下之有所矫拂哉？

君主如果自以为是"仁主"，臣下赞同是有"好仁之美"，而不喜欢臣下"矫拂"（矫正、反对）他的意见，那么群臣就会养成一种坏风气，以顺从君主之意为悦，坐待上命，无所作为。救治之道，应该"济其所不足，而弥缝其阙"。君主必须意识到自己的意见可能有不足，鼓励群臣来匡济和弥补，这是儒家对君主操守的要求。

南宋刘爚《云庄集》卷二十说："孔子曰'君子和而不同'；晏婴曰'和与同异'。盖和者可否相济，同者随声是非。近岁士大夫

'随声是非'之患多，'可否相济'之义少。其平居苟且依违，患得患失，则其言事必无犯颜逆耳之忠，临难必无仗节死义之操。"刘爚所说的近岁士大夫的作风，其实并非南宋时代如此，传统社会官场风气大多如此。所以"犯颜逆耳之忠""仗节死义之操"，儒者真能做到者少之又少。

在传统社会，因为等级观念严重，有时公然反对上级官员的意志，会被看作藐视和冒犯，因而形成了"善事上官"的官场风气。《后汉书·任延传》载，任延拜武威太守，少年天子汉平帝亲自接见他，并告诫他说："善事上官，无失名誉。"任延回答："臣闻忠臣不私，私臣不忠。履正奉公，臣子之节。上下雷同，非陛下之福。善事上官，臣不敢奉诏。"汉平帝叹息说："卿言是也。"如何对待上级，是个难题。任延履正奉公，不为私，不唯上，实在难能可贵。史家表彰任延的言行，实际上是对大臣的操守提出要求。

那么，臣僚、同事相互之间又应该怎样对待呢？苏轼《东坡全集》卷五十一《上皇帝书》说：

> 君子和而不同，小人同而不和。和如和羹，同如济水。孙宝有言周公大圣，召公大贤，犹不相悦，著于经典。晋之王导，可谓元臣，每与客言，举坐称善。而王述不悦，以为人非尧舜，安得每事尽善？导亦敛衽谢之。若使言无不同，意无不合，更唱迭和，何者非贤？万一有小人居其间，则信何缘得以知觉？

喜听赞扬，不愿听批评，是人之常情，虽大贤有所不免。但为了共同事业，必须意识到个人的局限与集体的智慧，为此就必须克服人云亦云、附和雷同的官场习气，创造能畅所欲言、直陈己见的良好氛围和风气。

其实，上下级之间，同僚、同事之间，之所以不能做到"和而不同"，说到底还是胸怀小、眼界低。救治的办法，就是要把"和同"问题提升到一个"道"与"情"的哲理高度。论道以公，故和；论情以私，故同。《钦定隆万四书文》卷三载明代黄洪宪之言说：

> 夫"和"者，天下大同之道也。惟其"道"而不惟其"情"，此君子之"和"……天下无不同之道，而有不同之情。道相济然后"和"，情相比则为"同"。"和"虽未尝不同，而非即以"同"为和也。几微之际，心术判焉。

如果上下级之间或同僚、同事之间，都树立一个求"道"、合"道"的崇高目标，意识到只有去己情之私，才能合"道"之大公，那么他们就会放宽胸怀、提高眼界，很乐意接受他人的建议和意见。

在这里，我们还必须说"和"仍须有类"同"的因素。为何？前面讲"和"是"差异性的统一"，但这种"差异"只是相对"差异"而非绝对"差异"。这种差异要具有统一性和相通性，否则就不能构成"和"。宋黄公度《知稼翁集》卷下说：

> 昔晏子论梁丘据，谓"和与同异"，吾夫子亦曰"君子和而不同"。呜呼！同之不可也审矣。余谓："同"虽与"和"异，而"和"未始不出于"同"，酸、咸、苦、甘、辛虽不同，而同谓之"味"，孰能舍五味而和羹？宫、商、角、徵、羽虽不同，而同谓之"音"，孰能舍五"音"而和乐？以是知和而同易，不同而和难。近世以来，同而不和者，有矣。未见不同而和者也。

"酸、咸、苦、甘、辛虽不同，而同谓之味""宫、商、角、徵、羽虽不同，而同谓之音"，这是说不同之中，有其类"同"，这种共通性的"同"，便是构成"和"的基础与可能。没有这种共通性的"同"，便很难构成"和"。"和"仍须有"同"的因素，常言说"道不同，不相为谋""风马牛不相及"即此意。虽然我们强调倾听不同的意见，但若某人提出的见解与我们的议题相差甚远，甚至毫不相干，我们也不必将此意见作为考虑因素。

三 "和而不同"的伦理观：从"和同" 观上判别"君子"与"小人"

儒家向来有"君子小人之辨"，这是在人的道德修养上所画的一道界线。怎样判别"君子"与"小人"呢？《论语》中提出过许多判别标准，其中一项就是"和同"观上的区别。《论语·子路》载孔子之言说："君子和而不同，小人同而不和。"对于孔子此言，明代程敏政《篁墩文集》卷二曾有一段近乎白话的说解：

> 孔子说君子的心术公正，专一尚义，凡与人相交，必同寅协恭，无乖戾之心。然事当持正处，又不能不与人辩论，故曰"君子和而不同"。小人的心术私邪、专一尚利，凡与人相交，便巧言令色，有阿比之意。然到不得利处，必至于争竞，故曰"小人同而不和"。

"君子"心术公正，专一尚义；小人心术私邪、专一尚利。此两类人内心思想境界迥然不同，因而在人际交往中，君子能够与他人保持和谐友善的关系，而在对待具体问题的看法上，却不必苟同于对方。小人习惯于在具体问题的看法上附和他人的言论，而一有利害冲突，便翻脸相争。在政治上则表现为党同伐异、朋比为奸。

明代冯从吾《少墟集》卷十一曾说："和"与"同"，有时表面上看是一样的。比如说，《尚书》中所记载的尧帝、舜帝与群臣之间的关系，群臣唯唯诺诺，"无一毫乖戾异议"，恰似"同"，不知此乃"和"而非"同"。后世秦桧之流，当时附和者不少，不知此乃臭味相投，私相迎合，此乃"同"而非"和"。"和"与"同"外在表现一样，那么如何分辨呢？我们要从"心上"来分辨二者之不同。朱熹在《四书章句集注》卷七中说："和者，无乖戾之心；同者，有阿比之意。"又同卷载尹淳之言说："君子尚义，故有不同；小人尚利，安得而和？"其实社会中一直有两类人：一类人考虑问题多是从社会的公义出发，他们修正上级或同事的意见，对事不对人，但有时不免得罪于人，此类人属于"君子"。另一类人考虑问题则更多是从个人私利出发，首先考虑的是维护既得利益，怕给上级或同事提意见，得罪对方，因而附和雷同，甚至阿附、亲比于有权势之人，此类人属于"小人"。

明代刘宗周《论语学案》卷七说："'和'本于理，则以是非为同异，即元气之充周。'同'本于意，则以同异为是非，乃私情之党比。和则不同，同则不和，君子、小人之道然也。和是与物无戾，同是与物无异，迹若相似而实相反也。"何为"以是非为同异"？就是一个人赞同或反对什么意见，是看此意见本身是否正确，正确就赞同，反之则反对，以客观之"理"为是非，而非看此意见是出自谁之口。此类人一身正气，"元气充周"。何为"以同异为是非"？就是一个人所赞同或反对什么意见，是看此意见与自己的意见是否相同，相同就是对的，反之则错，以主观之"意"为是非。此类人一身乖戾之气，"私情党比"。

元代胡震《周易衍义》卷十说："和而不同，君子之公也；同而不和，小人之私也。和则真情融通，相视万物为一体，中国为一人；同则私恩以相结，朋党以相亲。二者介于毫厘之微，判于天渊之远，穷理君子不可不察也。"作为个性而言，每个人皆有所不同，完全抹杀个性，以求其同，是对人性的残害。给予个性以发展的自由，同时以求集体的和谐，由一家而推至一国，由一国以推至天下，是儒家的追求。但不能把求集体的和谐，理解为"私恩以相结，朋党以相亲"，以小团体、小圈子的私利，来对抗天下国家之大利。所以，儒家将君子"群而不党""和而不同"连在一起来说。无论是对待历史，还是对待现实，都不能站在偏袒的"党争"立场来评论，而要站在客观公正的立场。如清人朱彝尊《曝书亭集》卷三十二所说："每见近时之论，其人而东林也，虽晚而从逆，必为之曲解。攻东林者，殉国之难，人所共知，终以为伪。执门户以论人，是非之不公，其弊有不可胜道者已。"依朱彝尊的意见，品评人物，要从其个人的生平而论，而不能从其所站的党派而论。东林党人未必皆清流，攻东林党之人也未必皆浊流。

"和而不同"其实并不容易做到,因为"和而不同"意谓自己要坚持人生的崇高理想。历史的悲剧在于,奉行"和而不同"的君子,常常是命运多舛;而奉行"同而不和"的小人,常常是小人得志。因而对于屈原当年投江之事,后世便有迥然不同的评价。刘勰《文心雕龙·辨骚》载班固之言说:"露才扬己,忿怼沉江。"《汉书》卷八十七上《扬雄传上》载扬雄之言说:"遇不遇,命也,何必沉身哉?"孟郊《孟东野诗集》卷六说:"三黜有愠色,即非贤哲模。"计有功《唐诗纪事》卷六十一载孙郃之言说:"道废固命也,瓢饮亦贤哉!何事葬江鱼,空使后人哀。"等等,皆对屈原投江之事持贬抑态度。张耒于《柯山集》卷二十三说:"楚国茫茫尽醉人,独醒惟有一灵均。哺糟更遭同流俗,渔父由来亦不仁。"悲哉!千古之下,唯独张耒得屈原仁人志士之心!

四 "和而不同"在现代的文化观意义:
"文化融合"而非"文化冲突"

如上所述,古代思想家在自然观、政治观、伦理观方面对"和同"范畴与"和而不同"命题作了诠释。以笔者之孤陋寡闻,还未见到用此范畴与命题来讨论文化观的资料。现代学者将"和而不同"命题引入文化观的讨论,用来作为世界不同文明对话的基本原则。以我个人的看法,这是对中国古代哲学的一种创造性诠释与发展。

古代学者虽未用"和同"范畴与"和而不同"命题来讨论文化观,但并非没有关于文化观的问题意识及哲学命题。《论语·卫灵公》载孔子之言说:"道不同不相为谋。"《史记》卷六十三《老庄申韩列传》说:"世之学老子者,则绌儒学,儒学亦绌老子,道不同不相为谋,岂谓是邪!"意思是说学者对于不同的哲学和文化,可以自由选择,相互排斥与斗争在所难免。当然,中国文化也谈互相包容。《易传》说:"君子以厚德载物。""天下一致而百虑,殊途而同归。"《中庸》说:"万物并育而不相害,道并行而不悖。"皆讲对不同学说与文化要持一种包容态度。

西汉董仲舒曾提出过"通三统"的文化观：即一个新政权在建立本朝的典章制度和文化传统时，要参照其他两种不同的典章制度与文化传统。东汉以后，中国文化逐渐形成了儒、道、佛长期三教并用、取长补短、相辅相成的格局，构成新的"通三统"关系。在我看来，这类情况，都体现中国文化的"包容"与"和谐"精神，它与中国文化的"和而不同"精神一脉相通。

今日时代，文化的范围已经不局限于一个国家和民族，而是扩展到了全球，那么我们应当如何对待世界上各种不同的文明与文化呢？20世纪90年代，美国学者塞缪尔·亨廷顿提出一种"文明冲突理论"，他在《文明的冲突与世界秩序的重建》一书中说："在这个新的世界里，最普遍、重要的和危险的冲突不是社会阶级之间、富人和穷人之间，或其他以经济来划分的集团之间的冲突，而是属于不同文化实体的人民之间的冲突。部落战争和种族冲突将发生在文明之内。最危险的文化冲突是沿着文明的断层线发生的那些冲突。"[①] 他断言："伊斯兰的推动力，是造成许多相对较小的断层线战争的原因。中国的崛起则是核心国家大规模文明间战争的潜在根源。"[②] 意思是说，伊斯兰文明与中国儒教文明是阻碍未来西方文明发展的最大障碍。

亨廷顿之所以提出这种观点，与西方的文化传统有关。西方人在民族关系方面讲究斗争，力图征服其他民族，在历史上征服了其他民族的领袖备受推崇，因而有所谓的"英雄史诗"。亨廷顿的理论实际上是把非西方文化作为异教加以排斥，他所体现的还是那种"消灭异教徒"的十字军东征精神。显然这个观点十分有害，它将引发和加剧不同国家与民族之间的仇恨，带来灾难性后果。正如方克立教授所作指出的：亨廷顿"不是把基点放在不同文明之间的平等对话与交流合作上，而是放在所谓'文明冲突'的预设上，企图通过打击遏制异类文明来达到维持西方文化霸权的目的。这不但在理

① ［美］塞缪尔·亨廷顿：《文明的冲突与世界秩序的重建》，周琪等译，新华出版社1999年版，第6—7页。
② 同上书，第230页。

论上站不住脚，实践中也违逆了和平与发展的当今世界潮流"①。事实上，基督教文化、伊斯兰教文化、儒教文化皆已存在上千年，它们相互之间的接触与交流也有数百年。他们彼此之间是相互的理解更多还是相互的仇恨更多，应该有一个总结，以作进一步引导。但这种引导绝不是亨廷顿的"文明冲突论"，而应当是世界有识之士所共同倡导的"文明对话论"。

中国是一个有五千年文明的国家，"周虽旧邦，其命维新"，近百年来我们一直反思自己的文化。我们本着"和而不同""通三统"的理念，虚心吸纳其他民族的优秀文化。试看今日之中国，既保持本国的传统文化和习俗，也有西方文化的种种因素。这里所呈现的，更多的是文化融合，而非文化冲突。

鉴于中国文化这种伟大的"包容"与"和谐"精神，英国著名历史学家阿诺德·约瑟夫·汤因比（Arnold Joseph Toynbee）在比较人类数十种文明之后，认为教导人类和谐相处的儒家文明更能体现文明的精义，他在《谁将继承西方在世界的主导地位》一文中指出：

> 人类已经掌握了可以毁灭自己的高度技术文明手段，同时又处于极端对立的政治、意识形态的营垒，最重要的精神就是中国文明的精髓——和谐。
>
> 中国如果不能取代西方成为人类的主导，那么整个人类的前途是可悲的。②

曾于1970年荣获诺贝尔物理学奖的瑞典科学家汉内斯·阿尔文博士（Dr. Hannes Alfven）在1988年诺贝尔奖得主齐聚巴黎会议时则说：

---

① 方克立：《"和而不同"：作为一种文化观的意义和价值》，《中国社会科学院研究生院学报》（哲学社会科学版）2003年第1期。

② 此文于1974年9月载于美国《思潮》月刊，收入中国孔子基金会编：《孔子诞辰2540周年纪念学术讨论会论文集》上册，上海三联出版社1992年版，第332页。

人类要生存下去，就必须回首两千五百年前，到孔夫子那里去汲取智慧。①

在我看来，汤因比与阿尔文所传出的声音，正是人类所期待的。亨廷顿的"文明冲突论"可以休矣！

---

① 这句话被刊载于 1988 年 1 月 24 日澳大利亚《堪培拉时报》发自巴黎的一篇报道中，题目是：《诺贝尔奖获得者说要汲取孔子的智慧》。

第十六讲

"温故而知新"

陈　峰

　　《论语·为政》篇记载："子曰：'温故而知新，可以为师矣'。"从文本传播史来看，汉唐古本《论语》于此章传写略有不同，然皆不影响字义与语序。① 师道是儒家义理体系中的核心概念，"温故而知新"之语因牵涉孔子对于知识、道德、历史的基本观点，受到历代经学家的高度关注，成为儒者理解、建构师道的重要依托。

　　《论语》作为孔子言行之实录，多载其与门徒、时人问答之语。后儒凭借《论语》而建构孔子的历史形象时，皆无法回避孔子作为教育家的贡献与成就。无论是"素王""教主"，抑或"至圣""先师"，这些标签都暗含着孔子授业解惑、觉世牖民的行事践履与理想抱负。从《论语》自身的文本系统来看，"温故而知新，可以为师矣"中"师"字解为"老师"最为合理。② 自汉至清的经学家，通过字句诠解、文献互证、义理建构等方式对"温故而知新"章的内涵

---

　　① 定州汉墓竹简《论语》作"温故而智新，可以为师矣"。唐敦煌写本《论语集解》作"子：'温古而知新，可以为师矣。'"今本较汉简多"子曰"二字，较唐写本多"曰"字，而"智""知"古通，"古""故"亦在经传中通用。汉定州竹简《论语》、唐敦煌写本《论语集解》，均收入《儒藏》（精华编）第 281 册，北京大学出版社 2007 年版，分别见于第 128、528 页。

　　② "师"字在《论语》中总共出现 19 次，包括了"老师""官师""众人""军队建制""子张之名"等含义。杨伯峻统计《论语》中"师"字出现频率为 13 次，当是合并同义项之后的结论。见《论语译注》，中华书局 2008 年版，第 267 页。杨伯峻认为"师"字有老师、官师以及子张之名三种含义，不确。《先进》篇"加之以师旅，因之以饥馑"中"师"当作"军队建制"解，《卫灵公》篇"当仁，不让于师"中"师"可作"众人"解，见黄式三：《论语后案》，凤凰出版社 2008 年版，第 456 页。

作出了诸多解读，从教学义、尊德义、治事义三种视角探讨师道，使"温故而知新"衍生为学问方法、成德工夫、政治殷鉴等三种不同形态。相应地，"师"被诠解为学问之师、德性之师、治事之师。历代歧解虽建立于不同的学理预设之上，然皆旨在说明儒者何以为师，并因之以建构理想中的师道。

一 教学义诠释所体现之师道

在有关"温故而知新"章的历代解诂中，由教学角度而来的探讨在相当长的时段占据了主流地位，也对今日的诠释产生深远影响。《尚书》"惟教学半"、《礼记》"教学相长"均旨在说明传统儒家并未将"教"与"学"割裂开来。"温故而知新，可以为师矣"虽是讨论"为师"之道，亦可视为学者学习之法。在教学的视域之下，学者认为"师"指学问之师，分别从学习过程、学习内容以及教学方法等维度对"温故而知新"作出了解读。

郑玄注《礼记·中庸》"温故而知新"谓"温，读如燅温之温，谓故学之孰矣，后时习之，谓之温。"此注虽为《中庸》而言，却在《论语》诠释时广为引用。郑玄以"燅温"释"温"，辨明《古论》中"寻"为"燅"之省文，并援引"学而时习之"为据。《论语集解》引何晏注："温，寻也。寻绎故者，又知新者，可以为师也。"[1]何晏此注铺陈文义，以"寻绎"训"温"，在后世学者中引起较多讨论。比照颜师古"绎，谓抽引而出也"[2]之说，《论语集解》中所说的"寻绎"可释为反复玩索、抽引推求。郑玄、何晏分别以"燅温""寻绎"释"温"，侧重点略有不同：郑玄强调对"故"的反复沉潜，何晏则更倾向于从"故"抽绎"新"。然而，郑玄、何晏对"燅温"

---

① 何晏注、邢昺疏：《论语注疏》卷二，嘉庆二十年《十三经注疏》本，中华书局2001年版，第5347页。《论语笔解》中李翱称"寻绎文瀚"为孔安国所述。以"寻绎"释"温"，究竟属于何晏或孔安国，因文献不足难以定谳。两说似可并存不悖。

② 见班固著、颜师古注《汉书》《循吏传·黄霸》"语次寻绎，问它阴伏，以相参考"条。有关"寻绎"的考察，可参看彭亮：《〈论语〉"温故"释义新说》，《寻根》2013年第4期。

"寻绎"的对象与结果（即"故""新""师"的具体含义）并无发明。

皇侃（公元488—545年）接续郑玄、何晏之说，从学习过程的角度对"温故而知新"作出了更为深入的诠解。《论语集解义疏》中说：

> 此章明为师之难也。温，温㷚也。故，谓所学已得之事也。所学已得者，则温㷚之不使忘失，此是"月无忘其所能"也。新，谓实时所学新得者也，知新谓"日知其所亡"也。若学能日知所亡，月无忘所能，此乃可为人师也。

皇侃引《论语》中子夏"日知其所亡""月无忘其所能"的观点，将"故""新"限定在学习内容上加以讨论。"故""新"分别指代在不同时段的学习内容，"温"与"知"相连续而构成学习状态的演进。因此，"温故而知新"强调了对学习内容的积累与扩充过程，而皇侃此注中的"人师"亦当指传授知识与学问的老师。皇侃的注释在后代解经者中引起较多争议。不少学者认同并推衍皇说，如邢昺（公元932—1010年）在《论语注疏》中称：

> 旧所学得者，温寻使不忘，是温故也。素所未知，学使知之，是知新也。既温寻故者，又知新者，则可以为人师矣。①

邢《疏》中所用"既""又"二字，意即将"温故""知新"认定为学习过程中先行后续的两个不同阶段，与皇说大体相近。北宋陈祥道（公元1042—1093年）、晚清胡龕（生卒年不详）沿袭皇说的旧辙，将孔子所称"温故而知新"与子夏所说"日知其所亡，月无忘其所能"合而为一，陈祥道在《论语全解》中说：

---

① 何晏注、邢昺疏：《论语注疏》卷二，嘉庆二十年《十三经注疏》本，中华书局2001年版，第5347页。

孔子以"温故而知新,可以为师"、子夏以"日知其所亡,
月无忘其所能"为好学者。温故然后知新,则其所以已知者多而
其所未知者少,故可以为师。知新然后温故,则其所已知者少而
其所未知者多,故可谓好学而已。①

胡夤在《明明子论语集解义疏》中亦称:

"故"与"新",对待之词也。"温"与"知",相因之词
也。新得益于故,有故斯有新,知得力于温,非温则不知,温故
而知新,时习而说也。②

陈祥道、胡夤的注释意在说明:在理想治学状态中,"温故"
"知新"不仅是前后相续的两个阶段,同时先"温故"而后"知新"
的为学次第不容紊乱。在上述诸家看来,"温故而知新"与"日知其
所亡,月无忘其所能""学而时习之"语意贯通,都揭示了由已知开
出新知的学习过程,属孔门传授的为学之方,因此也被陈澧标举为
"学问之定法"。③

与皇侃等人的诠释视角不同,韩愈、朱熹等学者更侧重从学习内
容上讨论"温故而知新"的意涵。韩愈(公元 768—824 年)、李翱
(公元 772—841 年)在《论语笔解》中有较为扼要的解读,韩愈
认为:

先儒皆谓寻绎文翰,由故及新,此是记问之学,不足为人师
也。吾谓故者,古之道也;新谓己之新意,可为新法。④

---

① 陈祥道:《论语全解》卷十,影印《文渊阁四库全书》第 196 册,上海古籍出版社
1987 年版,第 217 页。陈说在《论语全解》中两见,其诠释《为政》篇"温故而知新"条
时,大体相近,见同书第 73—74 页。
② 胡夤:《明明子论语集解义疏》卷二,《四明丛书》第八辑,张氏(寿镛)约园本。
③ 陈澧:《东塾读书记》卷二《论语》,上海古籍出版社 2012 年版,第 18 页。
④ 韩愈、李翱:《论语笔记》卷上,影印《文渊阁四库全书》第 196 册,上海古籍出
版社 1987 年版,第 5 页。

　　韩愈不同意《论语集解》以"寻绎"释"温"的观点，并认为"寻绎"只是"记问之学"，不足以称师。"故"并非已学的内容，而是古代圣贤一贯相传的道理；"新"则是学者对于道理的体认与践履。韩愈将"温故""知新"与"记问之学"对待而言，为后儒的训解启发端绪。朱熹（公元1130—1200年）《论语集注》糅合《集解》与《笔解》之说，对"温故而知新"作了进一步的阐发：

　　　温，寻绎也。故者，旧所闻。新者，今所得。言学能时习旧闻，而每有新得，则所学在我，而其应不穷，故可以为人师。若夫记问之学，则无得于心，而所知有限，故《学记》讥其"不足以为人师"，正与此意互相发也。①

　　朱注所称"所学在我""无得于心"，一方面强调了学者在学习过程中应当注重自我体验与操持；另一方面也预示着"故"与"新"指向的是提升学者身心之学问，而不是记诵问答般的具体知识与技艺。较朱熹稍后的陈埴（生卒年不详）、戴溪（公元1141—1215年）通过对"记问之学"的批判，直指"温故而知新"是为儒家义理之学而发。陈埴《木钟集》中说：

　　　学得见识益高，义理益著，而温习故旧，知后来自有新功。……心明理融，其应不穷，可以为人师，师者，资师之谓。此两句大包义理，不可作轻说了。才轻说了，如何温故知新便为人师，论其极则为人师，便是人样。所谓动而世为天下法，非夫子不足以当之。汉儒专门名家，各以一经授人，亦谓之师，与这个师亦异矣。②

---

　　① 朱熹：《论语集注》卷二，《四书章句集注》，中华书局1983年版，第57页。
　　② 陈埴：《木钟集》卷一，影印《文渊阁四库全书》第703册，上海古籍出版社1987年版，第573页。

《石鼓论语答问》也认为:

> "记问之学,不足以为人师","温故而知新",却"可以为师"。盖记问有限,义理无穷。记问虽多而义理不明,虽万卷而无益。若温故而能新,虽一言而有补矣。知记问之不足以为师,而后知温故之可以为师。一说温故而知新,能自得师矣。古人有经师、人师之说,此说亦有意。①

章句训诂之学主导了汉唐间的学术风气,对儒家义理的追溯自宋庆历年间已开先河。陈埴、戴溪此论将知识与道德判然两分,高扬义理之学的价值。照此观之,学者仅凭记诵,只可获得零碎而无用的知识,充其量只能成为讲授经典的"经师";唯有通过"温故""知新"体察到儒家原旨的义理精神,方能成为师道之典范(即"资师""人师")。宋以后的朱门后学亦不乏朱熹、戴溪的同调,如朱门后学胡炳文(公元1250—1333年)推阐《论语集注》之说,认为"无得于心而所知有限,口耳之学也。如无源之死水,一索而竭矣。所学在我而其应不穷,心得之学也,源头活水",②与朱熹之说相补。张居正(公元1525—1582年)《四书集注阐微直解》、清代《日讲四书解义》都认为"温故而知新"的最终目的是"义理日益贯通,学问日益充足"③"融贯义理……触类旁通"④,从学者的学习内容这一角度进行疏解,将"故""新"统合于义理学的范畴。

此外,不少学者从教学方法的角度解读"温故而知新",将其引申为各自所倡导的如讲授、读书之法等。王夫之(公元1619—1692年)、孔广森(公元1753—1787年)均从教授之道来讨论此章,两家侧重点略有不同。王夫之从师道的反面讨论了"温故""知新"的

---

① 戴溪:《石鼓论语答问》卷上,影印《文渊阁四库全书》第199册,上海古籍出版社1987年版,第10—11页。

② 胡炳文:《四书通·论语通》卷一,影印《文渊阁四库全书》第203册,上海古籍出版社1987年版,第128页。

③ 张居正:《四书集注阐微直解》《中庸》卷三,清八旗经正书院刻本。

④ 《日讲四书解义》卷四,《论语》上之一,华龄出版社2012年版,第54页。

内容，《四书训义》中称：

> 夫人之不可为师者有二。智辨有余者，偶然有所见及，即立为一说，而不顾其所学之本业，议论一新，人乐听之，而使学者迷于所守。诵习有功者，熟于其所传习，乃守其一说，而不能达于义理之无穷，持之有故，自恃为得，而使学者无所复通。①

依王夫之所说，"温故"是讲求诵习，学有所本；"知新"是智辨贯通，推演义理。作为"人师"，不可将文句、词章与义理径作割裂。王夫之立足"人师"所应讲授的内容而立论，孔广森则对"人师"教授生徒时的态度进行了阐发：

> 凡教人者，皆以其所已知传之弟子，是温故也。然教学相长，故每因而有新说焉。若挟其故知自以为是，而不能虚怀以受起予之益者，不足以为人师矣。②

在孔广森处"温故""知新"成了"人师"传道授业过程中的不同环节，突出了"知新"在教学互动中的重要意义。

相应地，学者亦有从读书、学习的角度解读"温故而知新"的。元代学者程端礼（公元1271—1345年）秉信朱熹"穷理之要，必在读书"之说，将"温故而知新"落实为学者研经读史的合理次第。如《程氏家塾读书分年日程·凡例》中提到：

> 凡倍读熟书，逐字逐句，要读之缓而又缓，思而又思，使理与心浃。朱子所谓精思、所谓虚心涵泳、孔子所谓温故知新以异于记问之学者在乎此也。③

---

① 王夫之：《四书训义》卷四《论语》二，《船山全书》第7册，岳麓书社1996年版，第297页。

② 孔广森：《经学卮言》，学海堂《皇清经解》本。

③ 程端礼：《程氏家塾读书分年日程》卷一，商务印书馆1936年《丛书集成初编》本，第2页。

程端礼此说实际上是牵合了《论语》"学而时习之""学而不思则罔"诸说以立论。学习过程中的读、思并行的次第，与其导出"理与心浃"的理想境地，分别指代了"温故""知新"的内涵。继程端礼之后，元人史伯璿（公元 1299—1354 年）亦引"日知其所亡""月无忘其所能"以释"温故而知新"，认为"温故而知新"是日积月累、毫无间断的读书过程。依此，"温故"是"日日读得所未读"，"知新"是"于其中每有所新得"，①"故"是六经，"新"是读六经而来的"新意"。尽管程端礼、史伯璿对"温故而知新"的具体诠释不尽相同，但二人均笃信朱熹"道问学"之说，将"温故而知新"与读书为学之法绾而为一。此后，杨树达以"强识""通悟"解"温故""知新"，认为"优游涵泳于故业之中，而新知忽涌涌焉"②；杨伯峻③、孙钦善④强调积累与温习旧知识而有新体会、发明，这些解读与程端礼、史伯璿等朱门后学的思想倾向仍是基本一致的。

二 尊德义诠释所体现之师道

《礼记·中庸》中有"尊德性而道问学，致广大而尽精微，极高明而道中庸，温故而知新，敦厚以崇礼"之语。此处的"温故而知新"与"尊德性""道问学"是何关系，经学家歧解频出。可以确定的是，"尊德性"与"道问学"代表了秦汉以后儒学系统内部两种不同的治学范式。至宋代，义理之学兴起，对汉唐训诂之学的鄙薄已成主流风气。宋明理学家试图将儒家经典中的道德范畴抽象化，成为形而上的价值原则；同时将这些价值原则落实为形态各异的工夫论主张，这在宋明时期的经典诠释中多有体现。上文所述何晏、皇侃、朱

---

① 史伯璿：《四书管窥》卷二，影印《文渊阁四库全书》第 204 册，上海古籍出版社 1987 年版，第 718 页。

② 杨树达：《温故知新说》，《积微居小学述林全编》卷六，上海古籍出版社，第 328—330 页。

③ 杨伯峻：《论语译注》，中华书局 2008 年版，第 17 页。

④ 孙钦善：《论语本解》，生活·读书·新知三联书店 2009 年版，第 15 页。

熹从教学角度探讨"温故而知新"之语，多近于"道问学"的立场，而北宋以来的学者受到义理学的影响，多从"尊德性"的角度对此语进行诠释与发挥。在此维度之下，"温故而知新"被理解为不同的成德工夫，而"师"则为"德性之师"。

程门高弟谢良佐（公元 1050—1103 年）从道德论的角度探讨"温故而知新"，对"温故""知新"的内容与关系提出了新的界定。《论孟精义》引述其说：

> 新故之相因，特事变之不同。然自一德者观之，莫知其异也。温故而知新，犹言极高明而道中庸，致广大而尽精微，则故与新非二致也。在温故不害其为知新，则知新非进取之谓；在知新不害其为温故，则温故非不忘其初之谓。能温故知新，岂徇物践迹者之所为乎？①

何晏、皇侃视"温故而知新"为教学过程，是先有"温故"而后有"知新"。谢良佐一反其说，主张从修己成德的角度统合"故""新"。谢良佐认为，"故"即"新"，"温故"即"知新"，属于儒家成德之学这一体之下的两种面向或表述。因此，"温故知新"并非外在行为的显现，而是指学者修己成德时所保持的充实圆融之精神状态。谢良佐此说或非《论语》本意，然其说旨在高扬道德主体性，则可无疑。

陆学高足杨简（公元 1141—1226 年）接续谢良佐的思路，从人性论的视角进行阐发。《慈湖遗书》中载杨简答弟子之问：

> 温故则善有进而无退，知新则善愈益而愈通。道不在他，善而已矣。人性自善又能尽集天下之善，则道在我矣。学者自少至壮、由壮至老，所知不胜其多，惟其旋得旋失，是以终于无成。诚能已知者不失其善，未知者又知之，则此心无非善，日用无非善。

---

① 朱熹编：《论孟精义·论语精义》卷一下，《朱子全书》第 7 册，上海古籍出版社、安徽教育出版社 2002 年版，第 80 页。

学者如无顿觉之明，当自此入。虽觉而未能无过，亦不可无学。①

　　与谢良佐混"故""新"为一的解读不同，杨简将"故"释为人性本然之善，即吾心故有之善；"新"为人生中所"集天下之善"。"温故"为涵养善端，"知新"则是对善端不断扩充。杨简将其理论体系中的心本体论、性善论以及工夫论融入《论语》诠释之中，肯定了成德过程中灵明之"心"的地位与官能，提出了顿觉、渐觉两种进路。从朱学的立场来看，杨简此说显然已溢出儒家本旨，堕入佛老虚无之境；若就陆王心学的流衍而言，杨简对"温故而知新"的解读则是开先河的创发。

　　明代中叶，王阳明（公元 1472—1529 年）高标"心即理""致良知"等学说，极大冲击了明初以来"此亦一述朱，彼亦一述朱"的沉闷学风。王阳明对"温故而知新"之语甚为关注，所作的诠解在明代中后期产生了重要的影响。王阳明认为：

　　　　心即理也。学者，学此心也；求者，求此心也。孟子云："学问之道无他，求其放心而已矣。"非若后世广记博诵古人之言词，以为好古，而汲汲然惟以求功名利达之具于其外者也。……"温故知新"，朱子亦以"温故"属之尊德性矣。德性岂可以外求哉？惟夫知新必由于温故，而温故乃所以知新，则亦可以验知行之非两节矣。②

　　通观王阳明的解读，有三点内容值得注意。一是阳明在阐述心本体的理论体系时，利用孔子"温故而知新"、孟子"求其放心"等思想资源，建构了其直承孔孟的道统谱系。二是阳明曲解了朱熹对"温故"的解读，强以就我。朱熹在《中庸章句》中将"温故"与"尊

①　杨简：《慈湖遗书》卷十，影印《文渊阁四库全书》第 1156 册，上海古籍出版社 1987 年版，第 776 页。

②　王阳明：《传习录》卷中，《王阳明全集》语录二，上海世纪出版集团、上海古籍出版社 2006 年版，第 51 页。

德性""道问学"并举,《论语集注》中视"温故"为教学之方,并非王阳明所谓"属之尊德性"。三是将"温故而知新"与其"知行合一""致良知"的学说相结合。从引文来看,"温故"是"知新"的必由之路,"知新"是"温故"的必然结果;而在更为深处的思想理路上,"温故而知新"被王阳明自身的思想体系所整合,"故""新"被赋予了即本体即工夫的意涵,"温故""知新"则演变成"致良知""知行合一"的不同侧面。

阳明心学在明代中后期风靡一时,其所倡导的成德工夫亦广为学者所接受。在此情形之下,明代中后期的《论语》学著作,几乎都受到了阳明心学的影响。阳明后学乃至当时一般的学者,对阳明学术旨趣的理解仍呈现较大差异,故明末学者对于阳明学或笃信或推衍或修正,表现在《论语》"温故而知新"章的诠释上尤为突出。

耿定向是阳明后学中的"卫道者",重视在人伦日用层面上的道德践履。耿定向对"温故而知新,可以为师矣"有较为详细的论述,可与王阳明之说相发明。耿定向在答友人书中曾谓:

> 孔子曰:"温故而知新,可以为师矣。"此万世师道之律令也。夫所谓"故",即孟子所云"天下之言性则故而已"之"故"也。恻隐、羞恶、辞让、是非,非外铄我也,我故有之也,故曰"故"。"温"云者,反之本心而寻绎温养之谓也。学者诚寻识其端而温养之,则良知之在我者,若火然泉达,日新月盛,而不可胜用矣,斯谓"知新"。夫一反之固有之性而求之,即心有余师,故曰"可以为师"。……孔子之所以师天下万世者,能自得师耳,非第侈其洽闻广识以师人也。如朱注云云,则昌黎子所云解惑之师耳,非所谓传道之师也。[①]

比照王阳明与耿定向的说解,可见二家于细节有异而大旨无殊。耿定向将"寻绎温养"之旧解与"致良知"之新说联系起来,对朱

---

① 耿定向:《耿天台先生文集》卷十,《耿定向集》,华东师范大学出版社2015年版,第392—393页。

熹《论语集注》中的注释有更为准确的判断。若从思想主旨上看，耿定向接续王阳明之说，笃信孟子性善论，突出了"心"作为本体的地位，强调了"温故"作为成德工夫的重要性。耿定向的门徒焦竑（公元1540—1597年）着重阐释"知新"，认为"新是良知之生意，生生不已者也"①，说明学者成德工夫之要在于良知的显发与扩充。

在明代心学的传授系谱中，泰州学派王艮（公元1483—1541年）无疑有重要地位。与讲求博学记诵的知识分子不同，王艮出身低微，讲学时重口授心传，强调学者后天体认的重要性。王艮以己意解经，对"温故而知新"章的解读自成一格。《心斋王先生语录》中曾记载其说：

> 学者初得头脑，不可便讨闻见支撑，正须养微致盛，则天德王道在此矣。《六经》《四书》，所以印证者也。若工夫得力，然后看书，所谓温故而知新也。不然，放下书本便没工夫做。②

在王艮的说解中，"闻见"与"德性"被划分开来。从君子为学目标上看，"德性"高于"闻见"；从为学次第而言，"德性"先于"闻见"。对儒家经典的研习，只是作为成德工夫的印证而存在。王艮之后，葛寅亮（公元1570—1646年）接踵其说，将"知新"认定为"吾心实有证悟"，③ 视开悟为成德工夫之要，已近于禅学之流。

从明清之际的学风递变来看，阳明心学对僵化的程朱理学形成了冲击，改变了明初以来"字字而比，节节而较"的烦琐学风。阳明将其成德工夫与"温故而知新"的诠释相结合，在明代《论语》学史上影响至深。阳明后学的蹈虚之风，造成了学者"束书不观、游谈

---

① 焦竑：《焦氏四书讲录》论上卷四，明万历二十一年刻本，《续修四库全书》第162本，上海古籍出版社2002年版，第68页。
② 王艮：《王心斋先生语录》卷上，明刻本。
③ 葛寅亮：《四书湖南讲·论语湖南讲》卷一，明崇祯刻本，《续修四库全书》第163本，上海古籍出版社2002年版，第143页。

无根"的流弊。学者为此提出了许多解蔽之方，在阐述成德工夫时倡导实学、实修、实行，[①] 同样在"温故而知新"上有所体现。如明末郝敬（公元 1558—1639 年）认为"天下义理尽归六经，舍古训空谭良知则殆矣"，[②] 刘宗周（公元 1578—1645 年）说"新与故，本只为诗书六艺之时习而言，而必以故为德性之故有者，凿也"，[③] 皆倡导讲求与读书问学相结合，强调实学；陆陇其（公元 1630—1692 年）认为"温故属外，知新属内，此内外交养、虚实相生之工夫也"[④]，将"温故而知新"解读为涵养德性的工夫论，强调实修；颜元（公元 1635—1704 年）以"温故而知新"是"从真践履、真涵养做工夫"，[⑤] 以亲历治事磨砺身心，强调实行。总之，在明清之际，对"温故而知新，可以为师矣"的诠释虽多有变化，但学者的总体倾向仍视"师"为"德性之师"，并强调对成德工夫的践履。

三　治事义诠释所体现之师道

《论语》记载孔子"述而不作，信而好古""好古，敏以求之者也"，更不乏孔子称赞三代治世的溢美之词。孔子对重视历史经验的传统，主张通过对三代制度的因循与损益，实现其社会理想。徐复观对此亦曾有深刻分析，他认为"孔子把他对人类的要求，不诉诸'概念性'的'空言'，而诉诸历史实践的事迹，在人类历史实践事实中去启发人类的理性及人类所应遵循的最根源的'义法'"。[⑥] 将历史经验落实于现实政治之中，成为儒家一以贯之的思想传统。在对

---

① 参见肖永明、陈峰：《从〈论语〉"游于艺"的训释看清初学风》，《学术论坛》2013 年第 9 期。

② 郝敬：《论语详解》卷二，明万历九部经解本，《续修四库全书》第 153 本，上海古籍出版社 2002 年版，第 85 页。

③ 刘宗周：《论语学案》，《刘宗周全集》第 1 册，"中央研究院"、中国文哲研究所筹备处 1997 年版，第 326 页。

④ 陆陇其：《四书讲义困勉录》卷二，清康熙三十八年嘉会堂藏版刻本。

⑤ 颜元：《四书正误》卷三，《颜元集》，中华书局 1987 年版，第 178 页。

⑥ 徐复观：《原史》，《两汉思想史》卷三，华东师范大学出版社 2001 年版，第 157 页。

"温故而知新，可以为师矣"的诠释中，亦有不少学者从时间层面上来理解"故"与"新"，以"故""新"分属"古""今"，主张由"古"通"今"，将历史陈迹转化为政事殷鉴。

最早将"故""新"释为"古""今"加以讨论的当数东汉学者王充（公元27—97年）。《论衡·谢短篇》中提到，"徒能说经，不晓上古，然则儒生，所谓盲瞽者也。儒生不能知汉事，世之愚蔽人也。温故知新，可以为师。古今不知，称师如何？"同书《别通篇》亦称"守信一学，不能广观，无温故知新之明。"① 这两段议论是王充针对孝廉察举形成了"诸生试家法，文吏课笺奏"的考试制度而发，察举制下的儒生末流汲汲于章句训诂，不能知晓三代盛世之史实（"古"），于汉家政事（"今"）亦无所研究；反之，在王充此论的语境中，"温故而知新"是儒生通晓今古的理想状态。相应地，"称师"之"师"不再泛指教师，而应是指代凭借儒家知识而进入行政系统的官僚。②

与王充的观点相近的论调，在班固（公元32—92年）所撰《汉书》中仍有较多体现。《汉书·成帝纪》称："儒林之官，四海渊原，宜皆明于古今，温故知新，通达国体。"《百官公卿表序》称："以通古今，备温故知新之义。"《萧望之传》称："愿陛下选明经术，温故知新，通于几微谋虑之士。"③ 上述三则散见于《汉书》纪、表、传的材料中，其中"温故知新"的主体在不同语境下略有不同："儒林之官"当指立于官学的经学博士，"谋虑之士"则是通经致用的知识分子，均可折射汉代儒生群体"学术"与"政治"的双重身份。颜师古在其《汉书注》中对"温故"作出了别具一格的解释：

---

① 见王充著、刘盼遂集解：《论衡集解》，中华书局1996年版，第557、593页。

② 将"师"作"官吏"解，在现代解读中亦曾出现。如方骥龄认为孔子时无专职于教育者，"故"为政治法律、"师"为官吏，见《论语新诠》，台湾中华书局1978年版，第33页。方说与汉儒训解相类，然此说非《论语》本义，详见后。

③ 班固：《汉书·成帝纪》卷十、《百官公卿表》卷十九上、《萧望之传》卷七十八，中华书局1962年版，分别见第313、722、3274页。

> 温，犹厚也，言厚蓄故事，多识于新，则可为师。①

与王充相近，《汉书》中的"故"泛指历史陈迹，"新"是指由历史经验而导出现实意义。清儒黄式三诠释"温故而知新"采《论衡》《汉书》诸说，以史、子证经，对汉代经师旧说进行了梳理与提炼。他在《论语后案》中说：

> 故，古也，已然之迹也。新，今也，当时之事也。趣时者厌古，而必燀温之。泥古者薄今，而必审知之。②

从儒生群体的"学术性"来看，"温故知新"是一种经验主义的治学方法。③若从其"政治性"而言，"温故知新"强调古今一体，重视历史经验在现实政治中的运用。李泽厚立足于"实用理性"之说，认为"中国极端重视历史经验，记录各种经验、教训，以为未来殷鉴。……从经验、事实、历史出发，温故而知新，不迷信奇迹，不空想思辨"，④与汉儒旧说有异曲同工之处。

在汉儒的视域下，"温故"与"知新"二者无所偏重，同等重要。宋儒杨万里以"知新"重于"温故"，对汉儒旧说提出异议。其《诚斋集》中记载：

> 或问："孔子曰温故而知新可以为师何也？"杨子（万里）曰："温故而知新，岂特可谓一时之师哉？为百世之师可也。然则其谁能之？曰：其惟孔子乎！然则温故为难乎，温故而知新为难乎？曰：温故非难也，温故而知新则难也。然则其孰为故？孰

---

① 班固：《汉书》卷十九上，《百官公卿表》颜师古注，中华书局1962年版，第724页。

② 黄式三：《论语后案》卷二，凤凰出版社2008年版，第34—35页。黄式三之说，亦为刘宝楠《论语正义》所引。

③ 有关汉代经验主义治学方法的讨论，参见金春峰《汉代思想史》，中国社会科学出版社1997年版，第10页。

④ 李泽厚：《论语今读》，生活·读书·新知三联书店2008年版，第68页。

为新？曰：古人已往之迹之谓故，出古人故迹之外、神而明之之谓新也。"①

　　杨万里此论将"温故而知新"提升到一个前所未有的高度。"师"不再是被窄化的官僚之义，而是通贯古今、鉴往知来的"百世之师"。"故""新"虽仍存在时间维度上区分，但"知新"难于、重于"温故"。杨万里所谓"出古人故迹之外、神而明之之谓新"，意即学者须在总结历史经验的基础上，对治事之法有所体会、发明与创新，从而实现儒家的"治世"。

　　杨万里的解读，在很长的时段中未获得解经者的重视。至清末今文经学的兴起，今文学家站在"受命改制""大一统""张三世"等学术立场以诠释"温故知新"，与杨万里的思路有暗合之处。清代今文经学的创始人之一刘逢禄（公元1776—1829年）在《论语述何》中说：

　　　　故，古也。《六经》皆述古昔称先王者也。知新，谓通其大意以斟酌后世之制作。②

　　依刘逢禄之说，此章中"而"字作"以"解，表目的。"温故而知新"则是通晓先王政治之大义，从而为后世的政治治理与制度建设提供殷鉴。与刘逢禄释"新"为"后世之制作"相近，戴望（公元1837—1873年）解"新"为"新王之法"③。刘逢禄的说法重在还原汉儒解经"为汉制作"的取向，戴望则援引"春秋当新王"之说与"温故而知新"相发明。尽管刘、戴二家在此尚未提出明确的社会变革主张，但他们所倡导的改制、新王之说，无疑对康有为等人维新思想产生了重要影响。

　　康有为（公元1858—1927年）对"温故而知新"的诠解，接续

---

① 杨万里：《诚斋集》卷九十四，四部丛刊景宋写本。
② 刘逢禄：《论语述何》卷二，清末民初蛰云雷斋刻本。
③ 戴望：《戴氏注论语小疏》，华东师范大学出版社2014年版，第56页。

汉儒之说而有变异。一方面，其《论语注》以"寻"释"温"，同时引《论衡》《汉书》为据，以说明通贯今古之义；另一方面，康有为将其社会变革的思想主张融入此句的诠释之中。其《论语注》中说：

> 凡立教为师者，学当无穷。……故凡大地数千万年前之陈迹必尽寻求之，然后可应；世间数千万年后之新理必日知之，然后可启来者。……孔子美其温故之已能，而戒其知新之不足，其瞻言远矣。惜后儒违失圣义，知温故而不知知新，至使大教不昌，大地不被其泽。此则后师之责也。①

康有为此注有三点内容值得关注：其一，康有为认为《论语》先言"温故"而后言"知新"，是孔子"美其温故之已能"，将"温故"认定为学者所已有（或易行）；其二，"知新"重于"温故"，若学者不达于"知新"之境，则"温故"的作用亦无从体现。"新"是指"数千万年之后之新理"，即康氏所主张的社会进化之理；其三，"温故知新"之"师"，已不仅是普通意义上的教师或官僚，而是儒家政教合一下的"万世教主"。

受到维新变法思想的影响，湖南学者成本璞（公元 1877—? 年）对"温故而知新"提出了更富时代特色的解读。成本璞在《九经今义》中说：

> 故，故训也。故与古、诂相通假，《诗》言"古训是式"，谓诂训也；通其诂训然后知其微言大义，汉初经师是也。六经皆述古昔，称先王，述其新义以讲新学，通故训之微旨以斟酌后世之制作，改法变纪以振千年之积敝……故今日欲兴世局，在育贤才；欲育贤才，在立学堂；欲立学堂，在得良师；欲得良师，必先立师范学堂。能通群经之古训而后可通泰西之新学也，能通新学斯能启维新之政矣。②

---

① 康有为：《论语注》，中华书局 1984 年版，第 22 页。
② 成本璞：《九经今义》卷二十二，清末长沙刻本。

在此论述中，"故"字作"故训""故事"两解，① "新"字作"新义""新学"，"师"为讲授传播西学之教师。"温故而知新"成为统合学术与政治的理想，其用意在于通过中西学术之会通，实现政治的革新。

汉儒以治事之义诠释"温故而知新"，阐发了各自的历史观念与政治理想，影响及于清际。从上述诠释的思想倾向来看，诸家均倾向视"温故而知新"为治事殷鉴，视"师"为政治家或一般官僚。就《论语》本文而言，"师"字虽有作"官师"之例，然皆指代具体的官职，如三公、相师、太师、乐师等，未将"师"抽象为"政治家""官僚"。就《论语》此章的语脉而言，"温故而知新"的目标显然不在获得具体的某个官职。因此，治事之义虽非《论语》本义，却是由儒家"官师合一""政学结合"的传统衍生而来。

四 结语

在中国经学史上，经典的创述与诠释的衍生，共同完成了儒家真理的建构与传承。儒者的诠释若不从经典着手，其说空无依傍；儒家经典若无诠释之助，其中真理亦无法自明。从汉唐训诂、宋明义理到清代考据，儒者因各自学术立场不同，对"温故而知新，可以为师矣"的解读，众说纷纭，莫衷一是。综合众说，可见历代诸家之诠释均不离教学义、尊德义、治事义这三个角度。宋儒张载曾谓："温故知新，多识前言往行以蓄其德，绎旧业而知新益，思昔未至而今至，缘旧所闻见而察来，皆其义也。"② 横渠此语虽未对"温故而知新"作出明确的解释，但对历代诠释角度已作了提纲挈领式的勾勒，可与本文的归纳相印证。

---

① 将"故"训为"故训"，清儒黄式三已有论证，见《论语后案》卷二，凤凰出版社 2008 年版，第 35 页。

② 朱熹编：《论孟精义·论语精义》卷一下，《朱子全书》第 7 册，上海古籍出版社、安徽教育出版社 2002 年版，第 79 页。

　　通过对诠释的疏解，可知历代儒者对"温故而知新，可以为师矣"的解读，都将重点放在了"温故而知新"上，即试图通过诠释"温故而知新"以推导出"师"的含义与地位，从而建构各自理想中的师道。学者热衷于解读"故"（故业、故性、故事）、"新"（新知、新德、新世）的内涵，因而所建构的师者形象亦呈现了较大差异。值得注意的是，程颐在解读"温故而知新，可以为师矣"时提出了与前人迥异的见解。程颐认为：

　　　　温故而知新，可以为师。只此一事可师矣。如此等处，学者极要理会。若只指认温故知新便可为人师，则窄狭却气象也。①

　　程颐虽未对"温故""知新"的具体内容未作出分疏，却立足于推崇儒家的师道，将"温故而知新"认定为"为师"的必要而非充分条件。程颐所推崇的师道，与"温故而知新，可以为师矣"的本义是否相谐，尚待讨论；但程颐此说为我们提供了一个审视此章诠解的新视角，即从"师"的含义来推究"温故而知新"的内涵。

　　前文已揭，若依据《论语》文本，"温故而知新，可以为师矣"一语中"师"字解为"老师"最为合理。《论语》中相关诸多篇章对"师道"有所涉及，并对老师进行教育的内容、方法、态度均有揭示。尽管孔子在教育生徒时主张因材施教、有教无类，但其教育的最高目标无疑是使学生拥有君子的教养、实现君子的理想人格。《论语·先进》篇载孔门"德行""言语""政事""文学"四科，《述而》篇载"子以四教：文，行，忠，信"。从某种意义上说，"温故而知新，可以为师矣"一语在诠释史上的教学义、尊德义、治事义诸说，皆导源于孔门"四科""四教"之中。由此，亦可明晰后世歧解

　　　　① 同上。程颐解"温故而知新"有两处。另一解见《论孟精义》同卷："温故则不废，知新则日益，斯可言师也。所谓'日知其所亡''月无忘其所能'也。"此处程颐仍将"温故""知新"分作两截，与正文所谓"一事可师"有异。朱熹在《论孟精义》中虽两说并存，而在《答都昌县学诸生》亦谓程颐两处歧解"于文义有所未安"（《晦庵先生朱文公文集》卷五十二，《朱子全书》第22册，第2472页）。

的多样性其实早已酝酿于《论语》自身的文本系统之中。

若就儒学史演进的整体过程而言，孔门所倡导的"师道"，被历代儒者建构成为一个有体、有用、有文的思想系统。西周以前，学校与政事紧密相连，师者所授、学者所学多为习射践礼，目的在于培养通晓政事与礼制的贵族。孔门后学传经衍义，汉武帝立五经博士，对儒家经典的研求成为学术风尚。韩愈作《师说》，被后人认为"师道"运动的滥觞。在理学兴起的时代背景之下，学者往往究心于道德性命之学，尤重师道。而在理学的话语系统中，"师道"在某种程度上成了"道统"的同义词。① 学者们对"师道"的诠解，多是就其自身的学术体系而立说，论述各有侧重。若会通诸说、各矫偏处，可知"师道"之"体"是指为师者所应有的道德品质及其践履工夫，"用"是指解决现实社会、政治问题的能力，"文"则指以儒学经典为核心的知识体系，三者共同构成了儒家师道的思想体系。进而言之，因经典诠释而彰显的儒家师道，不仅有指导师生教学之用，同时也贯穿于儒者立身行事之全过程，更是历代儒者塑造与实现理想人格中的重要环节。

（本文荣获 2016 年全国高校国学论坛主题征文研究生组三等奖，论文题目是：《〈论语〉"温故而知新"章诠释与儒家师道的建构》）

---

① 有关唐宋时期师道运动的讨论，参见陆敏珍《论韩愈〈师说〉与中唐师道运动》，《社会科学战线》2009 年第 1 期；姜鹏《北宋经筵中的师道实践》，《学术研究》2009 年第 7 期。

第十七讲

"浴乎沂"

王逸之

　　《论语·先进》篇"公西华侍坐"章是聚讼千年的悬案，关于"浴乎沂"之"浴"的训释历来存在诸多说法。历代名家鸿儒对此众说纷纭，莫衷一是。之所以如此，就在于各家对个别字词上的不同训释。个别字词训释貌似小问题，实则关乎整句乃至全章的中心主旨。对"浴乎沂"之"浴"的训解，应以孔子"一以贯之"思想为指导，结合当时师徒五人谈话的具体语境，以及"公西华侍坐"章与《论语》其他章节的相互参照，方能对"浴"等个别字词作出正确的训解。如若反其道而行之，先在训释个别字词基础上，进而理解全章中心主旨，则难收提纲挈领之效。

一　关于"公西华侍坐"章四种观点

　　《论语·先进》篇"公西华侍坐"章云：

　　　　子路、曾晳、冉有、公西华侍坐。子曰："以吾一日长乎尔，毋吾以也。居则曰：'不吾知也。'如或知尔，则何以哉？"子路率尔而对曰："千乘之国，摄乎大国之间，加之以师旅，因之以饥馑；由也为之，比及三年，可使有勇，且知方也。"夫子哂之。"求，尔何如？"对曰："方六七十，如五六十，求也为之，比及三年，可使足民。如其礼乐，以俟君子。""赤，尔何如？"对曰："非曰能之，愿学焉。宗庙之事，如会同，端章甫，愿为小相焉。""点，尔何如？"鼓瑟希，铿尔，舍瑟而作，对曰："异乎三子者之撰。"子曰："何伤乎？亦各言其志也！"曰："莫春者，春服既成，冠者五六人，童子六七人，浴乎沂，风乎舞雩，咏而归。"夫子喟然叹曰："吾与点也。"①

即言孔子让子路、曾皙、冉有、公西华等各自言说志向，唯独曾皙的作答，深得孔子赞许。历代各家对此有以下四种观点②：一，曾皙所描绘的逍遥自得的生活场景，令孔子心驰神往。何晏《论语集解》引包咸曰："浴乎沂水之上，风凉于舞雩之下，歌咏先王之道而归夫子之门。"二，朱熹、杨树达则在此基础上，进一步引申发挥。朱熹曰："胸次悠然，直与天地万物上下同流，各得其所之妙，隐然自见于言外。视三子之规规于事为之末者，其气象不侔矣，故夫子叹息而深许之。"③ 即认为孔子赞许曾皙已具"尧舜气象"。杨树达则云："孔子所以与曾点者，以点之所言为太平社会之缩影也。"④ 三，孔子政治失意后，有隐逸的意向。何晏《论语集解》引周氏注认为孔子"善点独知时"，乃"天下有道则见，无道则隐"。南宋黄震《黄氏日钞》卷二有云："曾皙，孔门之狂者也，无意于世者也。故自言其潇洒之趣，此非答问之正也。夫子以行道救世为心，而时不我与。方与二三子私相讲明于寂寞之滨，乃忽闻曾皙浴沂归咏之言，若有得其浮海居夷之意，故不觉喟然而叹，盖其所感者深矣。"日本汉学家泷川资言（公元 1865—1946 年）《史记会注考证·仲尼弟子列传6》中也言孔子道之难行时，"忽闻曾点浴沂之言，若有独契其浮海居夷之志，曲肱水饮之乐，故不觉喟然而叹"⑤。四，曾皙尊崇礼教之志，使孔子有实获我心之感。《孔子家语·七十二弟子解》有云："曾点，曾参父，字子皙。疾时礼

① 杨伯峻：《论语译注》，中华书局 1980 年版，第 118—119 页。

② 有论者甚至认为孔子"与点"是孔子生气时所说的反语，笔者认为不足为凭，此不列出。可参阅冯美娣、胡先明：《孔子为何"与点"》，《名作欣赏》2010 年第 20 期。

③ 朱熹：《四书章句集注》，中华书局 1983 年版，第 130 页。

④ 杨树达：《论语疏证》，江西人民出版社 2007 年版，第 178 页。

⑤ 泷川资言：《史记会注考证附校补》，上海古籍出版社 1986 年版，第 38 页。

教不行，欲修之，孔子善焉，《论语》所谓浴乎沂，风乎舞雩之下。"

以上四种说法，孰是孰非呢？第一种何晏引包咸说，显然脱离了当时的谈话语境主题，以及忽视了《论语》的价值追求，诚如周远斌所言"假设曾晳说的像包氏所解释的那样，这实在简单化了曾晳和孔子"①。孔子让各弟子畅言其志，子路、冉有、公西华都毕恭毕敬地如实作答。曾晳怎么会在此情景下，答非所问去言暮春逍遥行乐呢？第二种杨树达"太平缩影"说，则与子路大言其志，"其言不让"治"千乘之国"，夫子是故哂之相冲突。如若曾晳描绘的是"老者安之，朋友信之，少者怀之，使万物莫不遂其性"的太平理想盛世，那孔子更会"哂之"，安言"吾与点也"？而朱熹所言"尧舜气象"，杨慎在《丹铅录》指出："而以为人欲净尽，天理流行，已属隔膜之谈。况又以为具备尧舜气象，岂非痴人说梦哉！"钱穆亦言："本章吾与点也之叹，甚为宋明儒所乐道，甚有谓曾点便是尧舜气象者。此实深染禅味。朱注《论语》亦采其说，然此后《语类》所载，为说已不同。后世传闻有朱子晚年深悔未能改注此节留为后学病根之说，读朱注者不可不知"，② 故此说欠妥。第三种说法与孔子一以贯之的积极用世思想相违，在"礼崩乐坏"的春秋末期，仍不遗余力地奔走列国以推行自己的政治理念。虽被"斥乎齐，逐乎宋卫，困于陈、蔡之间"（《史记·孔子世家》），却"知其不可而为之"（《论语·宪问》），竟"发愤忘食，乐以忘忧，不知老之将至云尔"（《论语·述而》）。孔子虽曾言"道不行，乘桴浮于海"（《论语·公冶长》），《论语·述而》虽曾载"子欲居九夷"（《论语·述而》），然不过是他一时牢骚之语而已，故言有耕莘钓渭和隐逸意向者，皆欠妥。第四种曾晳尊崇礼教的观点能否成立，下文将予以详细论述。

---

① 周远斌：《〈论语·先进篇〉"侍坐"章校释辨证》，《山东师范大学学报》2011年第6期。

② 钱穆：《论语新解》，生活·读书·新知三联书店2002年版，第300页。

二 "公西华侍坐"章"尊礼"旨归

《孔子家语》是一部专门记载孔子和其弟子思想言行的著作。因疑古派的指责多认为其为伪书，由于近代一系列简帛的出土，不仅可以证此书确为先秦旧籍，而且被誉为"儒学第一书"。杨朝明先生《孔子家语通解》亦充分肯定（曾皙）"疾时礼教不行，欲修之，孔子善焉"①的观点。这一观点认为，"莫春者，春服既成。冠者五六人，童子六七人，浴乎沂，风乎舞雩，咏而归"乃是曾皙尊崇礼教的流露。清代刘宝楠对此明确指出："其时或值天旱，未行雩祀，故点即时言志，以讽当时之不勤民者。……盖三子者之馔，礼节民心也；点之志，由鼓瑟以至风舞咏馈，乐和民声也；乐由中出，礼自外作，故孔子独与点相契。"②孔子毕生以重建周礼为己任，并援仁入礼、以仁释礼。《论语》一书记载了较多的传统礼典，总结或揭示了较为系统的传统礼制③，"《论语》述礼之文不下四十余章"④。故我以为，唯有从"礼"的角度，来解析"吾与点也"才是最为契合语境的。曾皙虽曾一度被视为"狂士"，但他始终笃信孔子的礼乐学说，并让儿子曾参拜入孔门。从曾皙"鼓瑟希，铿尔，舍瑟而作"等一系列动作，也可完全看出他合乎礼仪的举止风度。

此外，我们可以将"侍坐"章⑤与《论语·公冶长》"孟武伯问"章作一对比：

---

① 杨朝明等：《孔子家语通解》，齐鲁书社 2009 年版，第 440 页。

② 刘宝楠：《论语正义》，中华书局 1990 年版，第 477、480 页。

③ 陈冠伟，胡彬彬：《试论孔子对华夏礼乐文明的贡献》，《湖南大学学报》2015 年第 3 期。

④ 沈文倬：《菿闇文存·略论礼典的实行和〈仪礼〉书本的撰作》，商务印书馆 2006 年版，第 22 页。

⑤ 文章开篇一"侍"字，凸显了尊礼重教的风尚。朱熹注《论语》曰："四子侍坐，以齿为序"，亦符礼仪。

章节	子路	冉有	公西华
"侍坐"章	千乘之国，摄乎大国之间，加之以师旅，因之以饥馑；由也为之，比及三年，可使有勇，且知方也。	方六七十，如五六十，求也为之，比及三年，可使足民。如其礼乐，以俟君子。	非曰能之，愿学焉。宗庙之事，如会同，端章甫，愿为小相焉。
"孟武伯问"章	由也，千乘之国，可使治其赋也，不知其仁也。	求也，千室之邑，百乘之家，可使为之宰也，不知其仁也。	赤也，束带立于朝，可使与宾客言也，不知其仁也。

　　其他三人从"孟武伯问"章的"不知其仁也"①，以及"侍坐"章的"哂之"②"安见方六七十，如五六十而非邦也者?"③ 和"赤也为之小，孰能为之大?"④ 两章共同的一连串的否定。不难发现，孔子一以贯之的"为国以礼"主张，唯有曾皙通过"舞雩"礼仪场景的象征性描绘（并非具体作为一个雩祭现场事件叙述，而是"以点带面"的象征性描述⑤），淋漓尽致地践行了孔子礼乐思想。四人由刑政至礼乐，是逐层推进的，和公西华侍坐章语境相契合。子路、冉有、公西华等所言仅于政事层面表述各自志向，如子路志在军事"三年可使有勇"，冉有志在经济"三年可使足民"，公西华志在邦交"愿为小相"等，却未从根本上揭示儒家礼乐兴邦的（王道）理想境界。而儒家理想应包含着政治上的追求和道德上的修养两个方面。子

---

　　① "礼"是《论语》的思想核心，其"仁"是以"礼"为表征——"援仁入礼""以仁释礼"。对此，范文澜先生亦言："儒家实际就是礼学"（见《中国通史简编》修订本第一编）。

　　② 孔子非哂其志，乃哂其行。"为国以礼，其言不让"，即说子路"率尔而对曰"是不知礼的行为。

　　③ 小国亦乃一邦，邦国之治，礼乐为先。而仅仅知足民，是为不足也。其言虽谦，然未得孔子礼乐精神。所以冉有为政季氏宰之际，《论语·先进》有云"季氏富于周公，而求也为之聚敛而附益之。子曰：'非吾徒也。小子鸣鼓而攻之可也。'"

　　④ 公西华所言宗庙会同，乃是诸侯之大事，而其却认为小事，也是不知礼。

　　⑤ "在其雩礼祭祀中，无论每年仲夏例行之时祭，或是遭受旱涝之特祭，凡是参与雩礼者，均须遵从卜筮、斋戒、告祢、赴祭、祈禳、歌舞、埋瘗等仪程。"参见黄笙闻：《西周雩礼的规制》，《祭礼·傩俗与民间戏剧——98'亚洲民间戏剧民俗艺术观摩与学术研讨会论文集》，中国戏剧出版社1998年版，第605页。即通过"斋戒（沐浴）、赴祭（旱灾）、祈禳、歌舞（舞雩）"等"以点带面"象征性地描述了"浴乎沂""风乎""舞雩"等雩祭礼仪的高潮部分。

路、冉有、公西华三者所言之志虽不尽相同，但皆侧重于政治方面。故曾皙言"异乎三子者之撰"，正是在于其将政治和道德的两种理想熔为一炉，并通过"风乎舞雩"的象征性表述出来。加之孔子谙熟三代礼制的精神，并终生以继文武周公礼乐教化之志为使命。关于"舞雩"之礼的深刻历史意蕴，自然是了然于胸。他对曾点的"喟然而叹"蕴含着对"舞雩"场景的象征作用，也凸显了曾点对"礼"心驰神往的基本立场。曾点的志向从根本上浸渍"礼仪"的性质，皆是以孔子一以贯之"尊礼"为旨归的。所以唐代孔颖达（公元574—648年）说："仲尼祖述尧、舜，宪章文武，生值乱时而君不用。三子不能相时，志在为政。唯曾皙独能知时，志在澡身浴德，味怀乐道，故夫子与之也。"① 故"浴于沂，风乎舞雩，咏而归"应是是"澡身浴德"、涵泳礼乐之道的象征。我们以此一导向来训释个别字词，方可收提纲挈领之效。

三 "风乎舞雩"礼仪探析

鉴于上文所论，"公西华侍坐"章是以"尊礼"为旨归，"浴乎沂，风乎舞雩，咏而归"描绘得当是"雩祭"② 礼仪的象征性场景。王充《论衡·明雩》明确指出"风乎舞雩"是"鲁设雩祭于沂水之上……风乎舞雩，风，歌也；咏而馈，咏歌、馈祭也，歌咏而祭也。"即"风"不是"乘凉""吹风"之意，乃雩祭所用之歌舞、音乐。所谓"冠者五六人，童子六七人"亦指雩祭所用的"乐人"，即参祭的歌唱者、伴舞者。③

最初记载"雩祭"新的是《诗经·大雅·云汉》，《毛诗·云汉·小序》云："《云汉》，仍叔美宣王也。宣王承厉王之，内有拨乱

---

① 李学勤主编：《论语注疏》，北京大学出版社1999年版，第156页。
② "雩有二，一为龙见而雩，当夏正四月，预为百谷祈雨，此常雩。常雩不书。一为旱祓之雩，此不时之雩。"参见杨伯峻：《春秋左传注》，中华书局1981年版，第107页。
③ 贾公彦进一步解释："若四月正雩，非直有男巫、女巫。案《论语》，曾皙云：'春服既成，童子六七人，冠者五六人'，兼有此等，故《舞师》云'教皇舞，帅而舞旱暵之祀'。舞师谓野人能舞者，明知兼有童子、冠者可知。"

之志，遇灾而惧，侧身修行，欲销去之。天下喜于王化复行，百姓见忧，故作是诗也。"[1] 时多旱涝灾害，宣王便遵周公礼制，行夏商雩礼，乃歌《云汉》八章，以和八佾之舞。夏商雩礼"八佾"即六十四人，而《公羊传·桓公五年》载："大雩者何？旱祭也。"何休注："雩，旱请雨祭名。不解大者，祭言大雩，大旱可知也。君亲之南郊，以六事谢过自责……使童男女各八人，舞而呼雩，故谓之雩。"由此可见，春秋鲁国雩祭为"童男女各八人"，但这是由天子率领礼乐官吏例行大雩，人数上和地方官雩祭和群众雩祭应不同[2]（还有因时代不同，人数上的损益也是正常的）。再者"'童男女各八人'的注解过于整齐，未可尽信。"[3]

《太平御览·礼仪部·汉旧仪》曰："舞者七十二人，冠者五六，三十人；童子六七，四十二人，为民祈农报功。然则冠者、童子，皆是舞人，而五六、六七，则合七十二人之数。"《春秋繁露·求雨篇》亦载："春雩之制，祝服苍衣，小童八人，服青衣而舞之，是也。"刘宝楠曰："由《繁露》文观之，此冠者疑即祝类，童子即雩舞童子也。"[4] 陈梦家《殷虚卜辞综述》亦考证："巫之所事乃舞号以降神求雨，名其舞者曰巫，名其动作曰舞，名其求雨之祭祀行为曰雩。"而"咏而归"之"归"，《史记集解》引徐广曰："一作馈。""归"与"馈"通，这在《论语》中不乏其例。[5] 《论语古注·论语郑氏注》中郑玄的解读为："馈，馈酒食也，《鲁》读馈为归，今从《古》。"[6] "馈"正是进食、俸祭的意思。此外，"莫春者，春服既成"这里的"春服"并不是季节性服装，据《礼记·王制》所载："天子诸侯宗

① 《毛诗·大雅·荡之什》，《十三经》，中州古籍出版社1992年版，第124页。

② 雩祭"是先由天子率领礼乐官吏例行大雩，再由地方政府或方国诸侯例行小雩，然后则由庶民百姓例行群雩。"参见黄笙闻：《西周雩礼的规制》，《祭礼·傩俗与民间戏剧——98'亚洲民间戏剧民俗艺术观摩与学术研讨会论文集》，中国戏剧出版社1998年版，第604页。"由庶民百姓例行群雩"，故可见曾点亦有主持雩祭的资格。

③ 陈士银：《论语》中的"风乎舞雩"，《文史知识》2016年第6期。

④ 刘宝楠：《论语正义》，中华书局1990年版，479页。

⑤ 《论语》中的"咏而归""归孔子豚""齐人归女乐"等，《孟子·滕文公》和《论衡·知实》引用时，皆把"归"字改作"馈"。

⑥ 转引自高尚榘：《论语歧解辑录》，中华书局2011年版，第646页。

庙之祭，春曰礿，夏曰禘，秋曰尝，冬曰烝。”《春秋繁露·四祭》又云：“祠者，以正月始食韭也；礿者，以四月食麦也；尝者，以七月尝黍谡也；烝者，以十月进初稻也。”故“春服”乃是“单袷之衣”[①] 祭祀礼仪中所穿的专用服装。

《周礼·春官》载：“女巫掌岁时祓除、衅浴、旱暵，则舞雩。若王后吊，则与祝前。凡邦之大灾，歌哭而请。”[②] 东汉王充《论衡·明雩》明确指出：“鲁设雩祭于沂水之上。”“舞雩”即“雩祭”。东汉蔡邕亦言：“阳气和暖，鲔鱼时至，将取以荐寝庙，故因是乘舟禊于名川也。《论语》‘暮春浴乎沂’，自上及下，古有此礼。”[③]“禊”即指古代春秋两季在水边举行的清除不祥的祭祀。《后汉书》卷十四《礼仪志上》详细记载了关于祓除仪式的具体情况，“是月（指三月）上巳，官民皆挈于东流水上，日洗濯祓除”。蔡邕所言“古有此礼”，即指周代祓除之礼。[④] 朱熹亦持此观点：“浴，盥濯也。今上巳祓除是也。”[⑤] 由此可见，“雩祭”实源于古代祓除之礼。另外，“雩祭”之礼和儒家渊源亦甚深。章太炎先生明确指出，“儒”原作“需”，指祈雨的巫觋[⑥]。阎步克也认为，“儒”最初应该指受教于乐师、并参与以舞祈雨等事的青少年舞人，指导这些青少年的人则相当于“儒师”或“师儒”。[⑦] 而“雩”凸显了“儒”的本初性质，并经过发展演变成为儒家礼乐文化的其中一部分。“雩”也本具有“吁”的含义，[⑧] 在进行时又伴有乐舞。美国学者赫伯特·芬格

---

① 班固：《汉书》卷二十二《礼乐志》，中华书局 1962 年版，第 1030 页。

② 疏云：“此云歌者，忧愁之诗，若《云汉》之诗是也。”参见《周礼·女巫》及注疏，《十三经注疏》上册，中华书局 1976 年版，第 816—817 页。

③ 沈约：《宋书》，中华书局 1974 年版，第 386 页。

④ 《晋书·礼志下》载：“汉仪，季春上巳，官及百姓皆禊于东流水上，洗濯祓除去宿垢。自魏以后，但用三月三日，不以（用）上巳也。”

⑤ 朱熹：《四书章句集注》，中华书局 1983 年版，第 130 页。

⑥ 章太炎：《原儒》，见《国故论衡》，上海古籍出版社 2003 年版，第 104—105 页。

⑦ 阎步克：《乐师与史官——传统政治文化与政治制度论集》，生活·读书·新知三联书店 2001 年版，第 28—29 页。此处青少年舞人，即前文所言参与祭祀的“童子六七人”，而“儒师”或“师儒”则指“冠者五六人”。

⑧ 《周礼·春官·司巫》：“若国大旱，则率巫而舞雩。”郑玄注云：“雩，吁也，嗟而求雨。”见《十三经注疏》，第 816 页。

莱特所著《孔子即凡而圣》强调《论语》中"富有神奇魅力和宗教性的维度",也正是针对这一情境。① 日本学者白川静则认为:"牺牲系用巫祝,被当作断发而请雨的牺牲者,需也。需,系含有需求降雨而断发髡形之巫的意思,如此的巫祝,乃儒之源。""儒家最早出自巫祝之学,以周之礼乐为主要教授科目,以其礼教文化的创始者周公为理想。"② 古文字学家徐中舒也曾指出:"儒在殷商时代就已经存在了,甲骨文中作'需'字,即原始的儒字……整个字像以水冲洗沐浴濡身之状。"③ 由此可见,也正因为连儒之起源都与"雩祭"之礼有着千丝万缕的关系,故"风""归""春服"的训释当以礼仪为导向,两者可互为辅证。而"浴乎沂"之浴的训释,亦当如此。

四 "浴乎沂"四说析解

关于"浴乎沂"之"浴",有包咸"沐浴说"、王充"涉沂说"、朱熹"盥濯说"④、韩愈"沿乎沂"说等。其中以"沐浴"说最为流行,而"沐浴"二字和现代意义上的洗澡不同。《说文解字·水部》云:"沐,濯发也;沬,洒面也;浴,洒身也;澡,洒手也;洗,洒足也。"《楚辞·渔父》中说:"新沐者必弹冠,新浴者必振衣。""沐"(即指濯发)而弹冠,"浴"(即指洒身)以振衣,东汉王充《论衡·讥日》也说:"且沐者,去首垢也。洗,去足垢,盥,去手垢,浴,去身垢。皆去一形之垢,其实等也。"

何晏(公元?—249 年)《论语集解》引包咸云:"浴乎沂水之上,风凉于舞雩之下。"这是最早关于"沐浴"说的现存文献资料记载。南朝梁人皇侃(公元 488—545 年)《论语集解义疏》谓:"云

① [美]芬格莱特:《孔子:即凡而圣》,江苏人民出版社 2006 年版,第 1 页。
② 白川静:《中国古代文化》,台湾文津出版社 1983 年版,第 121、245 页。
③ 徐中舒:《甲骨文中所见的儒》,《四川大学学报》(哲学社会科学版)1975 年第 4 期。
④ 另外,刘宝楠"祓濯说"("又以浴为祓濯,亦较《论衡》涉水之训为确。")与朱熹"盥濯说"相近,故归为一类。参见刘宝楠:《论语正义》,中华书局 1990 年版,第 478 页。

'浴乎沂'者，'沂'，水名也。暮春既暖，故与诸朋相随往沂水而浴也。云'风乎舞雩'者，'风'，风凉也。'舞雩'，请雨之坛处也。……祭而巫舞，故谓之舞雩也。"邢昺《论语注疏》同样说："浴乎沂水之上，风凉于舞雩之下。"张栻《癸巳论语解》也说："暮春之时，与数子浴乎沂水之上，风凉于舞雩之下。"（邢、张皆采用何晏《论语集解》引包咸之说）清末李佩精编纂的《四书串释》也说："浴，洗身也。风，乘凉也。"他们将"浴"释为"洗身""洗澡"，还有些著述对此未加解释，盖以其为生活常识，无注解之必要。①

然而《太平寰宇记》卷二十一"兖州"记载："舞雩坛在沂水之南，当县南六里，临沂水。"北魏郦道元《水经注》卷二十五"沂水"亦载："沂水出鲁城东南，尼丘山西北，……平地发泉，流迳鲁县故城南。"人们注意到"莫（暮）春"时节在沂水中洗澡，这一行为在季节时令上也是讲不通的。② 前文所说"春服"即"单袷之衣"，"袷"类似夹衣，从此也可看出当时天气尚寒。即便如竺可桢所言："到了春秋时期（公元前770—前476年），又和暖了……在公元前698年、590年和545年时尤其如此"，③ 但他所指"和暖"是相对意义上的④，只是意味着《左传》鲁桓公十四年、鲁成公元年和鲁襄公二十八年均载"冬无冰"。并不能说明暮春时间就可以在沂水裸浴，更何况裸浴乃"非礼"行为。王充以"浴乎沂，涉沂水也，象龙之从水中出也"作释解，皆因"（说论之家，以为浴者，浴沂水中也。

---

① 如：王力：《古代汉语》，中华书局1999年版，第118页。朱东润：《中国古代文学作品选》，人民文学出版社2002年版，第144页。

② 周正建子，以十一月为岁首，所谓周正的暮春，即夏历的正月。此时，曲阜尚处于天寒地冻，"风乎舞雩"更为不可能。韩愈、李翱亦言："周三月，夏之正月也，坚冰未解，安有浴之理哉！"（《论语笔解》）即便以《诗经·豳风·七月》为例，来说明周朝官方用周历，民间用夏历，"暮春"即夏历三月。即便如此，曲阜一带气候还是很冷，"浴乎沂，风乎舞雩"也不可能。

③ 竺可桢：《中国近五千年来气候变迁的初步研究》，《考古学报》1972年第1期。

④ "《竹书纪年》上记载周孝王时，长江一个大支流汉江，有两次结冰，发生于公元前903年和897年。……周朝早期的寒冷情况没有延长多久，大约只一、二个世纪，到了春秋时期又和暖了。"参见竺可桢：《中国近五千年来气候变迁的初步研究》，《考古学报》1972年第1期。

风，干身也）周之四月，正岁二月也，尚寒，安得浴而风干身？"从而推论"涉水不浴，雩祭审矣"①。朱熹以"浴，盥濯也"作解，并言沂水"地志以为有温泉焉，理或然也"②。以及李翱在《论语笔解》说："浴当为沿字之误。"韩愈《送李愿归盘谷序》也载："盘之泉，可濯可沿。"以"浴"为"沿"，因两字字形结构相近，在传抄古书时易于发生谬误，考据学称之为"形近易误"。这三种"浴"的解释，都是基于考虑到当时气候和"裸浴非礼"，而在"沐浴说"的基础上所作出的牵强变通，流于武断，失之偏颇。

五　以"礼"析"浴"

周人多浴于家中，设有浴室、浴盆，十分讲究，一般不会裸浴于野。《礼记·内则》载："男女夙兴，沐浴衣服，具视朔食。……外内不共井，不共湢（即指浴室）浴。"③商周的甲骨文和金文详细记载"沐浴"二字，"沐"字如双手掬盆水沐发之状，会意洗发之义。而"浴"字颇似人置身器皿中，且又在人的两边加上水滴，会意洒身之义。青铜器鉴即为沐浴的器皿，《说文解字》云："鉴，大盆也。"《庄子·则阳》说："灵公有妻三人，同鉴而浴。"至春秋战国所用器皿即盘和匜，《礼记·内则》："进盥，少者奉槃（同盘），长者奉水。"④沐浴已不是单纯洁身净体，而成为隆重礼仪的前奏。如周代臣下觐见天子，《礼记·王制》说："方伯为朝天子，皆有汤沐之邑于天子之县内。"甚至有"尚浴"专门管理机构。《周礼·天官·宫人》载："宫人掌王之六寝之脩，为其井匽，除其不蠲，去其恶臭，共王之沐浴。"⑤贵族阶层的沐浴还有一系列的特定程序，《礼记·玉藻》记载："日五盥，沐稷而靧粱，栉用樿栉，发晞用象栉，

---

①　黄晖：《论衡校释》，中华书局1990年版，第674—679页。
②　朱熹：《四书章句集注》，中华书局1983年版，第130页。
③　李学勤主编：《礼记正义》，北京大学出版社1999年版，第836页。
④　同上书，第832页。
⑤　郑玄注，贾公彦疏：《周礼注疏》，中华书局1980年版，第676页。

进禨进羞，工乃升歌。浴用二巾，上绤下绤，出杅，履蒯席，连用汤，履蒲席，衣布曦身，乃屦进饮。"由此可见，在当时无论平民抑或贵族，皆在特定的场所设施内进行沐浴。

最后，归结到对"浴乎沂"之"浴"的训解问题上来。通过"公西华侍坐"章"尊礼"思想，以及"雩祭"礼仪的析解。曾皙象征性描绘的"雩祭"活动场景，而举行祭祀之礼，则须斋戒沐浴。《礼记·祭统》云："凡治人之道，莫急于礼；礼有五经。莫重于祭。"[1]"在其雩礼祭祀中，无论每年仲夏例行之时祭，或是遭受旱涝之特祭，凡是参与雩礼者，均须遵从卜筮、斋戒、告祢、赴禜、祈禳、歌舞、埋瘗等仪程。"[2] 关于其中"斋戒"二字，其实已经含有"沐浴"之义。《礼记·祭统》也说："及时将祭，君子乃斋。斋之为言齐也。斋不齐，以致齐者也。"即言斋戒包含了斋和戒两个方面。"斋"来源于"齐"，主要是"整齐"，如沐浴更衣、不饮酒，不吃荤。戒主要是指戒游乐，比如不与妻妾同寝，减少娱乐活动。《辞海》也明确解释："古代祭祀，习惯由主祭人先数日沐浴、穿洁净衣服、独居素食戒酒等，表示虔诚。"因而，《孟子·离娄下》有云："西子蒙不洁，则人掩鼻而过之；虽有恶人，斋戒沐浴，可以祀上帝。"故"浴乎沂"的"浴"当解释为"沐浴"，但并不是惯常的"在沂水中洗澡"。孔子及弟子以"克己复礼"为己任，《论语·宪问》说："孔子沐浴而朝。"由此判断，沐浴本是郑重的行为，不是在沂水裸浴的"非礼"行为。清曹庭栋（公元1700—1785年）《养生随笔》卷一明确指出："春秋非浴之时，如爱洁，必欲具浴密室中，大瓷缸盛水及半，以帐笼罩其上，然后入浴。浴罢，急穿衣，衣必加暖，如少觉冷，恐即成感冒；浴后当风，腠理开，风易感，感而即发，仅在皮毛，则为寒热；积久入里，患甚大，故风本宜避，浴后尤宜避。《论语》'浴乎沂，风乎舞雩'，狂士不过借以言志，暮春非浴之时，况复当风耶！"暮春乍

---

① 《说文解字》曰："礼，履也；所以事神致福也。"

② 黄笙闻：《西周雩礼的规制》，《祭礼·傩俗与民间戏剧——98'亚洲民间戏剧民俗艺术观摩与学术研讨会论文集》，中国戏剧出版社1998年版，第605页。

暖还寒，不适合在外洗澡，前文已论但凡沐浴皆有一定的场所设施，绝非我们想象的那样在野外沂水里裸浴。如《左传·文公十八年》所载："夏五月，公游于申池。二人浴于池。"这并不是说他们在申池的野外池塘里裸浴，"申池"乃古齐名池，为渑水、系水源头。作为齐国著名的苑囿，其中各种设施自然一应俱全。春秋战国时期，各诸侯国国君都喜欢修建这种园囿，吴国阖闾及其子夫差利用苏州郊区自然山水修建了规模宏大的姑苏台、馆娃宫，齐桓公之新城园囿，卫宣公之新台园囿等，也属此类。诚如《孟子·滕文公下》所云："尧舜既没，圣人之道衰，暴君代作。坏宫室以为污池，民无所安息；弃田以为园囿，使民不得衣食。邪说暴行又作，园囿、污池、沛泽多而禽兽至。"《九歌·云中君》记载："浴兰汤兮沐芳，华采衣兮若英。"王逸注："言已将修飨祭以事云神，乃使灵巫先浴兰汤，沐香芷，衣五采，华衣饰以杜若之英，以自洁清也。"[1] 依此可见，祭祀沐浴还要辅之以香草，用以拂除不祥。[2] "浴乎沂"如果是在沂水里洗澡，显然有悖于情理。而应是在沂水旁一处建有专门洗浴设施的场所，并有沐浴相关的器皿，以及如香草之类辅浴之物。关于"浴乎沂"之"沂"，朱熹注释为："沂，水名，在鲁城南，地志以为有温泉焉，理或然也。"[3] 宋末金履祥《论语集注考证》卷六中，又对朱熹注"地志以为有温泉焉"，进一步考证云："鲁以沂水名者非一，此沂乃出尼邱山东源，经鲁城南而入泗者。沂岸深而水浅，中有通泉，冬暖夏冷。地志据冬而一言，故曰温泉。"由此可见，沂水某处的温泉或被时人予以开发建设，并有着一套完备沐浴设施，"浴乎沂"当即在此。赵翼《陔馀丛考》卷四更进一步说明："王棠谓：浴于温泉，将青天白日之下赤身露而体浴于川乎？……至王棠疑为白日中裸身而浴，则又不知凡温泉可浴之处皆有屋宇，如秦之骊山等处，何尝露浴也？"如秦

---

① 严北溟，严捷：《列子译注》，上海古籍出版社 1995 年版，第 57 页。

② 《周礼注疏》卷二十六《女巫》亦载："（袚除）衅浴，谓香薰草药沐浴。"而"雩祭"源于上巳袚除，前文已论述，故"雩祭"衅浴（谓香薰草药沐浴）当在情理之中。

③ 朱熹：《四书章句集注》，中华书局 1983 年版，第 130 页。

都咸阳一号宫殿建筑遗址、二号宫殿建筑遗址①，即为此相关明证。

　　综上所述，包咸"沐浴说"、王充"涉沂说"、朱熹"盥濯说"、韩愈"沿乎沂"说等。虽貌似差之毫厘，然实则谬以千里。对于孔子思想的诠释，应该换个角度思考，提出一个新视角，叫作文本的"全意"。因为孔子提出一个富含真理的命题，但我们并不能够确定孔子言说之时有几层含义在里面。如果只是一味追求"浴"字本义，而不考虑"公西华侍坐"章的"全意"，包咸"沐浴说"则难见其谬误。但若以《论语·先进》"公西华侍坐"章的"全意"（尊礼）来反观"浴乎沂"，自然会发现"裸浴非礼"，并会进一步思考"沐浴"场所设施的问题。故而，贵在知"公西华侍坐"章之"尊礼"，方能因文而求"浴"义。

---

　　①　陕西省考古研究所：《秦都咸阳考古报告》，科学出版社 2004 年版，第 288—291、365—369 页。

第十八讲

"子见南子"

周家琛

《论语·雍也篇》记述了"子见南子"一事：

> 子见南子，子路不说。夫子矢之曰："予所否者，天厌之！天厌之！"

这简短的一段记载使后世儒者困惑不已，关于它的争讼也是历来不休，清代学者赵翼说："《论语》惟'子见南子'一章最不可解。"（赵翼《陔余丛考》卷四）"子见南子"成了儒学史上的一桩公案。究其缘由，乃是事件中的南子，旧说是卫灵公夫人，貌美而淫乱，名声很不好。无论是孔子与她的会面，还是事后子路的不悦，抑或孔子对子路的回答，都不免让人疑窦丛生。加之《论语》行文本身就叙事简略，本章的很多细节和背景都未交代清楚，这便更让人难知难解。而后世对这一事件的考察和争论，有意无意地树立了凡俗化和神圣化两种孔子形象。这两种形象及为之立说的历代诸多解释，哪些更为契合《论语》原意？我们对此拟作进一步探讨。

一 关于南子其人

对于南子，何晏《论语集解》引孔安国注："旧以南子者，卫灵公夫人。淫乱而灵公惑之。孔子见之者，欲因以说灵公，使行治道。矢，誓也。子路不说（悦），故夫子誓之。行道既非妇人之事，而弟子不说，与之咒誓，义可疑焉。"孔安国先是叙述了旧说。但笔锋一转，又对旧说表示质疑。因而后世有人提出，《论语》所说的"南子"并不是卫灵公夫人，甚至不是一位女人。

有学者提出，南子应该是季孙氏叛臣南蒯。如果说是以叛臣见孔子，便如阳货、公山弗扰、佛肸等，似不足怪。所以宋人孙奕《示儿编》卷五认为："南蒯欲弱季氏而强公室，此夫子所以见之，将以兴鲁也。"然而孔子见的果真是南蒯吗？南宋王应麟《困学纪闻》卷七对陈自明"南子为南蒯"说加以批驳："以《传》考之，昭公十二年南蒯叛，孔子年方二十有二，子路少孔子九岁，年方十三，其说凿而不通矣！"依上所见，南蒯是昭公十二年叛，从年龄上推论，这时候的孔子（公元前551—前479年）不过是一个二十二岁的年轻人，子路（前542年—前480年）也不过是一个十三岁的少年，还并未入孔子之门墙，遑论因"子见南子"而有所不悦了。而且，古人称呼某人为"子"，是表示此人地位的尊崇或者对这人的认可与尊重，《论语》中记孔子见阳货、公山弗扰、佛肸，对此三人都没有用"子"这样的称呼，何以便称呼南蒯为"南子"呢？所以，此处的南子不应是南蒯。

对于南子，我们仍旧认为是卫灵公夫人。但是卫灵公夫人南子是不是如旧说所言是一个貌美而淫乱、把持卫国朝政的坏女人呢？对此，有学者提出不同意见，刘宝楠则将南子的生活作风与其政治才干加以区分说："南子虽淫乱，然有知人之明，故于蘧伯玉、孔子皆特致敬。"（《论语正义》卷六）刘氏认为，南子虽然个人生活不检点，但在政治上还是比较开明的，所以对蘧伯玉和孔子都礼敬有加。刘宝楠这种观点并非没有根据。《孔子家语·贤君》载：

　　（鲁）哀公问于孔子曰："当今之君，孰为最贤？"孔子对曰："丘未之见也，抑有卫灵公乎？"公曰："吾闻其闺门之内无别，而子次之贤，何也？"孔子曰："臣语其朝廷行事，不论其私家之际也。"

这里，孔子评论的是卫灵公，将其"朝廷行事"与"私家之际"分开来看。孔子回应鲁哀公认为卫灵公"闺门之内无别"，应是指卫灵公不禁妇人干政，所指无非是南子。而孔子认为这是卫灵公家的私事，与朝政无干。这里对卫灵公与南子的个人是非虽不予置评，但是已经说明国事贤明与私人生活状况并不是完全相对应的。

更何况，南子真如传言的那样淫乱吗？事实也未必尽然。春秋时期有很多干政的女性，她们并没有很强烈的贞洁意识，又加之女性干预国政，并且经常在外抛头露面，也为时人所非议，故而很多的污蔑和恶名便随之而来。如鲁桓公夫人文姜，数次出使齐国，通过和母国修好关系，借助母国的强盛来为当时衰弱的鲁国谋取生存之道，使得年幼即位鲁庄公能够稳固朝政。可是文姜的这一行为，却被世人诟病，认为她与齐襄公乱伦。所以，在看待春秋时期干政女子的个人生活问题上，其实还是有很大的讨论空间。

南子本是宋国公主，传言她未出嫁时曾与一位叫宋朝的男子有一段浪漫的爱情，春秋时期男女之间的关系远较宋明时期开放，《诗经》中就载有许多篇描写青年男女自由恋爱的诗歌。《周礼·媒氏》亦云："仲春之月，令会男女。于是时也，奔者不禁。若无故而不用令者，罚之。司男女之无夫家者而会之。"青年男女自由恋爱交合的行为于礼似也无可非议。当然，其后"卫侯为夫人南子召宋朝"（《左传·定公十四年》），似有南子做了卫国夫人以后，还与宋朝继续保持不正当关系的可能，不过，这也只是后人的一种猜测。

所以，说南子淫乱，未必便是虚言，但是也不排除这是时人对干预国政的女性的恶意攻击，更不能因此就把卫国政事上的弊病都归咎于南子淫乱。更何况，在孔子看来卫国政治也并非就到了将要衰亡的地步呢。

然而，《孔子家语》的真伪向来是学术界的一大公案。《论语·宪问》中的一条记载似与上面所引的《孔子家语·贤君》的材料相矛盾。《论语·宪问》载："子言卫灵公之无道也。康子曰：'夫如是奚而不丧？'孔子曰：'仲叔圉治宾客，祝鮀治宗庙，王孙贾治军旅，夫如是奚其丧！'"这里，孔子说"卫灵公之无道"，大概也是指卫灵公容许夫人干政之事①，但孔子又说卫灵公善于用人，卫国有仲叔圉主管外交，有祝鮀主观宗庙祭祀，有王孙贾主管军事，遮羞国之大事都有能人主管，所以卫国不至于败亡。这两条看似矛盾的材料，也许在孔子那里并不矛盾，一方面认为卫灵公容许夫人干政表现为"无道"；另一方面能做到选贤任能又表现为"贤君"。然而，卫灵公能做到选贤任能，应该有南子的辅政功劳。或许南子本人就是一位出色的女政治家。这或许也是卫灵公宠爱她的主要原因。

二 关于"矢""否""厌"的字义解释

若要清楚地了解"子见南子"一章，"矢""否""厌"三字到底是什么意思就必须弄明白，事实上，历代学者关于此章的争论也往往是围绕这三个字进行的。

（一）"矢"的释义
关于"矢"的释义，大体上有三种：

第一种说法认为：矢，誓也，为发誓之意。

古人在设誓时也常有"折矢"的举动，以表明自己坚定不移的决心。宋儒邢昺作《疏》，指出孔子的矢词，"此誓辞也"。并认为孔子之所以如此，是因为"我见南子，所不为求行治道者，愿天厌弃我。再言之者，重其誓，欲使信之也。"（《论语注疏》卷六）据邢昺的观点，孔子之所以起誓，是为了能让子路相信自己见南子只是为了"求行治道"，不是为了近其美色。南宋朱熹亦言："矢，誓也。"（《论语集注》卷三）而早在二人之前，孔安国既已引旧说云："矢，誓也。"（《论语集解义疏》卷六）可见，训"矢"为"誓"的观点是由来已久的，只是对此，孔氏随即提出："行道既非妇人之事，而弟子不说（悦），与之咒誓，义可疑焉！"（同上）质疑孔子会否有赌咒发誓之事。后世儒者多从其说，并且进而提出其他释义。

---

① 明蔡清《四书蒙引》卷七谓："子言'卫灵公之无道也'，大概谓其彝伦不叙，纪纲不张也。"

第二种说法：矢，指也。

《释名》："矢，指也，言其有所指向。"刘宝楠《论语正义》卷六云："师弟相言，不得设誓，矢当为指，为指天也。"也认为老师和弟子之间，怎么会赌咒发誓呢？刘氏不认为"矢"为发誓，他训"矢"为"指"，则"夫子矢之"，即孔子以手指天而直言相告子路，而并非以手指天为誓。只是诚如刘氏所说，"师弟相言，不得设誓"，那么同样的道理，老师和弟子说话，又有必要以手指天吗？此处刘氏以"之"代指"天"，说孔子是指着天回答子路，则这里所谓的"天"就应该跟后文的"天"联系起来，是明白告诉子路，夫子所指之"天"将"厌之"。但是这样的话，孔子指着天，平铺直叙地说是这个"天"厌之，那么这所谓"天"便是自然之天，而非后面所谓让人有所敬畏的天命之天了。而且，以手指天本身其实就有了要设誓的意味，刘氏明晰了孔子不是设誓而只是直言相告子路这层含义，可是在"矢"字的解释上，恐怕有所偏离而未得其意。

第三种说法：矢，陈也，有直言之意。

邢昺《论语注疏》引蔡谟（公元281—356年）之语说："矢，陈也，夫子为子路陈天命也。"此说之意，孔子面对子路的诘难，并不是神情激切地指天为誓，而是向子路直陈道理。唐韩愈、李翱《论语笔解》卷上也认为"矢，陈也。……为誓，非也。"直接否定了以"矢"为"誓"。

明代儒者杨慎则明确指出："矢者，直告之，非誓也。"并认为是孔子直告子路："予道之不行，其否屈乃天弃绝也。天之所弃，岂南子所能兴，而吾道赖之行哉？"（《升庵集》卷四十五）此处子路所怀疑的就是孔子要屈身行道，那么孔子又何须再来发誓证明自己不是为了其他，只是为了"求行治道"呢？至于此处孔子是不是屈伸行道我们后面再论，单是对"矢之"的理解而言，训"陈"或"直"，都是认为孔子是对子路讲述道理，比较契合老师与弟子交流的对话语境。

而事实上，训"矢"为"陈"或"直"，在当时或者前代的文献中不乏其例，只是两者还稍有不同。《春秋·隐公五年》："公矢鱼于棠。"矢为陈,是陈设之意。《诗经·大雅·皇矣》:"无矢我陵。"
《传》:"矢,陈也。"则是有陈兵之意,于陈言的意思上似乎还有距离。
而《尚书·盘庚上》:"率吁众戚,出矢言。"便是盘庚直言告谕众民之
意。且《论语·卫灵公》:"直哉史鱼!邦有道,如矢;邦无道,如
矢。"则"矢"也是有"直"之意,谓其无论国家有道还是无道,他的
言行都是像箭矢一样直!相较之下,训为"直"则更为贴切。

而且古人以"矢"为"誓",其实也是从箭矢直而不折的意思衍
发出来的。《诗经·大雅·大东》:"其直如矢。"古人在诉讼过程中
举矢示诚信,以表所言不假,《说文解字》:"誓,约束也。从言折
声。"即此意。

是以孔子在此为子路直言陈说道理,也正如公山弗扰和佛肸事件
中,孔子也向子路讲说道理一样。此处"夫子矢之",训"矢"为
"直",似乎更为妥当,更合情理一些。

(二) 释"予所否者"

关于此句的含义,以及前人对句中"否"字的不同释义,钱穆先
生《论语新解》有过系统的总结:

> 古人誓言皆上用"所"字,下用"者"字,此句亦然。否
> 字各解亦不同。
>
> 一曰:否谓不合于礼,不由于道。孔子对子路誓曰:我若有
> 不合礼,不由道者,天将厌弃我。
>
> 一曰:否,乃"否泰""否塞"之"否"。孔子对子路曰:
> 我之所以否塞而道不行者,乃天命厌弃我。盖子路之不悦,非不
> 悦孔子之见南子,乃不悦于孔子之道不行。至于不得已而作此委
> 曲迁就。故孔子告之云云,谓汝不须不悦。
>
> 一曰:否,不也。孔子指天而告子路,曰:我若固执不见,
> 天将厌弃我。细会文理:仍以第一说为是。[1]

---

[1] 钱穆:《论语新解》,台湾联经出版公司1993年版,第225页。

　　钱先生虽然详尽地总结了历代对"否"字的不同论述，但是对"所"和"否"的论断都回归到了朱熹。据《论语集注》卷三言："所，誓辞也，如云'所不与崔、庆者'之类。否，谓不合于礼，不由其道也。"按照朱熹和钱先生的观点，这里的"所"可以训为"若"，即如钱先生的翻译："我所行，若有不合礼，不由道的。"而这种解释早在皇侃《论语集解义疏》中已经提道："我见南子，若有不善之事，则天当厌塞我道也。"

　　然而儒者对"所"字的释义又绝非此一端，王夫之《四书训义》释此句为："予之所为而有不合于道者乎？"[①] "否"字固然用了朱熹的说法，但这里的"所"当是一个辅助性的词语了，也就是说"予所不合于道者之为"，将"所"放在谓语之前表示名词化。钱先生解释否为否塞意的时候，说："孔子对子路曰：'我之所以否塞而道不行者。'"则将"所"字看成一个表原因的助词了。只是钱先生终未赞成这种观点。这两种"所"字的释义，除了作为假设连词的"所"，可以通过"所……者"的句式来反证"矢"为"誓"外，两者对句意变化的影响似乎并没有很大。然而，这种所谓誓词句式是真的那么可靠吗？固然，《左传》中有一些誓词确实用的类似句式，如"主苟终，所不嗣于齐者，有如河。"（《襄公十九年》）"所不以为中军司马者，有如先君。"（《定公六年》）但这样解释须释"否"为"不"，且"所不"之后也未见省去具体事件之例。而且同样相类似的句式而不为誓词的，其实也有其例，如《战国策·燕策三》："女所营者，水皆至，灭表。"则此"所"字也可以作为一种辅助性代词。[②] 可见，"予所否者"也不一定就是誓词。当然，这还要看"否"字究竟是何意？

　　那么，具体到"否"字的释义上，历代更是众说纷纭。除了钱先生总结的三点之外，王充《论衡·问孔》则改"否"为"鄙"，有鄙陋之意。这种做法虽然有改字解经之嫌，但后世也多有从此说的，便是现代学者，仍尚有坚持此说，并为之着力找训诂依据的。这四种释

————————

①　王夫之：《四书训义》，岳麓书社 2011 年版，第 471 页。
②　张诒三：《"子见南子"疑案再考》，《光明日报》2010 年 2 月 8 日国学版。

义各自成说，并且每一种说法的不同都会带来句意的极大改变。

若训"否"为不合礼、不由道，则此句当为"假若我的所谓不合礼、不由道。"即钱先生所云："我若有不合礼，不由道者，天将厌弃我。"

若训"否"为"否泰、否塞之否"，则此句当为钱先生所云"我之所以否塞而道不行者"，这里说的便是孔子的道，而非针对孔子本人了。

若训"否"为"不"，则此句当为"我如果做了不好的事情"，这里是说孔子做了不好的事，这不好的事应当是"见南子"了。

若训"否"为"鄙"，则此句当为"我所行为鄙陋的"，"鄙陋"是指什么呢？王充《论衡·问孔》云："南子，卫灵公夫人，聘孔子，子路不说（悦），谓孔子淫乱也。孔子解之曰：'我所为鄙陋之事，天厌杀我。'"则是借子路之口说明所鄙陋之事是与南子的淫乱。

统观这四种解说，孰是孰非，似乎还是难以骤下论断。但是孔子本十分重视礼的行为规范，既然最终"见南子"，便说明孔子心中"见南子"并没有什么见不得人的事情，自然也不会认为这是"不好的事情"或者"不合礼"了。而后人所认为的"子见南子"是否"合礼"，是否有"出格之事"，那是后人论说，其中也不乏非儒者对孔子的恶意曲解。此章孔子自我回望，是没有觉得自己有此等事的。所以，孔子所说"予所否者"，"否"字当是"否塞不行"之意更为妥帖。

（三）释"天厌之"

上所述，刘宝楠《论语正义》卷六言"夫子矢之"为以手指天直告子路，则此"之"字当即为"天"，那么这里的"之"与"天厌之"是否有什么联系呢？

首先，我们回到"夫子矢之"的"之"，刘氏认为代指天，这是建立在"矢"为"指"的基础之上的。不过，训"矢"为"誓"，以"之"代天，指天发誓也未为不可。钱穆先生《论语新解》便是这样翻译的："先生指着天发誓说。"① 而杨伯峻《论语译注》则对这个"之"字略而不译，只说："孔子发誓道。"② 认为并没有具体的指代意义。

另有一种说法，认为"之"代指的其实是子路。这一观点在皇侃《论语集解义疏》卷三中可见端倪："子路既不悦，而孔子与之咒誓也。"三种释义，我们现在看来，是否一定对着天发誓似乎无关紧要，对着天发誓，与对着子路发誓好像也别无二致。故而，训"矢"为"誓"基础上衍生出来的"之"字的不同意味，并没有很大的可区别意义。

而相对应的训"矢"为"陈"或"直"基础上衍生出来的"之"的不同意味，它是有具体的指代作用的，"之"所代指的就是子路，则孔子直告子路，这与后文的"天"并没有很大的关联性。

那么，"天厌之"的"之"，又是指谁呢？一般认为是指"我"，即孔子。但是也有不同见解，宋郑汝谐（公元1126—1205年）《论语意原》卷二说："夫有道则存，无道则亡，天之道也。灵公南子，相与为无道，而天未厌绝之，予其敢厌绝之乎？予之所不可者，与天同心也。"这又是一种看法。这样，"之"就是代指南子。孔子认为卫灵公和南子，世人说他们无道，但是天并没有"厌绝"他们，则孔子"与天同心"，也不会"厌绝"他们。就如南怀瑾先生《论语别裁》所云："我（孔子）所否定的，我认为不可救药的人，一定是罪大恶极。不但人讨厌他，就是天也讨厌他，那么这种人便不需要与他来往。"③ 而皇侃《论语集解义疏》卷三则认为"天厌之"是"天当厌塞我道也。""之"代指的是孔子的"道"。单论这一个"之"字的话，无从考察它到底是指孔子，南子，还是"孔子的道"，抑或其他。

那么，关于"厌"字，大体有三种释义：

其一，厌弃，弃绝之意。上所述郑汝谐《论语意原》卷二所言即

---

① 钱穆：《论语新解》，台湾联经出版公司1993年版，第225页。
② 杨伯峻：《论语译注》，中华书局2009年版，第63页。
③ 南怀瑾：《论语别裁》，复旦大学出版社2003年版，第263页。

是此意，这种释义为大多数儒者所采用，只是此处郑氏将厌弃的对象指向了南子。

其二，通"压"，厌塞之意。前文皇侃书中提到的："我见南子，若有不善之事，则天当压塞我道也。"

其三，通"魇"。唐韩愈、李翱《论语笔解》："厌当为魇乱之魇。"

三种解释，无论哪一种，感情色彩上都是贬义的，都说得通。那么应该用哪一种解释呢？关于这点，黎红雷先生认为："'厌'乃本字，'压'和'魇'均是通假字。古文训诂，'本字可通，不必通假。'"① 是以，"厌"为"厌弃、弃绝"之意足够契合文义了，大可不必再强为过度训解。

统观以上，这三句话的意思大体可以明了。面对子路的不悦，"夫子矢之"，是直告子路，为之陈说道理。"予所否者"，是说道的否塞不行。"天厌之"，"厌"自当为"厌弃、弃绝"。

三 关于历代学者争讼的两个问题的探讨

（一）孔子见南子是否合乎礼？

关于孔子"见"南子，历史上有一种石破天惊的大胆提法，认为孔子并未见过南子。首先提出这一观点的是《孔丛子·儒服》里的子高："昔先君在卫，卫君问军旅，拒而不告，摄驾而去。卫君请见，犹不能终，何夫人之能亲乎？"后世孙奕、崔述也都认为并无"子见南子"一事。但是，就《孔丛子》一书的真伪不说，单是子高用《卫灵公篇》的记述来推翻《雍也篇》的记述本就难以服人，更何况《吕氏春秋》《史记》《法言》《盐铁论》《淮南子》等都有"子见南子"一事的记载，可以说"子见南子"确实是有其事的。

既然有这一事件，那么两人会面是什么形式的"见"呢？是南子特别召见孔子，而孔子亲去拜见她，还是二人在正式场合打了个礼节

---

① 黎红雷：《"子见南子"：儒者的困惑与解惑》，《中山大学学报》（社会科学版）2006 年第 1 期。

性的照面？孔子见南子，是否合于礼呢？关于这些，学者也是争论不休。

《史记·孔子世家》对"子见南子"一事有详细而生动的记述：

> 孔子至卫，灵公夫人有南子者，使人谓孔子曰："四方之君子不辱欲与寡君为兄弟者，必见寡小君。寡小君愿见。"孔子辞谢。不得已，而见之。夫人在絺帷中，孔子入门，北面稽首。夫人自帷中再拜，环佩玉声璆然。孔子曰："吾乡为弗见。见之，礼答焉。"子路不说。孔子矢之曰："予所不者，天厌之！天厌之！"

太史公所言，首先指出子见南子是得到了南子召见，这才前去拜见的，而两人的会面过程也是中规中矩，并且是南子与孔子的直接会面，并没有言及还牵扯到其他人，如卫灵公。那么，按照太史公的说法，"子见南子"实际上是两人的会面，是有属于两个人的实际交流空间的。

那么，二人见面还有其他的可能方式吗？

《孔丛子》为我们提供了一个两人公众场合礼节性会面的可能："古者大飨，夫人与焉，于时礼仪虽废，犹有行之者，意卫君夫人飨夫子，则夫子亦弗获已矣。"（《孔丛子·儒服》）孔子见南子是依据古代大飨之时，君夫人参与其中，孔子以卫大夫而见到南子，既是合于礼的，又是当时的情势所逼。

朱熹《四书或问》卷十一也认为孔子是见南子于大飨之时：

> 或问："见其小君，礼钦？"朱子曰："是于《礼》无所见，《穀梁子》以为大夫，不见其夫人。而何休独以为夫人至大夫，皆郊迎执贽，不知何所考也。《记》云：'阳候杀缪候而窃其夫人，故大飨废夫人之礼'，疑大夫见夫人之礼亦已久矣。灵公南子特举行耳。"

朱熹首先对何休"郊迎执贽"之说提出怀疑，而后认为君夫人可以参与到大飨的制度，可能已经被废了。然而那是因事而废，卫灵公与南子则在卫国恢复了这一制度，孔子见南子所依乃是卫国所恢复的古礼。然而上述虽言合于古礼，朱熹也试图引阳侯事加以说明，但是终究没有说明白，这所谓的"古礼"到底是怎样的一种礼仪制度，其根据又在哪里。此说并未能服膺众人。

是以清儒毛奇龄《四书改错》卷十六即对此朱熹之说进行了强烈的批驳，毛氏以为：

> 古无仕于其国见其小君之礼，遍考诸《礼》文及汉晋唐诸儒言礼者亦无此说，惊怪甚久。及观《大全》载朱氏《或问》，竟自言是于《礼》无所见，则明白杜撰矣。

毛氏遍考各代礼文，终究没有发现朱熹所说的古之"见小君之礼"。而对于何休所谓"郊迎执贽"，毛氏认为是误将觌礼为见礼，是大夫之夫人入觌，而非大夫。至于朱熹所引的"大飨废夫人之礼"，毛氏指出这是误将"飨礼为见礼，以诸侯礼为大夫礼，且以诸侯之同姓为异姓仕于其国之礼"，并认为古时候交爵、飨献二礼之外，男女无见礼。

然而其后戴大昌著《驳四书改错》卷十六专门针对毛氏，戴氏从"交爵"之事入手，说道：

> 刘氏公是曰："古者不传贽不为臣，故称其君曰君，称其君夫人曰小君。国君有宗庙之事。君牵牲，大夫从之，夫人荐盎，将与之共宗庙之事，故不可不见。"据刘氏说亦近乎理。《礼》文残阙，或不备耳！惟孔子于卫灵公，不过际可之仕。朱注此语，其于子见南子，情事则未确。若谓古人传贽为臣，必无见小君之礼，恐未然也。

毛氏遍考《礼》文，则并无见小君之礼，朱熹自己也说"于

《礼》无所见"，戴氏以为这是由于《礼》文残缺之故，是以诸家都未能寻见。朱熹南宋时人，去古已远，所言不过《孔丛子》旧说，毛氏则更为清人，他们所查阅的《礼》文可能并不全备。戴氏此说虽说没有事实证据做佐证，但是也提供了一种可能性。而且宗庙祭祀中，大夫传赞，也是有可能见小君的。但是，戴氏所引刘敞（公是）的说法同样忽略了一点，如果是宗庙祭祀之事，孔子不得已见到南子，这虽然合乎礼，但是孔子参与这种宗庙祭祀之礼，是再正常不过的行为，即便在这一场合见到南子，也是不会惹来子路的不悦的。所以说，子见南子还是单独见面更合情理。然而，两人单独见面的情况又是否合乎礼呢？

《朱子语类》记载学生问朱熹"子见南子"一事，朱熹回答道："此是圣人出格事，而今莫要理会它。"朱熹将"子见南子"视为"圣人出格事"。朱熹虽视孔子为圣人，但是认为圣人也是人，也不能脱离凡俗人的喜怒哀乐诸多情感。然而"圣人出格"又绝非与南子有浪漫之情，他在《论语集注》中说："盖古者仕于其国，有见小君之礼。"孔子虽然见了有淫乱之名的南子，但是一切都是合乎礼的，"圣人道大德全，无可不可。其见恶人，固谓在我有可见之礼，则彼之不善，我何与焉？"（《论语集注》卷三）德行高卓的孔子面对恶人也能秉持于礼，而恶人之不善，又怎能动得圣人分毫。则南子虽有淫乱之名，但是孔子见之如见常人，所行皆合于礼，则于圣人的德行，自然不会有丝毫毁伤，这里朱熹以古有见小君之礼来为孔子论说。

在上述"子见南子"的两种可能会面方式，以及两者是否合乎礼的论述中，我们要将见小君之礼与国家其他的礼，如宗庙祭祀之礼区分开来，因为如果是后者的话，子路的不悦其实是无法解释的。毛奇龄已经认识到这一点："正以无典礼可以引据也，有则据礼亦要之，子路夫子俱无辞矣。"参加正常的公众礼仪事件的话，孔子和子路都不会觉得有什么不妥的。然而，统观以上各家言论，言及"见小君之礼"，均未提出确凿的证据证明其存在。而根据《史记·孔子世家》的记述，南子是有意要见孔子的，并有"四方之君子不辱欲与寡君为兄弟者，必见寡小君"的借口，其间也并未说到这是古时"见小君之礼",是以,朱熹所言"见其小君之礼"也就未必属实。

只是,春秋时期,如南子一般干预国政的女子,上已述及,其行为多有与其他女性不相类之处,很多时候并不严格遵依礼制。儒者维护圣人之心固然可表,孔子应南子之再三请求而前去会面,虽无古礼可以凭依,但也未必有什么不合于道之事。"见之,礼答焉",孔子身处卫国,食卫禄,君夫人相召,去见一下这只是对于南子邀请的礼节性的回答罢了。

（二）孔子见南子,子路为何不悦?

既然孔子见南子只是礼节性的应酬,那么子路不悦又是为了什么呢?

我们知道,子路性格直爽,说话直来直去,在跟孔子意见不合之时,尤其敢于直言。这一点也是孔子比较喜欢的,就连孔子最欣赏的颜回恐怕也比不上,孔子曾说:"回也非助我者也,于吾言无所不说(悦)。"子路在这方面与颜回恰恰相反,对孔子之言,他常常会进行自己的问难;对孔子的行为,也常会有"不悦"之时。如《论语·阳货》:"公山弗扰以弗畔,召,子欲往。子路不说,曰:'末之也已,何必公山氏之之也。'子曰:'夫召我者,而岂徒哉?如有用我者,吾其为东周乎!'"可见,子路的不悦,绝非"子见南子"一事而已,只是对"子见南子"的不悦,子路并未言明其原因。又加之孔子"天厌之!天厌之!"的回答,更使得本章饶有意味。张岱《四书遇》曾言道:

> 子见南子,妙在子路一怒,则圣贤循礼蹈义家风,神气倍振。如读《水浒传》黑旋风砍倒杏黄旗,则梁山忠义,倍觉肃然。①

子路这一怒,引发后人无数的遐想。对于子路"不悦"的原因,

---

① 张岱:《四书遇》,浙江古籍出版社 1985 年版,第 166 页。

后世儒者更是众说纷纭。

王弼认为，"子路以君子宜防患辱，是以不悦也。"（《论语集解义疏》卷三）子路知道老师当时的处境艰难，犹如"文王拘羑里"，怕老师受折辱，这才有不悦之色。

邢昺谓："子路不说者，子路性刚直，未达孔子之意，以为君子当义之与比，而孔子乃见淫乱妇人，故不说。"（《论语注疏》卷六）是说子路不明白孔子见南子是为了"说灵公使行治道"，以为孔子见淫乱夫人有违于义。

朱熹明言子路之所以不悦，是"以夫子见此淫乱之人为辱"。（《论语集注》卷三）朱子之意，子路认为孔子就不应该去见淫乱的南子，并为此感到羞辱。

邢、朱二说均认为孔子见此淫乱妇人是不对的，甚至有违于义。而王弼虽未言此，但其说仅限于对孔子处境的担忧。三者都是从南子可能带来的客观影响上来论说，而并未从孔子的主观意愿角度分析。邢昺虽已经言及孔子见南子的主观愿望是"说灵公使行治道"，但仍旧认为对于孔子的这层意思，子路是未能领会的。

然而，明代儒者杨慎有不同的看法，其《升庵集》卷四十五言：

> 子路意以孔子既不仕卫矣，而又见其小君，是求仕。不说者，不说夫子之仕，非不说夫子之见也。子直告之曰：予道之不行，其否屈乃天弃绝也。天之所弃，岂南子所能兴，而吾道赖之行哉？见之者不过答其礼耳。如此则圣贤之心始白，而王符之徒亦无所吠其声矣。

杨慎认为，子路原意以为孔子已经无意在卫国求仕，本要离开，但是又去见了南子，难道说孔子对卫国还心存幻想？子路这才有了不悦之情，事实上这跟南子淫乱，完全是无关的。杨慎所言均是孔子的政治理想，并未言及朱熹所谓"圣人出格事"，他将孔子从前人凡俗化的解说中上升到神圣化，还原一个道大德全的孔圣人形象。姜广辉师语："通过这样一解释，不仅孔子不曾有浪漫之迹，就是子路也不

曾怀疑孔子有浪漫之情。"① 在杨慎看来，子路是虽仍未必懂得"子
见南子"的原因，但是他所猜测的是孔子欲屈身行道，所不高兴的也
正是孔子可能要在卫国屈身求仕。这样的话，子路的不悦便与公山弗
扰和佛肸事件中的表现相一致了，子路之所以不悦，是由于他认为夫
子行道，不应该屈身于这些品行恶劣之辈。

事实上，孔子本就无屈伸行道之意，反而后世人多有不解孔子
者，认为孔子见南子是要因之以求治道。如：

> 《吕氏春秋·贵因篇》："孔子道弥子瑕见釐夫人，因也。"
> 按，釐夫人即卫夫人。
> 《淮南子·泰族训》："孔子欲行王道，东西南北，七十说而
> 无所偶，故因卫夫人、弥子瑕而欲通其道。"
> 《盐铁论·论儒篇》："孔子适卫，因嬖臣弥子瑕以简夫人。"
> 按，简夫人即卫夫人。

《吕氏春秋》等之论，皆言孔子见弥子瑕、南子是为求进身之阶，
推行治道。然而这种论断实是非儒者对孔子言行的恶意曲解，殊不知
孔子对这种行为是颇为不屑的。《孟子》载：

> 弥子谓子路曰："孔子主我，卫卿可得也。"子路以告。孔子
> 曰："有命。"孔子进以礼，退以义，得之不得曰"有命"。(《万
> 章上》)

这种求仕之道在孔子看来，实际上是不合于礼义且不知命的诡
途，孔子怎么会去做呢？如果孔子真的去做了，那么孔子又"何以为
孔子"(《孟子·万章上》)呢！在孔子看来，"命"是十分重要的，
"不知命，无以为君子也。"(《论语·尧曰》)在推行治道方面，他认
为也是要顺应天命，如公伯寮阻逆子路在鲁国推行政治主张，孔子便

---

① 姜广辉：《中国文化的根与魂》，辽宁教育出版社 2014 年版，第 286 页。

说："道之将行也与？命也。道之将废也与？命也。公伯寮其如命何！"（《论语·宪问》）所以在孔子眼中，道之能行与否，不是某个人可以左右的，也不是可以通过曲意于某些人就可以达成的。孔子在卫国是"际可之仕"，而不受卫灵公重用也是自有天命主导的，孔子怎么会行诡道逆天命，想去通过去见南子来推行治道呢？而子路既知孔子这种对推行治道的态度，又怎会如这些非儒者一样，去怀疑孔子见南子是要屈身行道呢？

可是，子路不悦究竟是为何呢？欲明晰这一点，我们需结合孔子见南子的时间背景来进行考察。

据《史记·孔子世家》，子见南子一事发生在鲁定公十五年，即卫灵公四十年，此时太子蒯聩刺南子失败而被逐不过一年而已，正在卫国内政混乱、动荡刚息的时刻。无论是卫灵公还是蒯聩，其行为都让孔子感觉到卫国朝政的混乱和上层的昏聩。蒯聩欲刺杀其母，而卫灵公则逐杀亲子，且欲废长立幼，罔视礼法。孔子尊礼行道，对此悖逆之事，自然是极力反对的。他极其注重正名的原则，认为"君君、臣臣、父父、子子"，为君者要遵行为君之道，为臣者要做好臣子的本分，为父者要做到一个父亲应该做的，为子者自然也要保持作为儿子的道德操守，否则，就会使得社会混乱不堪。而此时的卫国正是陷入这种动荡混乱之中，是以当时孔子诚如前所说，对卫国其实已经心灰意冷了。而在造成这种混乱的事件当中，南子扮演着重要的角色。

子路了解孔子行道之心和行为准则，但是他对孔子去见南子还是不解，原因可能正在于此。试想，南子干预卫国朝政之时，孔子未能得到实质任用。且因为她的某些行为，太子蒯聩才有弑母之心，卫灵公也才有逐子之行。对于这样一个因她而使得卫国政治一片混乱的女人，孔子又为什么要去见呢？所以，子路才会不悦！

余　论

综上所述，此章所讲的并不是孔子见南子有什么违碍或者浪漫之事，子路才不高兴，而孔子与之咒誓的。这种解释不仅曲解了孔子之意，甚至连子路不悦之意都弄错了。所以，《论语·雍也》"子见南子"一章所讲的乃是：孔子去见过了南子，子路很不高兴，孔子就直言告诉他：我的道之所以否塞不行，是天命弃绝它了，是天命弃绝它了！即与南子无关！

而事实上，在子见南子和子路不悦之间，已然潜藏了两人在为政和处世态度上的不同。在这一事件上，孔子是懂得执两用中之道的，朱熹说圣人"无可无不可"，也正是孔子这种执两用中之道的说明，而相较之下，子路秉守道义，不敢稍跨越半步，更像是一种对严守正道的偏执了。王安石对此也有过说法："若有礼而无权，则何以为孔子？……有时而用权，故孔子可见南子。"（《临川文集》卷七十二）确实，孔子行事，并非如子路一般执拗不通，他是懂得权变的，而且也是十分重视权变的，如《论语·子罕》："可与共学，未可与适道；可与适道，未可与立；可与立。未可与权。"孔子所说秉道而行的，未必可以与他一起通达权变之理，若以此评述子路，再恰当不过了。而事实上，孔子行道精神的高明之处也正在此处，只要不违背道义，适当的权变是很有必要的，即便像见南子这样在社会上名声不好的人，见面方式也不严格合于礼的情况，孔子也能正视当下的情况，做出合适的权变。这样看来，无论是应公山弗扰和佛肸之召，抑或是"见南子"其实也都没有什么不可以的。

第十九讲

"攻乎异端，斯害也已"

张建坤

孔子（公元前551—前479年）说："攻乎异端，斯害也已。"（《论语·为政》）据出土的定州汉墓竹简《论语》本，此章"攻"作"功"①；另据皇侃（公元488—545年）《论语集解义疏》，此句"已"后多"矣"②。此句的原始表述，我们不得而知，但这并不影响整句之意。

儒学自汉代开始成为中国传统学术的正统，随着儒学正统在后世受到佛、道等思想学说的挑战，此句因首论"异端"而为传统儒者所重视；尤其是宋代以来，以此句"异端"为核心的诠释甚为纷繁。

德国哲学家加达默尔曾说："历史认识的理想其实是，在现象的一次性和历史性的具体关系中去理解现象本身。……概括地说，它们是怎样成为今天这样的。因为理解了某物是这样而来的，从而理解了某物是这样的。"③ 借助西方经典诠释学的这一视角，只有理解传统学者关于此句的诠释怎样变得歧义百出，才能确切地理解此句的内涵与意义。因而对于此句诠释史的梳理，不仅有助于了解孔子的本意，

---

① 河北省文物研究所定州汉墓竹简整理小组：《定州汉墓竹简论语》，文物出版社1997年版，第12页。

② 皇侃：《论语集解义疏》，王云五主编：《丛书集成初编》，商务印书馆1937年版，第20页。

③ ［德］汉斯－格奥尔格·加达默尔：《真理与方法：哲学诠释学的基本特征》，洪汉鼎译，上海译文出版社2004年版，第5页。

更有助于把握中国传统儒学的脉动。①

大体而言,此句历代歧解,均以如何看待"异端"为核心;以"正统"为基准,强调"异端"之害,可以说是其主流原则。当然,这其中又存有明显的差异。从横向来说,包含着三个不同的诠释面向:一是训"攻"为"治",以"斯"指代学习异端,视"已"为虚词,认为学习、攻读异端之学是有害的,因而反对士人学习异端之学;二是训"攻"为"击""辟"等,或以"斯"指代异端而视"已"为虚词,或以"斯"指代攻击异端而训"已"为"止",认为应攻击消灭异端以避免异端之害;三是训"攻"为"击""辟"等,以"斯"指代攻击异端,视"已"为虚词,认为去攻击异端可能引起更大的祸害,而主张昌明儒学则异端自不能为害。从纵向来说,"异端"有他技、小道、诸子百家、佛老、异己者、两端等不同的解释,其疆界逐渐扩展,直至与儒家正道相左的一切思想学术形态;相应的"正统"则特化为儒家正道,甚至程朱之学。

一 反对学习异端

至西汉,先秦时期关于《论语》的授受及其诠解,时人已不甚清楚;而两汉《论语》传本、注本虽众,今亦多不存。② 相应地,两汉儒者对于"攻乎异端,斯害也已"的诠释,我们已难以获知。不过,东汉初年经学家范升对此句的引用,或许可以帮助我们了解汉儒的理解。据载,光武帝建武四年(公元 28 年),范升视《左氏春秋》为

---

① 相关的梳理,可以参考:程树德的《论语集释》卷四《为政下》(中华书局 1990 年版,第 104—110 页),黄怀信的《论语汇校集释》卷二《为政》(上海古籍出版社 2008 年版,第 155—159 页)。昝润娇、施仲贞等人还以"异端"一词的历代歧解为中心,对此进行了详细的梳理。(详见昝润娇:《对"攻乎异端,斯害也已"中"异端"的理解综述》,《前沿》2008 年第 9 期;施仲贞:《〈论语〉中"异端"研究史考辨》,《人文杂志》2009 年第 3 期。此外,李泽厚先生更从整体句意上将之概括为"学习异端邪说是有害处的""攻剿异端邪说,于是它们就失去危害"以及"为儒学的宽容精神,主张求同存异,不排斥异己"三类(详见李泽厚:《论语今读·为政》,安徽文艺出版社 1998 年版,第 64 页)。

② 两汉时期,《论语》即有《古论》《齐论》《鲁论》《张侯论》等不同的传本,又有孔安国、包咸、马融、郑玄等人的注本,然今皆无完本。

异端，反对韩歆、许淑等建议置《左氏》博士，他说："孔子曰：
'攻乎异端，斯害也已。'……愿陛下疑先帝之所疑，信先帝之所信，
以示反本，明不专己。天下之事所以异者，以不一本也。……《五
经》之本，自孔子始，谨奏《左氏》之失凡十四事。"（《后汉书》
卷三六《范升传》）这里，范升是将"异端"与"本"对立了起来。
所谓"本"，即与孔子有明确渊源的儒学正统，也就是今文经学；而
《左氏》"不祖孔子，而出于丘明，师徒相传，又无其人，且非先帝
所存"（同上），范升自然要将之排斥在经典诠释的体系之外，反对
儒生们学习它。这种以《左传》为中心的今、古文之争，实乃对经
典诠释权威的争夺，代表了两汉今文经学家排斥古文经学，以垄断经
典诠释权的价值取向，与孔子所言自是歧途。

　　如果说范升的理解仅局限于经学之争中，那么何晏（公元？—249
年）的诠释则扩展了此句的意涵，所谓："攻，治也。善道有统，故殊
途而同归。异端，不同归者也。"（《论语集解义疏》卷一）"善道"指
儒家六经，"统"即"本"，也就是儒家圣人之道，在何晏看来，《诗》
《书》《礼》《乐》虽教化路径不同，但同归于儒家圣人之道；"异端"
不本乎此，故不能同归。显然，何氏的诠释仍是将"异端"与"本"，
亦即正统儒学相对待，认为学习正统儒学之外的学术是有害的。当然，
何氏的这番解释尚显晦涩。对此，皇侃作了进一步的疏解："子曰：
'攻乎异端，斯害也已矣。'此章禁人杂学诸子百家之书也。攻，治也。
古人谓学为治，故书史载人专经学问者，皆云治其书，治其经也。异
端，谓杂书也。言人若不学六籍正典而杂学于诸子百家，此则为害之
深，故云'攻乎异端，斯害也已矣'。'斯害也已矣'者，为害之深
也。"（《论语集解义疏》卷一）这就很明确地诠释了"攻乎异端，斯
害也已"的具体内涵，即学习诸子百家等杂书，是有害的。

　　宋初邢昺（公元 932—1010 年）《论语注疏》沿袭了皇侃《义
疏》的解释。所以至少在宋初邢昺之前，"攻乎异端，斯害也已"一
句，通常被如是般地理解。

　　然而，孔子生前，诸子百家尚未兴起，将"异端"诠释为诸子百
家等杂书，显然不合此句的历史语境。而传统儒学的正统地位，自魏

晋以来开始受到佛、老二教的强烈冲击;北宋庆历以后,儒学开始复兴,此句因首论"异端"而为宋儒所重视,他们纷纷对之进行义理疏解,并用它来排斥佛、老等思想学说。汉唐时期不合历史语境的诠释,在宋儒的义理统摄下,也得到了一些修正。程颐(公元1033—1107年)即阐发此句说:

> 子夏曰:"虽小道,必有可观者焉。致远恐泥。"子曰:"攻乎异端,斯害也已。"此言异端有可取而非道之正也。(《二程遗书》卷二十五)

显然,程颐与汉唐古注的作者们在对此句的解释面向上还是一致的,都以儒家之道为本位,反对学习小道异端。不同的是,他将异端的内涵进行了深入的拓展,也就是说,孔子所言的"异端"是笼统地指向包括后世的佛、老在内的不合乎儒家正道者。换言之,凡是与儒家正道不同者,皆可入"异端"之列,不去学习杨、墨、佛、老等儒家正道之外的学术,也成为儒者理应遵守的基本准则。当然,子夏所言,旨在说明钻研小道会造成学者的局限性,而应博闻多识,并未强调小道与正道的极端对立。但程颐却认为,"异端有可取"更凸显了异端的迷惑性,一旦学习了异端,必然有害于儒家正道,异端虽"有可取"而实际上根本不可取。王安石的高足陈祥道(公元1053—1093年)也有相同的诠释,他甚至还对董仲舒"罢黜百家,表章六经"的要求给予了高度肯定,认为那样才是深明学术之本。①

或许正是由于这种异端与正道的区分过于极端,甚至程门后学也没有完全遵循程颐的诠释,这引起了朱熹(公元1130—1200年)的批评(详见下文);朱熹则是赞同程颐的诠释的,他说:

> 子曰:"攻乎异端,斯害也已。"异端者,杂杨、墨、诸子百

---

① 陈祥道诠释此句说:"天下之物,有本有末。本出于一端,立于两。出于一则为同,立于两则为异。故凡非先王之教者,皆曰异端。……董仲舒曰:'诸不在六艺之科、孔子之术者,皆绝其道,勿使进。'此之谓知本者也。"(《论语全解》卷一)

家而言之。……伊川先生、范氏（祖禹）说得之。已字只是助辞，不训止也。（《晦庵集》卷五二）

朱熹明确指出"已"字为虚词，不当训为"止"；在解答黄幹（公元1152—1221年）的疑惑时，他还说"攻者，是讲习之谓，非攻击之攻"（《朱子语类》卷二十四）；此外，他更对程门后学"以攻为攻击之攻"提出了批评（详见下文）。朱熹对待异端的极端态度，丝毫不下于程颐、陈祥道；在他看来，"正道、异端，如水火之相胜，彼盛则此衰，此强则彼弱"（《四书或问》卷七），异端与正道是极端对立，不可共存的。

相比于程、朱，陆九渊（公元1139—1193年）的诠释则较为平和，他说：

今世类指佛、老为异端。孔子时佛教未入中国，虽有老子，其说未著，却指那个为异端？盖异与同对，虽同师尧舜，而所学之端绪与尧舜不同，即是异端，何止佛、老哉？有人问吾异端者，吾对曰："子先理会得同底一端，则凡异此者，皆异端。"（《陆九渊集》卷三十四《语录上》）

与程、朱一样，他也反对将孔子所言的"异端"内涵具体化为佛、老。不过，他所理解的"异端"，虽仍是与儒家正道相对立者，但所论的依据已发生转变，表现出了十分开放的态度。他从异同层面着眼，所谓"异端"便是与此心之理不同者，并不拘泥于诸子百家、佛、老等。这也就在学习"异端"时加了一层，即反观"异端"与心之理是否一致，若一致，学习异端无害无妨；若不一致，则学习异端有害，当遵循心之理而摒弃之。这种开放的理解，在王阳明（公元1472—1529年）那里得到了极致的发挥，所谓"与愚夫愚妇同的，是谓同德；与愚夫愚妇异的，是谓异端"（《传习录》下）。以愚夫愚妇及其"良知"的绝对存在，只要善于反躬自省，发见良知之心，"异端"就不会被士人所研习而近乎泯灭无存。这种诠释有放任佛、老等异端发展的倾向,将会流入一偏,因而明末王学殿军刘宗周（公元 1578—1645 年）又对之进行了一些修正。①

以上宋明理学家们的诠释,固然蕴含着深刻的义理,但他们将"异端"诠释为与哲学范畴的"道"或"心"相对立者,是否符合孔子的本意,显然是值得商榷的。孔子所谓的"道"明显缺乏理学家那样浓厚的哲学意味,他也不曾提出过"心""理"等哲学范畴。②与其说宋明理学家们是在诠释此句的内涵,不如说他们是在借助此句建构各自的思想体系,以维护儒学的正统地位。

至清代,尤其是随着考据之学的兴起,清儒逐渐深入此句的历史语境,结合字词训诂与孔子的思想体系,使得对"异端"的诠释发生了显著的转变。如:清初理学名臣李光地（公元 1642—1718 年）将据传孔子删订《六经》行为均视为孔子对"异端"的排斥,认为"异端"即"洪荒幽渺之说",涵盖了孔子所不语的"怪力乱神"等。③ 程廷祚（公元 1691—1767 年）则依据《论语》文本佐证,取何晏"小道"说来解释"异端"的内涵,将之具体化为农、圃、医、卜等学问。④ 这些诠释力图走出理学的语境,但又仍强调着"异端"与儒学正道的对立。

戴震（公元 1724—1777 年）则独辟蹊径,首将"异端"诠释为"两头",所谓"端,头也。凡事有两头谓之异端。言业精于专,兼攻两头,则为害耳。"（潘维城《论语古注集笺》卷一）宋翔凤（公元

---

① 刘宗周以"中庸之道"区分异端与正统,认为"凡出乎中庸之道者,即为异端"。（《论语学案》卷一）

② 根据杨伯峻先生的统计,《论语》中为孔子术语的"道"字共出现 44 次,主要是指道德、学术或方法。详见杨伯峻:《论语译注·论语词典》,中华书局 1980 年版,第 293 页。

③ 李光地认为,"那时异端颇多,所以删《书》,断自唐、虞,凡洪荒幽渺之说,芟除个尽……"（《榕村语录》卷二《上论一》）。

④ 至于孔子为何不直接说"攻乎小道,斯害也已",程氏认为,"夫端,物之初起者也,初起而异,起端则殊途而不同归矣。曰'小道',人或犹以为道之绪余,攻之无害;曰'异端',而后天下皆知其不可攻。呜呼!圣人所以一儒之统者,严矣。"（《论语说》卷一）也就是说,这蕴含着孔子告诫后人的深意,因为"小道"毕竟仍在"道"的范围之内,不易使人廓清,仍具有相当的迷惑性;而"异端"则表明小道自一开始便与大道歧途,更易使人清醒地认识到小道之害而不再去学习。

1779—1860 年）对此进行了更为深入的发挥，他借助《中庸》的"执
两用中"，将此章内涵拓展到了传统儒家的"中道"价值观，所谓：

> 执者，度之也。执其两端而度之，斯无过不及而能用中，中
> 则一，两则异。异端即两端。民受天地之中以生，所谓命也，是
> 以有动作礼义威仪之则，以定命也。有所治而或过或不及，即谓
> 之异端。"攻乎异端"，即不能用中于民而有害于命，如后世杨、
> 墨之言，治国皆有过与不及，有害于用中之道。……孔子知之，
> 故于《论语》言一以贯之之道，而明之以忠恕，究之以《中
> 庸》。（《论语说义》卷一）

与戴震一样，宋氏也将"异端"诠释为"两端"，并且将戴震的
诠释进行了充分的展开。在宋氏看来，"执"是权衡利害，会以中道
为准而能专一，不再有过与不及的歧异；"攻"则不加审视而兼治两
头，过与不及既为事实，就不免会顾此失彼，危害修己与治道。这种
以"中道"价值为取向的诠释，虽然仍围绕着反对学习异端这一面
向，但这里的"异端"与以往所谓的小道、诸子百家、佛老邪说等
"异端"不可同日而语。这里的"异端"，也就是两端，实为同与异
两头，宋氏既反对固执"同"，又反对坚守"异"，合乎孔子强调的
"毋固"而不偏不倚、从容中道。不过，孔子所言的"异端"，从字
面上来看，所强调的更侧重于与"同"对举的"不同"，而不是将二
者分为两层加以论述的；将"异端"诠释为"两端"显得过于推衍。
与宋翔凤相比，在他之前的焦循（公元 1763—1820 年）也有同一取
向的诠释："执一即为异端，贼道即斯害之谓。……执其一端为异端，
执其两端为圣人。"（《论语通释》）在宋氏之后的钱穆先生，则径直
将"攻"解为"专攻"，以"异端"为"一端"，视"已"为虚词。①

---

① 钱穆先生诠释此句说："攻，如攻金攻木，乃专攻义，谓专于一事一端用力。……
孔子平日言学，常兼举两端，如言仁常兼言礼，或兼言知。又如言质与文，学与思，此皆
兼举两端，即《中庸》所谓执其两端。执其两端，则自见有一中道。中道在全体中见。仅
治异端，则偏而不中矣。"（钱穆：《论语新解》，《钱宾四先生全集》第 3 册，台湾联经出
版事业公司 1998 年版，第 54 页。）

至此,我们大致梳理了"反对学习异端"这一面向的"攻乎异端"歧解。尽管以上学者均训"攻"为"治",视"已"为虚词,将之理解为"学习异端,这是有害的",但他们在"异端"的内涵上却存在着小道、诸子百家杂书、佛老邪说,乃至两端、一端等种种歧解。明儒蔡清(公元1453—1508年)对此有很好的说明,所谓"人于异端,若专治而欲精之,则内不足以修己,外不足以治人;生于其心,害于其政,发于其政,害于其事,此其害也。害不必说是害他人,就是我之害也"(《四书蒙引》卷五),既然学习"异端"对于个人、他人和国家均有深害,儒家学者自然要极力反对士人专攻他们所理解的"异端"了。

二 攻击异端及其否定

在上述诠释面向中,"攻"一般被训为"治";而《论语》中"攻"字的使用,除了此处外,还有"小子鸣鼓而攻之"(《先进》),以及"攻其恶,无攻人之恶"(《颜渊》)两处,皆取攻击、攻伐义。对于另外一些学者来说,此处也不应例外,因而他们将此处"攻"字训为"击",相应地,"斯"或指代"攻乎异端",而"已"为虚词;或指代"异端"而"已"为"止"。这一面向的诠释,在此章诠释史上也是粲然可见的;其指归在于攻击乃至消灭"异端",以避免"异端"造成危害。

就此而言,宋儒孙奕的诠释最为直接明白,他说:"攻如'攻人之恶'之攻,已如'末之也已'之已,已,止也。谓攻其异端,使吾道明则异端之害人者自止。如孟子距杨、墨,则欲杨、墨之害止;韩子辟佛、老,则欲佛、老之害止者也。"(《示儿编》卷四《经说》)元儒朱公迁更将"孔子作《春秋》"也视为对当时异端的批判攻击,所谓:

"攻乎异端,斯害也已。"外人皆称夫子好辩,敢问何也?孟子曰:"予岂好辩哉?予不得已也。"……世衰道微,邪说暴行有作，臣弑其君者有之，子弑其父者有之，孔子惧，作《春秋》。《春秋》，天子之事也。是故孔子曰："知我者其惟《春秋》乎？罪我者其惟《春秋》乎？"（《四书通旨》卷四《异端》）

这里所谓的"异端"明确地指向当时的"邪说暴行""乱臣贼子"，基于异端和正道对立的思维，朱公迁要确立孔子是攻击异端的这一基调；在他看来，孔子忧虑当时的异端之害，因而作《春秋》以使乱臣贼子惧而异端之害止息。以上的理解得到了明太祖朱元璋（公元1328—1398年）的认可，他以帝王姿态将"攻"解释为攻击，"已"解释为停止，强调对异端的排斥打击，并对一些宋儒的诠释提出了批评，所谓"攻是攻城之攻；已，止也。孔子之意，盖谓攻去异端则邪说之害止，而正道可行也。宋儒乃以攻为专治而欲精之，为害已甚，岂不谬哉"（黄佐《翰林记》卷九《御前讲论经文》）。在他看来，大概将"攻"解释为学习专攻，不能突出孔子对异端邪说的严厉态度；将之解释为攻击，则能表明孔子必欲消灭异端邪说的取向。这种帝王之学，更显示出他所支持的正统儒学与异端的二元对立。

然而，以上这种二元对立的诠释，无疑与孔子强调"忠恕"的包容精神相违；不但未能得到传统学者普遍的认可，反而引起众多学者的批评。他们虽将"攻"解释为攻击，但以"斯"指代攻击异端而"已"为虚词，将此章内涵理解为：攻击异端，这是有害的。这种反对攻击异端的诠释，也可以说是对以上相关诠释的一种直接否定；我们可以借助朱熹对此的批评总结，来了解这一点：

吕（大临）曰：君子反经而已矣。经正，斯无邪慝。今恶乎异端而以力攻之，适足以自敝而已。

谢（良佐）曰：隐于小成，暗于大理，皆所谓异端。然当定、哀之时，去先王犹近，故其失亦未远，姑存之则未甚害也。欲攻之则无征，无征则弗信，弗信则民弗从，其为害也莫大焉。恐其不免推波助澜，纵风止燎也。故夫子于怪力乱神，特不语而已，无事于攻也。

　　杨（时）曰：异端之学，归，斯受之可也。如追放豚，则害矣。（《论语精义》卷一下）

　　或问"攻乎异端"之说。

　　曰：程子（颐）、范（祖禹）、尹（焞）之言正矣。自张子（载）、吕（大临）、谢（良佐）、杨（时）、周氏（孚先，字伯忱，毗陵人），皆误以攻为攻击之攻，而其所以为说者，亦不同也。

　　曰：其不同奈何？

　　曰：张子之言，若有是孔非孟之意，与其平日之言行有大不相似者，盖不可晓。然谓孔子不辟异端，则其考之亦不详矣。……周氏则又并与子夏、孟子之言而失其旨。是数说者，岂其犹有取乎老佛之言，故欲曲吾说以卫之，而不知其失圣人之本意，以至于此耶？（《四书或问》卷七）

　　朱熹所说的"张子"，是指张载。张载（公元 1020—1077 年）曾诠释"攻乎异端，斯害也已"说："攻，难辟之义也，观孔子未尝攻异端也。道不同谓之异端，若孟子自有攻异端之事，故时人以为好辨。"（《张载集·张子语录中》）朱熹说他有"是孔非孟"之意，大概是认为他不赞同孟子对异端的批判。张载确有此种倾向，在别处他说："诸公所论，但守之不失，不为异端所劫，进进不已，则物怪不须辨，异端不必攻，不逾期年，吾道胜矣。"（《张载集·答范巽之书第一》）就此而论，横渠理解的"异端"只是不同道者，在他看来，道不同，不相为谋而已，不必过分批判攻击；而彰显儒家之道，就可以从根本上破除异端对世人的迷惑。唐代韩愈（公元 768—824 年）曾要求以"人其人，火其书，庐其居"（《韩昌黎文集》卷一《原道》）的激烈措施对待佛、老，宋儒石介（公元 1005—1045 年）也曾著《怪说》来攻击佛、老对儒家伦理纲常的破坏，倡言"吾学圣人之道，有攻我圣人之道者，吾不可不反攻"（《徂徕集》卷五《怪说下》）；在中国传统政治上，更先后发生过"三武一宗"的灭佛之举，但这些思想与政治上的行动并没能阻断佛、老等"异端"的兴盛发展。北宋中期以来，儒学开始复兴，一些宋儒开始转变策略，欧阳修（公元 1007—1072 年）即著《本论》，指出"修其本以胜之"（《居士集》卷一七《本论上》）作为"反攻"，也就是维护儒学正统的根本途径。张载的主张与欧阳修可谓所见略同。吕大临（公元 1040—1092 年）的"反（返）经"、谢良佐（公元 1050—1103 年）的"姑存"，均不出此外。至于周孚先，大概是着眼于异端"有可取"而不主张对之进行激烈的攻击。他们所谓的"异端"，在表述上不尽相同，实则均指向与正统儒学有别的思想学说；他们对"攻乎异端，斯害也已"的诠释，无一例外，均作：攻击异端，这样做是有害的。这与对"异端"持激烈排斥态度的儒者针锋相对，以至朱熹批评他们都"有取乎老佛之言"。

除了北宋诸儒这种对攻击异端诠释面向的否定外，一致的相关诠释还遍布于有关此句的经典诠释中。郑汝谐（公元 1126—1205 年）就批评说："圣人之所辨者，疑似而已。若异端之于吾道，如黑白，如东西，夫人皆知之，何必攻也。后世好与释、老辨者，盖未识圣人之心也。"（《论语意原》卷一）此意与张载等人显然是一致的。罗泌（公元 1131—1189 年）也从修本和攻击异端有害两个层面进行他的诠释，钱时（公元 1175—1244 年）也有同样的看法。① 黄震（公元 1213—1280 年）更依据孔子身处的时代语境，彻底否定了对异端的攻击，他说："孔子本意，似不过戒学者它用其心耳。后有孟子辟杨、墨为异端，而近世佛氏之害尤甚，世亦以异端目之。……然孔子时未有此议论，说者自不必以后世之事，反上释古人之言。君子又何必因异端之字与今偶同，而回护至此耶？"（《黄氏日抄》卷二《读论语》）孔子时既然尚不存在对于异端的排斥，那么后儒在诠释此章

---

① 罗泌言："夫异端之害道，在所攻矣。而圣人且不之攻者，非不之攻也，攻之则害有甚也。……大抵天下之事，大过则反伤理之常也。真君之坑沙门、毁像事，至与安而复；建德之毁经像、还僧道，至大象而复及；会昌之撤寺宇、民僧尼，至大中而复。夫亦岂知《易》道之变通哉？曰：然则终不可攻邪？曰：正其义不忧。"（《路史》卷三四《发挥三·道以异端而明》）钱时也认为："攻即攻击之攻，异端非正道而别起一端以诬民者也。正道昌明，异端自然衰止，不必攻也。求以胜之，反为害耳。"（《融堂四书管见》卷一）

时,断断于正道和异端之间显然就失去了合理性。这不光是反对从反面的排斥异端来彰显儒家正道,甚至连从正面的修本以彰显儒家正道也为他所反对。此外,黄氏还指出了历代对"攻乎异端"诠释的要害,即"因'异端'之字与今偶同",也就是孔子所谓的"异端"与后世学者所谓的"异端"只是字面上相同,在内涵上却是存在差别的,不能用后世的境况来诠释孔子所言的"异端",而应深入当时的历史与文本语境去诠释其真义。

明末清初,方以智(公元1611—1671年)对攻击异端的否定更为透彻,他说:

> 天地有阴阳、虚实,而无善恶、真伪。阴阳分而流为善恶,虚实分而流为真伪。实行则真,虚名容伪。愈高则愈伪,愈伪则愈遁,固其所也。知其遁而容其遁,圣人合天地之道也。有杨、墨而后孟子显。孟子辨孔子时之杨、墨,而不辨同时之庄子,谓孔子留杨、墨以相胜,孟子留庄子以相救,不亦可乎?不得已而辨,辨亦不辨,虽辨之而仍相忘也。仁者仁知,智者知智,百姓安其不知,君子之道虽鲜而无不相成者,错行之道也。孔子曰:"攻乎异端,斯害也已。"言当听其同异,乃谓大同;攻之则害起耳。立教者惟在自强不息,强其元气而病自不能为害。(《东西均·容遁》)

方以智从同异层面立论,视"异端"为与主体相对待者,取消了其中的价值评判。简言之,方以智从"天人合一"这一儒学的核心理路展开其诠释:善恶、真伪,不过是天地运行、阴阳交替和虚实相应的结果,既是客观的事实,又是主观的认知。只有圣人与天地之道合一,才能跳出主观的局限而达到与客观的事实的统一。相对于主体的"异端",作为善恶真伪的代名词,既是客观存在的事实,又是主体的主观认知,而主观的认知并不能取消客观的存在;如果能够意识到客观与主观的统一,那么对异端自然会抱持宽容的态度。也就是说,只要做好自己分内的事情,强化自己安身立命的根本即可,而没有必要与之争胜，异端也不会对主体造成危害；就像天地阴阳变化、生生不已一样，善恶真伪历古永存。这可以说是从主体与客体的辩证统一层面彻底否定了对异端的攻击，攻击异端既然是有害的，就应"听其同异"，任其发展。

那么，攻击异端到底会造成什么具体的危害呢？明儒郝敬（公元1558—1639 年）作出了详尽的说明：

> 《易》曰："天下一致而百虑，殊途而同归。"……小知之士，不能通方，偏执尔我，分头别绪。自谓防微杜渐，动而相攻，彼端方隐，我先骇异；彼见我异，甘心异我，毫厘之镨，遂成大隙，矛盾冰炭而世道瓦裂矣。岂异端为害，实由我辈攻击至斯？大抵天下无不同之道，而其端起于自异。……《易》道尚"包荒"，圣人不为已甚。……汉唐而下，儒者动以攻"异端"为正学，以距杨、墨为圣人之徒，其流弊至于党锢祸起，宗社、生灵受殃，经术不明，所系大哉！……异端不止学问，包括天下国家事甚远，凡利害同异，事后乃见，其初发端，不甚相远，只宜早辨乎化，不宜辄攻。……攻人者，其力易诎，受攻者，其谋转深。故君子攻小人疏，而小人攻君子密。君子胜，无过求；小人胜，其害不可言。圣人教人勿攻异、勿开端，世道民生受福，不可不服膺也。（《论语详解》卷二）

郝敬生活的时代，正值明末东林党争激烈、儒学内部外部异端蜂起的大变局中，他对攻击异端的否定自然是有感于时局而发。在他看来，攻击异端远比异端存在的危害要大得多，这在根本上与儒家《易》道的包容精神背道而驰；具体来说，其危害涉及学术、道德，以及国家事务等诸多层面。从政治经验上来讲，小人不可能被完全消灭，若对他们攻击得过于激烈，物极必反，当他们得势后，对君子的打击往往会更加残酷，对正道的危害将会是毁灭性的。因此，他也将"攻"诠释为攻击，认为孔子不仅不攻击异端，而且反对攻击异端；孔子讲"攻乎异端，斯害也已"，就是在于告诫后儒不要开启攻击异端的祸端。与郝敬同时的章世纯（公元 1575—1644 年）更从正面对异端进行了肯定，所谓"徒以异己而攻之，失其所济，丧己之利矣。……鸡鸣狗盗，智者犹或存之，为有济于一旦也。故善用道者，不弃恶，恶且不弃，况或俱美者乎"（《四书留书》卷三《论语上》），异端不仅不可攻击，而且应该善待之，因为说不准在他时会对自己有所帮助。这里，章世纯是将"异端"释为"异己者"，并从实际利害出发，表现出对他们的包容。

综上所述，在对"攻乎异端，斯害也已"的诠释史上，还存在着攻击异端和否定攻击异端两种面向的诠释。"攻"字有着《论语》的文本依据，取攻击之义应无疑义；"已"字，在《论语》中的使用，除"斯害也已"外，另有"可谓好学也已"（《学而》），"亦各言其志也已矣"（《先进》）等共计 13 处，皆作为虚词，此句不应例外。此外，从以上的梳理可以看出，取否定攻击异端面向的诠释，尽管是从后世的实际利害出发，与孔子"忠恕""和而不同""道不同，不相为谋"这样的包容精神并没有直接的关联，但与之仍是比较接近的；相比于其他面向的诠释，这种诠释较为符合此句的基本内涵。至于"异端"的指向，不管是以上所述的小道、他技、诸子百家、佛老、邪说、异己者、两端，还是笼统的与儒学正道相别的一切，"异端"都是与"正统"相对立的。正如黄震的批评，这些诠释是"因'异端'之字与今偶同"，也就是说，后世学者因维护儒学正统的需要而诉诸经典文本中的"异端"表述，加以阐发，以增强排斥后世"异端"的理据。

余 论

自孔子首言"异端"至汉代，其间鲜有学者继论"异端"。这或许是因史阙有间，而更直接的原因，应是儒学尚未成为学术正统；孟子、荀子这样捍卫儒学的大儒，虽排斥诸子百家、他道小技，但均不曾以"异端"名之。自西汉中后期以来，传统儒学开始成为历代王朝的正统思想，围绕着"异端"内涵的阐发也相应地得到了扩展，以至凡是与正统儒学有别者均被列入"异端"之列。这固然是传统文化的不断发展使然，而更深层次的原因还在于传统学者为维护儒学正统而逐渐形成的二元对立的传统思维。

孔子曾言："君子和而不同，小人同而不和。"（《论语·子路》）又说："道不同，不相为谋。"（《论语·卫灵公》）他所接触到的一些人物，如老子、长沮、桀溺、荷蓧丈人等，他们对孔子并非十分欣赏，但孔子对他们多所礼敬；对于齐国管仲、郑国子产等人的作为，他不仅不那么排斥，反而流露出赞赏之情；而他的弟子，如樊迟，其感兴趣的学问，他却表示不以为然，甚至明确地反对，他的乡人原壤，其道德修养及行为方式更为他所鄙弃。显然，他对不同的人和事采取不同的态度，其标准在于其人其事是否合乎"君子"之行。君子以"道"为自我追求和行为标准，而君子所崇尚的"道"却又不尽相同；其指归若在于完善个人内在德性或维护社会政治秩序，大可不与之共谋，而终不至于相互攻讦争斗，所谓"天下有道，丘不与易也"（《论语·微子》）。至于内在德性的依据，及其完善的尺度为何，在孔子看来，"我欲仁，斯仁至矣"（《论语·述而》），一切还要归诸人的道德自觉心。孔子虽然没有对人的道德自觉进行深入的论证，但这无疑是需要深厚的修养的；后世儒者不明乎此，往往流入主观随意性，动辄以己为是，以异己者为非而加之以"异端"之名。

事实上，我们若能走出这种传统的偏见，充分利用现存的材料，"异端"的确切内涵并不难知晓。自孔子之后到西汉，这期间，可以考见的"异端"一词的使用，还存于可靠性值得怀疑的《孔子家语》之中：

> 子贡问于孔子曰："昔者齐君问政于夫子，夫子曰'政在节财'；鲁君问政于夫子，子曰'政在谕臣'；叶公问政于夫子，夫子曰'政在悦近而远来'。三者之问一也，而夫子应之不同。然政在异端乎？"孔子曰："各因其事也。……政之所欲，岂同乎哉？"（《辩政》）

其书真伪,后世虽多有争议,但引文所载内容成形于战国至秦汉时期当无问题。《论语·子路》仅记叶公子高与孔子之间的问答,《韩非子·难三》所载则与引文内容近似。①《孔子家语》所论"异端",显白易见,与"同一"相对,指不同的政术。另,《邓析子·无厚》载:"别殊类,使不相害。序异端,使不相乱。"此言亦见于《韩诗外传》等文本之中,"异端"也与"同一"相对。"攻乎异端"被置于《论语·为政》中,在某种意义上也说明其指向应为政治方面。由此,我们有理由相信孔子所言的"异端",应指不同的政术。对于上述三人问政的回答,孔子已言"各因其事",反对政治治理僵化同一。此外,孔子还主张政治治理应宽猛相济,不能死板地固守一种策略;社会发展应遵循"庶、富、教"三阶段,对于不同发展水平的地区,自然应采取不同的发展策略,不应机械地按照统一的模式。至于他采取的因材施教的教学方法,视每个人的具体情况而定,也反映出其反对同一的思想。

通过以上对历代学者关于"攻乎异端"诠释的考察,我们可以大致了解传统儒学的发展脉络之一,不管是激烈地排斥"异端",还是温和地对待"异端",其根本指归均在于维护传统儒学的正统地位。这种对思想正统的争夺,导致他们在诠释"攻乎异端"时始终无法摆脱正统儒学与异端学术二元对立的思维模式,要么反对学习"异端",要么攻击消灭"异端",要么昌明儒学以使"异端"自灭。然而,"异端"不管是指向小道、他技、诸子百家、佛、老、邪说、异己者、两端,还是笼统的儒学正道之外的一切思想学术形态,均非确指,只是反映了传统学者在经典诠释过程中的求真与求善。求

---

① 《韩非子·难三》载:"叶公子高问政于仲尼,仲尼曰:'政在悦近而来远。'哀公问政于仲尼,仲尼曰:'政在选贤。'齐景公问政于仲尼,仲尼曰:'政在节财。'三公出,子贡问曰:'三公问夫子政一也,夫子对之不同,何也?'仲尼曰:'叶都大而国小,民有背心,故曰政在悦近而来远。鲁哀公有大臣三人,外障距诸侯四邻之士,内比周而以愚其君,使宗庙不扫除,社稷不血食者,必是三臣也。故曰政在选贤。齐景公筑雍门,为路寝,一朝而以三百乘之家赐者三,故曰政在节财。'"(王先慎:《韩非子集解》卷十六《难三》,中华书局2003年版,第373—374页。)《论语·子路》载:"叶公问政。子曰:'近者悦,远者来。'"

真是他们也在力图正确诠释孔子所言的原始内涵，求善是他们在求真时又以维护传统儒学的正统地位，也就是维护传统儒家的道德伦理为根本。

（本文荣获 2016 年全国高校国学论坛主题征文研究生组一等奖，论文题目是：《〈论语〉"攻乎异端"章述论》）

第二十讲

"获罪于天，无所祷也"

喻　志

　　"获罪于天，无所祷也"这句话，不仅在中国历史和思想史上有许多不同的诠释，也在中西思想交流上，提供了融合的可能性，且激起了许多争论。时至今日，它依然成为人们思考儒学到底是不是宗教、中国之天人关系、中西思想之同异等问题的重要资源。本文试图从中国历代主要思想家之诠解、明清天主教之诠解、古今中西之辨、思想史意义等几个方面做一番梳理和探析。

一　中国历代主要思想家之诠解

　　《论语·八佾》篇载："王孙贾问曰：'与其媚于奥，宁媚于灶。何谓也？'子曰：不然。获罪于天，无所祷也。"西汉孔安国（约公元前156—前74年）对此作了最初的注解："王孙贾，卫大夫也。奥，内也，以喻近臣也。灶，以喻执政也。贾者，执政者也，欲使孔子求昵之，故微以世俗之言感动之也。天，以喻君也。孔子距之曰：如获罪于天，无所祷于众神也。"①

　　当时的历史背景是：孔子周游列国来到卫国，试图在卫国寻求仕进传道的机会。卫国大夫王孙贾来见孔子，并试探他的态度，引用民谚问："与其媚于奥，宁媚于灶"，这是什么意思呢？当时的社会风俗是一般家里会在屋里的西南角（古代叫"奥"），供奉家内主神，

---

① 《论语集解义疏》卷二，文渊阁四库全书本。

又会在灶上供奉灶神。民谚的意思是说：与其献媚于家里的主神，不如献媚于灶神。王孙贾说这话暗含一个隐喻，意思说，孔子来到卫国求仕，与其求国君近臣引进，不如求执政大臣引进。而王孙贾就是执政大臣，此语暗示孔子只有靠近自己，才能在卫国发展。孔子回答说："获罪于天，无所祷也。"这句话也包含了一个隐喻，意谓要是因此得罪了国君，那由谁引进都没用了。以上是孔安国注解的意思。宋代王钦若、杨亿等奉敕撰的《册府元龟》更补足其意说："富贵不可求而得之，当修德以得之。若于道可求者，虽执鞭贱职，我亦为之。"① 认为这才是孔子真实的思想。

应该说孔安国的注解反映了孔子与王孙贾对话的语境。但此后的各家解释，大都将"获罪于天，无所祷也"一句独立出来，单独讨论，强调"天"的至上性、超越性意义。首先，最有代表性的是西汉董仲舒（公元前179—104年）的理解。董仲舒《春秋繁露》有言：

> 天者，百神之大君也。事天不备，虽百神犹无益也。何以言其然也？祭而地神者，《春秋》讥之。孔子曰："获罪于天，无所祷也。"是其法也。故未见秦国致天福如周国也。诗曰："唯此文王，小心翼翼，昭事上帝，允怀多福。"多福者，非谓人也，事功也，谓天之所福也。《传》曰："周国子多贤，蕃殖至于骈孕男者四，四产而得八男，皆君子俊雄也。此天之所以兴周国也，非周国之所能为也。今秦与周俱得为天子，而所以事天者异于周。②

董仲舒将"天"释为"百神之大君"。又以周、秦对比，周敬天，而秦异之，故"未见秦国致天福如周国也"。这种诠释与董仲舒的"天命"神学体系相符合。当代学者李申认为董仲舒《天人三策》的基本内容，是说究竟该怎样做，才能得到上帝的保佑，因而成为儒

---

① 《册府元龟》卷七八五，文渊阁四库全书本。
② 《春秋繁露》，文渊阁四库全书本。

教的第一个纲领。①

到了宋代,理学家转而以"理"释"天",朱熹(公元1130—1200年)《四书章句集注》之《论语集注》说:

> 天即理也,其尊无对,非奥、灶之可比也,逆理则获罪于天矣,岂媚于奥、灶所能祷而免乎?言但当顺理,非特不当媚灶,亦不可媚于奥也。②

朱熹以"理"释"天",强调"但当顺理",是与其"天理"论的哲学体系相符合的。但他的解释对于《论语》中孔子与王孙贾对话的语境则有些隔膜,那时毕竟是"天命"信仰时代,不是理学信仰时代。因而,宋儒理学化的诠释为一些清儒所批判,如毛奇龄(公元1623—1716年)《四书改错》说:

> "天"解作"理",《四书集注补》辨之甚悉。大抵宋儒拘滞,总过执"理"字,实是大错。况"天"是天神,又有天道,故先儒解"获罪于天",亦曰"援天道以压众神"。众神者,室神与灶神也。又且汉魏后儒引此句皆指苍苍之天。《南齐书》所载有杂词云:"获罪于天,北徙朔方。"可曰获罪于理,徙朔方乎?③

毛奇龄认为,朱熹将"天"解作"理",不合乎古人对"天"的理解。古人所讲的"获罪于天"乃人格神意义的"天",而不是抽象的"理",如果将"获罪于天"解释为"获罪于理"就不通了。毛奇龄的批评戳痛了朱熹的要害。其实,除了"获罪于天,无所祷也"这句话以外,《四书》原文中对"天"字的使用很多,杨浩做过一个统计:

---

① 详见李申:《朱熹的儒教新纲领》,中日韩儒释道三教关系讨论会1997年版。
② 《论语集注》卷二,文渊阁四库全书本。
③ 程树德撰:《论语集释》卷一,中华书局2012年版,第182页。

　　《四书》原文中"天"字的出现最多是与"下"字联用组成合成词"天下"（凡 226 见），表示普天之下的含义；其次是与"子"字联用组成"天子"（凡 42 见）。还有与"地""命""时"等字联用组成合成词"天地"（13 见）"天命"（4 见）"天时"（4 见）。独立使用"天"这一概念的次数并不是很多，而且其中有一大部分还是出现在《四书》所引用的《诗经》《尚书》中。[①]

　　杨浩的统计中说"独立使用'天'这一概念的次数并不是很多"，我们可看到，独立使用的时候，很多都是孔子的原话。当代著名哲学家冯友兰曾经对"天"的意义作了归纳与分疏，他说：

　　　　在中国文字中，所谓"天"有五义：曰：物质之天，即与地相对之天；曰：主宰之天，即所谓皇天上帝，有人格的天、帝；曰：运命之天，乃指人生中吾人所无奈何者，如孟子所谓"若夫成功则天也"之天是也；曰：自然之天，乃指自然之运行，如《荀子·天论篇》所说之天是也；曰：义理之天，乃指宇宙之最高原理，如《中庸》所说"天命之谓性"是也。《诗》《书》《左传》《国语》中所谓之"天"，除指物质之天外，似皆主宰之天也。[②]

　　我们认为，冯友兰的归纳分疏是很全面准确的。

二　明清天主教的诠释

　　明清时期，来华的天主教传教士，对中国古代文献中的"天"字，也作过许多思考和诠释，而这些诠释获得了当时儒生们的回应和部分认同，从而开启了中西思想之对话与交流。

　　利玛窦（公元 1552—1610 年）是最早深研中国经书的来华耶稣

---

① 详见杨浩：《以理释天——朱子〈四书章句集注〉对"天"概念的诠释》，《黑河学刊》2012 年第 4 期。

② 冯友兰：《中国哲学史》，重庆出版社 2009 年版，第 35 页。

会士，也是明清传教士中首次提及"获罪乎天，无所祷也"这句话的，他在《天主实义》第四篇有云：

> 故仲尼曰："敬鬼神而远之。"彼福禄、免罪非鬼神所能，由天主耳。而时人谄渎，欲自此得之，则非其得之之道也。夫"远之"意与"获罪乎天，无所祷"同，岂可以"远之"解"无之"，而陷仲尼于无鬼神之惑哉？【206】①

在这里，利玛窦一方面辨析"鬼神"非"天主"，"天主"高于"鬼神"，恰与王孙贾与孔子之问答类同；另一方面，辨析"鬼神"之有无，说"夫'远之'意与'获罪乎天，无所祷'同"，强调孔子并非主张"无鬼神"。

利玛窦的诠释获得了当时部分明儒的认同，如明末天主教三大柱石之一的李之藻（公元1565—1630年），在《天主实义》序中说：

> 说天莫辩乎《易》，《易》为文字祖，即言"乾元统天""为君为父"。又言"帝出乎震"，而紫阳氏解之，以为："帝者，天之主宰。"然则天主之义不自利先生创矣。世俗谓天幽远，不暇论，竺乾氏者出，不事其亲，亦已甚矣，而敢于幻天藐帝，以自为尊。儒其服者，习闻夫天命、天理、天道、天德之说，而亦浸淫入之。然则小人之不知不畏也，亦何怪哉？利先生学术一本事天，谭天之所以为天甚晰。睹世之亵天佞佛也者，而昌言排之。②

---

① ［意］利玛窦著，［法］梅谦立注，谭杰校勘：《天主实义今注》，商务印书馆2014年版。本文所用的《天主实义》文本乃《天主实义今注》所整理、校勘的文本，分段编号亦从其书，因此行文中引《天主实义》书正文处不再附脚注，而只列其编号，该书是近来研究《天主实义》最重要的专门著述之一。对《天主实义》的文献来源、成书过程、内容及影响均有精论；采用的底本是燕贻堂本（1607年），校本是收藏于罗马Casanatense图书馆的1603年本和收藏于台湾"中央研究院"的清初挖改本，沿用1985年英译本的分段编号方式；对文本作了很多重要的注释。

② ［意］利玛窦著，［法］梅谦立注，谭杰校勘：《天主实义今注》，商务印书馆2014年版，第72页。

冯应京（公元 1555—1606 年）为《天主实义》作序中亦有言：

> 古倦极呼天，而今呼佛矣。古祀天地社稷山川祖祢，而今祀佛矣。古学者知天顺天，而今念佛作佛矣。古仕者寅亮天工，不敢自暇自逸以瘝天民；而今大隐居朝，逃禅出世矣。夫佛，天竺之君师也。吾国自有君师，三皇、五帝、三王、周公、孔子，及我太祖以来，皆是也。彼君师侮天，而驾说于其上，吾君师继天，而立极于其下。彼国从之无责尔，吾舍所学而从彼，何居？程子曰："儒者本天，释氏本心。"师心之与法天，有我、无我之别也，两者足以定志矣。①

利玛窦"辟佛补儒"的策略获得了一部分儒生的认同，冯应京甚至把"天"与"儒"相提并论，以与佛作区别，他引程子言"儒者本天，释氏本心"，有将儒学与天主教联合反佛教之意。

利玛窦传播天主教的策略，基本上是援引中国经书以为权威，以中国人较容易接受的方式，论证"天主"即"天之主宰"。反而极少提及《圣经》的内容。只是在《天主实义》最后一篇中，才稍微提及耶稣道成肉身等相关天主教教义。

继利玛窦之后，耶稣会内部龙华民（公元 1559—1654 年）等传教士忧心天主教在天、儒融合过程中有偏离天主教纯净教义的危险，来自耶稣会内部，尤其是方济各会、道明会等其他修会的质疑逐渐增多。其中方济各会士利安当《天儒印》（1664 年问世）一书较具代表性。其书名之"天"正是指代"天主教"，他对"天"的解释有较强地将儒学天主教化的倾向。他在《四书印》中有言：

> 《论语》云："获罪于天，无所祷也。"此"天"非指形天，亦非注云："天者理而已。"盖形天既为形器，而"理"又为天主所赋之规则。所云"获罪于天"者，谓得罪于天主也，岂祷于

---

① ［意］利玛窦著，［法］梅谦立注，谭杰校勘：《天主实义今注》，商务印书馆 2014 年版，第 70 页。

奥、灶所能免其罪哉?①

利安当完全否定了中国传统注疏家之注解:"天"非指形天,亦非指"理"。而是指"天主"。而对于"祷"字的解释,利安当的解释更加附会天主教义理:

> 然孔子斯言非绝人以祷之之辞,正欲人知专有所祷也。观他日弟子请祷,但曰:"丘之祷久矣。"宁云己德行无丑,而不必祷,正谓朝夕祈求天主而赦我往愆也。合而论之,一不祷于奥、灶,而言天以正之;一不祷于神祇,而言祷久以拒之。然则孔子之所祷,盖在天矣。故其言曰:"吾谁欺,欺天乎?"又曰:"予所否者,天厌之,天厌之。"则孔子未尝不以天祷为兢兢也。乃孔氏之徒祈神佞佛,所谓非其鬼而祭之谄也,窃恐获罪于天矣。②

在这里,利安当完全把孔子塑造成为一位"一不祷于奥灶,而言天以正之;一不祷于神祇,而言祷久以拒之"的尊崇唯一"天主"的理想的人。

利玛窦和利安当的不同诠释,呈现的是当时不同修会之间的不同理解和倾向,而当时主要的传教修会耶稣会内部,对"天"范畴也有不断深入和拓展的诠释,最具代表性的可以算清朝之耶稣会士白晋(公元 1656—1730 年)纂写的《古今敬天鉴》。此书中有九处提到了"获罪于天",其中有五处皆是引《圣经》,概言人获罪于天主,如:

> 据天主《圣经》,始生人之初,人祖之性,至精至纯,有善无恶。然未几,其心交蔽于物,获罪于天,坏己良善。
>
> 据天主《圣经》,万民之祖,已获罪于天,后世众人皆染其罪之污,其心所萌所发,不外私邪不正之欲,人力不足以治己。

---

① 郑安德编:《明末清初耶稣会思想文献汇编》第十五册,利安当著《天儒印》,北京大学内部资料,2003 年版。

② 同上。

据天主《圣经》，上主生人祖之初，命之以为万民之首，天
以主之。然己获罪于天，失己心之灵命，后世蒸民，类其原罪，
并坏其心，命犹死者。①

《圣经》所言人类始祖亚当夏娃犯了原罪，后世之人皆染其罪污，
背负了这一原罪。白晋这里想强调的，只是人之"获罪于天"的初始
状态，而非"无可祷也"的结果。相反，在天主教的教义体系中，"获
罪于天"依然是"可祷"的，因为"天降圣德"，人依然可以得救：

凡人获罪于天，皆属上主所命之凶罚。若未绝世，尚能仰望
赖自天所降圣德者，可以动天，而转其命之凶。②

白晋在此书自序中以中国历代儒者对"天"的不同态度为标准，
区分了古儒、中儒和宋儒：

上古之儒近于天学。故其敬天者，明识有皇上帝至尊无对，
全能至神至灵，赏罚善恶，至公无私，真为万有之根本主宰。所
以朝夕小心翼翼，畏之、敬之、事之。

中儒不幸遭战国焚书之害。于时，典籍所载敬天之原旨，与
古传之文几亡。当秦汉晋唐，愈失真道之传。虽祭天之礼，事天
之说尚在，大概不过外仪虚文，而真如不识惟有一至尊无对上帝
为万有之主宰。故祭五帝祭七帝，种种非举，迷谬反古。

迨至宋朝，憎前儒流于道家诸帝之妄，务尽革之。惜哉！宋
儒有不明真主惟一之旨者，各逞其臆说，而经乃晦矣。③

这种区分，盖与清朝学术"汉学""宋学"之争及其"复古"倾

---

① 郑安德编：《明末清初耶稣会思想文献汇编》第十九册，白晋著《古今敬天鉴》，
北京大学内部资料，2003 年版。
② 同上。
③ 同上。

向汲汲相关，李天纲在其著作《跨文化的诠释——经学与神学的相遇》中，即论及了"汉学"与"天学"之关联。其实，如果不考虑白晋的天主教的立场，他关于古儒、中儒、宋儒的区分也在一定程度上反映了中国思想史的发展阶段及其特点。

三　古今中西之辨

由前两部分梳理可见，"获罪于天，无所祷也"这句话在中国历史上和中西之间，皆有不同的诠释。

首先，就中国历史而言，殷周之变和唐宋之变皆被认为是中国历史之大变，而这种变化可以集中表述为对"天"的理解和诠释，殷周之际"天"的含义渐渐从赏善罚恶之主宰者变成了更具道德性和理性的"天"，西周的天命思想及西周末年天命观的动摇①，是思想史著述中几乎都会论及的命题，而孔子正是处在这一时代背景之中。

而唐宋之际，"天"的神义维度更加减少，渐渐释为"理"。沟口雄三在《中国思想史——宋至近代》中，专门论述了"北宋时期天观的转变"，又分而述之："作为运动体的天；对天谴应说的否定；诚与理；作为政治主题的道德；'理'还是'法'。"② 其中"作为运动体的天"即"太极""气"等，正是耶稣会士们反驳宋儒之处，引宋儒为无神论者的主要原因；"对天谴应说的否定"也与耶稣会士们的做法完全相反，北宋欧阳修编纂《新唐书》时，"把《旧唐书》中有关天谴事应的技术全部删除了"③ 与之相反，耶稣会士们正是肯定了《尚书》《史记》等书中大量的天谴事应。而在沟口雄三的著述中，同样补充了天谴事应说的复杂性，在论述"政治主体的道德"时，沟口雄三说："遭到批判的是'天谴事应说'，而不是'天谴说'，天谴的想法在清末的朝廷记录中也经常可见，把灾异看成天的

---

① 可参考侯外庐主编：《中国思想史纲》，上海书店出版社 2008 年版。

② ［日］沟口雄三：《中国思想史——宋代至近代》，龚颖、赵士林等译，生活·读书·新知三联书店 2014 年版，第 26—33 页。

③ 同上。

谴责这种想法本身并没有消失。严格来说，意志性的天观说一直持续到清末。"① 如清雍正的诏令中，有数次提及"获罪于天，无所祷也"这句话。② 同样，即使在宋明理学之集大成者朱熹那里，亦保留了诸如上帝、鬼神之观念，亦有自己的祈祷文。③

而王国维所说的，清末乃"三千年未有之大变革"，几乎完全去掉"天"的意志性内涵，乃受西方启蒙之后的理性化思潮及马克思的无神论思想影响之后，所突出表现出来的无神化倾向。

明清来华传教士们在中国经典中找到了"天"这一表述，发现中国原典中很多类似于天主教的信仰痕迹。利玛窦相信，"天主"即中国经典中的"上帝"，中国在古代已经有了对"上帝"的正确信仰。后来受了佛教影响而陷入了错误之中。因此在利玛窦的作品中有强烈的"容古儒，斥今儒"的倾向。白晋的理解也是如此，他在《古今敬天鉴》的序言中区分古儒、中儒、宋儒等，"以此来说明中国古人早已对天主有所认识，并且一直在敬天主、爱天主、事天主。只是后世异端邪说的兴起，中国的天学才变得模糊不清了"。④

这段中西之交流引发了许多学者的思考和探究，葛兆光在其作品中以较大篇幅论述了这一问题，在其《思想史研究课堂讲录》第九讲"知识史与思想史——以西洋天学进入中国及其对传统思想的影响为例"，他说："所谓'天不变，道亦不变'，所以，首先要理解天，'天'在中国古代观念世界里是一个基础，不只是神灵的天、哲理的天、抽象的天，而是实实在在在我们头上的天。我一再要强调'天圆地方'的观念对于中国人非常重要，这是宇宙的秩序，同时这种空间的感觉，也支持着社会和政治的秩序，符合这种观念才有政治和知识方面的合法性。"⑤ 葛兆光认为，西方天学知识的传入，引发了多米

---

① ［日］沟口雄三：《中国思想史——宋代至近代》，龚颖、赵士林等译，生活·读书·新知三联书店 2014 年版，第 26—33 页。
② 详见《世宗宪皇帝上谕八旗及世宗宪皇帝硃批谕旨》，文渊阁四库全书本。
③ 可参考［美］田浩著《朱熹的思维世界》，江苏人民出版社 2011 年版。
④ 郑安德编：《明末清初耶稣会思想文献汇编》第十九册，白晋著《古今敬天鉴》，北京大学内部资料，2003 年版。
⑤ 葛兆光：《思想史研究课堂讲录》，生活·读书·新知三联书店 2005 年版，第 230 页。

诺骨牌效应,从而引发了中国"道术"之裂,让明清之际的儒生有"天崩地解"之感,亦是清末民初变革的前奏。

值得我们注意的是,一方面,来华传教士们尊重中国经典,保留了原典中"天"的各种维度;另一方面,在西方而言,"天"的含义亦有多层,既有古希伯来传统中"启示之天",又有古希腊传统"自然之天""理性之天"等,而在基督教传统中,这些含义渐趋融合,形成了一种富有张力的结合体。明清耶稣会士们在中国发现的一切,更刺激了当时欧洲的"启蒙运动",影响了诸如伏尔泰、莱布尼茨、沃格尔等大思想家,使得他们更加彰显"理性之天"哲学意义上的"天"①。

如同施特劳斯学派所强调的,与其强调"中西之争",莫如强调"古今之争",这种对"古典"和"现代"的划分,表现在"天"的观念上,可以说是一种"神义"维度和"人义"维度的区别,以及一种对待传统和经典的态度。中国历史上,晚清以前,无论其时代的思想如何转变,尊经重道、尊孔敬天等思想却是一以贯之的。同样,在当时来华的西方耶稣会士那里,对中国原典和孔子的重视,也从早期传教士罗明坚、利玛窦那里开始一直延续传承。利玛窦洞察到孔子的重要,他在《耶稣会与天主教进入中国史》中说:

> 中国最大的哲学家莫过于孔子,他生于公元前551年,享年七十余岁,一生授人以言行与文辞,人们都把他视为世间至圣至贤的人,旷古未有,因此非常受人尊敬。说实话,他所立之言与他合乎自然的生活方式绝不逊色于我们的先贤先哲,甚至还超过了我们很多古人。故此,没有一个读书人不把他的言行和著作视为金科玉律。甚至今日,所有的帝王依然尊崇孔子并感激他留给后人的治世学说。②

---

① 可参考〔法〕谢和耐、戴密微等著:《明清间耶稣会士入华与中西汇通》,耿昇译,东方出版社2011年版。

② 利玛窦:《耶稣会与天主教进入中国史》,文铮译,梅欧金校,商务印书馆2014年版,第22—24页。

与对孔子之重视相应的，是对中国经典"五经""四书"的重视，利玛窦在《耶稣会与天主教进入中国史》中紧接着说：

> 孔子曾重订过四部古书，又亲手写了一部，合称"五经"，其中所涉及的或是古代统治者的德行，或是记述这些德行的诗歌，或是中国的礼法，或是一些警世的训诫。除"五经"之外，有三四位作者辑录了很多没有联系的道德箴言，并编纂成书，受到人们的青睐，这些书被合称为"四书"。以上九部书是中国最古老的书籍，而其他的书都是由此衍生出来的，这九部书中几乎包括了中国所有的文字。①

利玛窦等明清间来华传教士们非常重视中国传统和原典，其后还大量译著了中国原典及其相关著作。当我们今天重新思考古今中西之辨时，不可只识其一端，把西方仅仅理解为启蒙之后的注重"理学"和"人义"维度的西方，亦应看到西方对理解中国传统和经典所作出的努力，重新审视明清天主教所留给我们的思想遗产，以获得一种更明智而审慎的理解。

四　思想史意义

（一）宗教·敬畏

孔子"获罪于天，无所祷也"这句话激起了古今中西思想家的许多思考和启发，现在依然有学者由此来证明儒学即宗教。关于儒学是否是宗教的问题，近几十年来引发了学者很多探讨和争议②，比如上文曾提及的学者李申，即认为儒学是宗教。但也有些学者认为，儒学乃一种人文信仰。在国学复兴的今天，更有许多学者强调儒学作为

---

① 利玛窦：《耶稣会与天主教进入中国史》，文铮译，梅欧金校，商务印书馆 2014 年版，第 22—24 页。

② 可参考文史哲编辑部编：《儒学：历史、思想与信仰》，商务印书馆 2011 年版。

宗教的教化意义。在中国历史上,儒学是不是宗教这个问题似乎并未引发争议。但是在明清天主教传入时,在天主教系统内却引发了极大争议,甚而引发了清朝和梵蒂冈的"礼仪之争"。我们看看其中较具代表性的利玛窦的见解:

> 他们（儒士们）既不提倡也不反对人们相信关于来生的事,他们中的许多人除信奉儒学外,还同时相信另外两种宗教,因此我们可以说,儒家并非一个固定的宗教,只是一种独立的学派,是为良好地治理国家而开创的。这样,他们既可以属于这种学派,同时也可以信奉天主。①

利玛窦认为儒家并不是宗教,其出发点乃应对西方一部分人对"儒家"是偶像崇拜者的批判。

当代中国学者,无论承认儒学是宗教与否,但还是从儒学经典中类似"获罪于天,无所祷也"的语言中,从古人对"天""天命"的描述中,感受到古人内心中有一种对天的"敬畏"感,值得今人格外重视。如姜广辉说:

> 中西方文化虽然不同,但有许多可以相类比的方面。例如,西方有至上神"上帝"的观念,中国也有类似的天和上帝(天、帝一体)的观念,今天中国人们也常会说"我的天!""人在做,天在看"之类的话……从上古以来,中国人就有这样的观念,认为天帝高高在上,时刻注视民间,能赏善而罚恶,尤其重视统治者的行

---

① 利玛窦:《耶稣会与天主教进入中国史》,文铮译,梅欧金校,商务印书馆 2014 年版,第 71 页。与之相应,《天主实义》里用到"儒"字的地方颇多,如"迂儒""世儒""西儒""正儒""俗儒""古之儒""前世之儒""时儒""诸儒""今儒"等,可以看到与其说是利玛窦区分"古儒""今儒",莫如说"儒"在利玛窦那里本是一个非常丰富的整体,甚至西方之学人,亦可称为"西儒",而其中又有智愚贤不肖等具体的形态。因此,利玛窦可以兼采各长,而回避其短。这种为学之理解,与王阳明《传习录》卷中《答罗整庵少宰书》之说若合符节:"夫道,天下之公道也;学,天下之公学也,非朱熹可得而私也,非孔子可得而私也。天下之公也,公言之而已矣。"正是在这样的前提下,利玛窦一方面尊重儒学之原典;另一方面,又能各取所长,自由发挥。

为……西周时期开启了中国古代王朝政治的正统文化，其政治的法理根据便是"天"……应该说，周人对待自然和人事，对于当前和未来怀有一种"敬畏"的心理。这一点是十分难能可贵的。①

我们赞同这样的观点，"敬畏"的思想，乃古人留给我们的宝贵精神财富。

（二）如何看待宋明理学化倾向的"天"观

"获罪于天，无所祷也"之语，关涉儒学是不是宗教的问题，也因此关涉宋儒以"理"解"天"如何评价的问题。学者李申在《朱熹的儒教新纲领》中提出，朱熹的《大学章句序》乃直承上古君师的训诲，集中阐释了朱熹对儒教最基本问题的看法。"儒经是上古君主躬行上帝指示的经验总结。"② 可以说，"获罪于天，无所祷也"在朱熹这里，虽然具有理性化倾向，但朱熹的"理"的含义是丰富的，既有伦理、格物穷理之事理的意蕴，亦有"天理"之含义，且"理"与"礼"相通。

与之相反，对宋明理学"天"的观念，来华传教士似乎表现出一致否定性倾向，不管是学界津津乐道的利玛窦"容古儒、斥今儒"③，

---

① 详见姜广辉：《中华读书报》2015 年 6 月 3 日第 8 版。

② 详见李申：《朱熹的儒教新纲领》，中日韩儒释道三教关系讨论会 1997 年版。

③ 关于利玛窦《天主实义》中对古儒、今儒的看法，较重要的中文学术专门著述有：孙尚扬的《明末天主教与儒学的互动——一种思想史的视角》（2013 年版，此书原是作者完成于 1991 年的博士论文，1994 年以《基督教与明末儒学》出版，2013 年版只稍作改动），此书功力较深厚，对利玛窦传教策略之多层次及其与儒学之复杂关系皆有较深入的阐释；张晓林的《天主实义与中国学统——文化互动与诠释》，以伽达默尔解释学来探究《天主实义》的"容古儒、斥新儒、易佛道"，且认为利玛窦开启了独立于儒释道三家的另一教——"儒家一神论"，而对中国思想史影响颇大，惜乎这两本书都没有过多研究其与"四书"的关系。详见孙尚扬：《明末天主教与儒学的互动——一种思想史的视角》，宗教文化出版社 2013 年版。张晓林：《天主实义与中国学统——文化互动与诠释》，学林出版社 2005 年版。另有许多其他著述中对此问题亦有精论，如沈定平《明清之际中西文化交流——明代：调试与汇通》、邹振环《晚明汉文西学经典——编译、诠释、流传与影响》、李天纲《跨文化的诠释——经学与神学的相遇》、刘耘华《诠释的圆环——明末清初传教士对儒家经典的解释及其本土回应》、朱雁冰著《耶稣会与明清之际中西文化交流》、孟德卫著《奇异的国度：耶稣会的适应政策及汉学的起源》等，亦有很多思想史、宗教史、哲学史、中西交通史、利玛窦传记等著作及许多论文中颇有精论，此不赘述。

抑或是白晋的区分"古儒、中儒、宋儒",都似乎让人看到一个"天人关系"上壁垒分明的古、今之分,这一点在日本学者沟口雄三著述中亦有论述,沟口雄三认为,诸如宋儒"欧阳修思想中将政治主体设定为天还是人的问题,不是把二者对立起来,而是要追问实现天意,究竟是要实现天的命令,还是在人身上实现天的理法。以人与天的关系而言,也可以说探讨的是人隶属于天还是人与天合一。"① 在唐宋之后,"天人合一"的倾向逐渐强于"人隶属于天"的倾向。

但我个人认为,这种论述背后尚有简单化之嫌。对于来华传教士而言,对宋明理学的态度其实远远比简单的"批判"更为复杂微妙,与时人所论利玛窦在《天主实义》中"容古儒""斥新儒""特批朱子学"等理解不同,我却认为,一方面,《天主实义》中确实曾有"古""今"之维度,似乎"西士"更崇"古儒",但同时,我们不可不注意,"中士"同样崇"古儒"。无论宋儒之"法三代",程朱之否定汉唐、直承孔孟,还是王阳明溯源至古本《大学》,皆是"崇古儒",而利玛窦正是在这一层面亦与朱、王等宋明儒相通。另一方面,与此相关,利玛窦对"新儒""朱子学"等态度不仅仅是批驳,而是对朱学和王学各有所取。虽然,富有开创性的早期传教士利玛窦在其作品中曾批判"天人合一"的观念,在他的理解中,"天人合一"之意乃"人类与天帝是同质的",因而是一种错误的僭越的观念,乃儒学受到佛教影响以后所产生。② 但是我们不可不注意,天主教系统中"道成肉身""圣体圣事"等教义,亦含有"天人合一"之意蕴。

---

① [日]沟口雄三:《中国思想史——宋代至近代》,龚颖、赵士林等译,生活·读书·新知三联书店2014年版,第26—33页。
② 利玛窦:《耶稣会与天主教进入中国史》,文铮译,梅欧金校,商务印书馆2014年版,第70页。